변방의아이들

변방의 아이들

초판 1쇄 2015년 10월 30일 | 초판 2쇄 2016년 6월 9일

글쓴이 성태숙 | 펴낸이 현병호 | 편집 김경옥, 김도경, 장희숙 | 디자인 김회량
펴낸곳 도서출판 민들레 | 출판등록 1998년 8월 28일 제10-1632호
주소 서울시 성북구 보문로 34가길 24 | 전화 02) 322-1603 | 팩스 02) 6008-4399
이메일 mindle98@empas.com | 홈페이지 www.mindle.org

ISBN 89-88613-61-0(03370) 값 14,000원
전화나 이메일을 통해 출판사로 직접 주문하시면 책을 보내드립니다.
우송료는 출판사가 부담합니다. 잘못 만들어진 책은 바꿔드립니다.

변방의아이들

학교에서도 집에서도 관심을 받지 못하는 '귀퉁이'에 있는 아이들의 삶을 돌보는 교사가 길어올린 돌봄과 교육에 관한 이야기. 사회적 돌봄을 넘어 인간을 이해하고 사랑한다는 것이 어떤 일인지 깊이 생각해보게 합니다.

성태숙
씀

민들레

차례

 들어가는 이야기

단칸방으로의 초대

이 책의 서문을 쓴다

도대체 서문을 몇 번째 쓰는 건지 모르겠다. 아무리 쓰고 또 써도
안 된다. 벌써 한 달도 넘었다. 하도 답답해서 도대체 서문을 어떻게
쓰는 거냐고 물으니 집에 들어갈 때를 생각해보란다. 밖에서 집 안으
로 들어가기 전에 마음의 준비를 할 수 있게 해주는 현관 같은 것이
서문이라고 설명을 한다.

현관이라… 집의 현관이라….

내가 아는 집은 현관이 거의 없다. 문을 열면 그냥 바로 방이다. 보
통 작은 부엌이 있지만 벌써 방구석이 훤히 보이는 문이 현관이다. 보
통 그런 집 문을 활짝 열면 방안에 있는 사람이 냅다 소리를 지른다.

"야, 빨리 문 닫아! 뭐하려고 그렇게 문을 활짝 열고 난리야!"

그런 게 내가 아는 집이다.

그러니까 집 안에 들어가기 전에 뭔가 마음의 준비를 할 수 있는 현관이란 내겐 익숙치 않다. 그런 공간을 둘 수 있을 만큼 여유가 있는 집을 별로 보지 못한 탓일 거다. 사족 같지만, 그러고 보니 책을 읽을 때도 서문은 거의 보지 않는다. 성질이 급해서 막바로 책의 본문으로 돌진해 들어가기 일쑤다.

말을 하고 보니 천천히 제대로 살아내지 못한 모습이 '서문 쓰기' 하나에도 다 드러나는 것 같아 마음이 조금 불편하다. 하지만 그 불편은 서문을 도저히 쓰지 못하는 괴로움에는 비할 바가 아니다.

이 서문을 다 쓰면 책이 나올 것이다. 사실은 그것도 어쩌나 싫다. 책이 나오면 조금은 '어떡하지?'란 걱정을 하고 있는 참이기도 하다. 아니 걱정을 많이 하고 있다.

절대 책 같은 것을 만들려고 쓴 글이 아니다. 그럴 줄 알았으면 아예 처음부터 좀더 잘 쓸 궁리를 하고 썼을지도 모른다. 물론 잘 쓰려고 마음을 먹는다고 잘 쓸 수 있는 것은 아니지만 말이다. 게다가 왜 이렇게 이야기를 길게 하는지 모르겠다. 안에 말들이 넘쳐나서 그렇다. 그런 짓을 저지른 날 밤에, 누구를 붙들고 그 이야기들을 조근조근 할 수 있겠는가? 말들은 이미 가슴에 넘치고 목구멍을 타고 넘어 머릿속에 불길이 되어 활활거리는데, 무슨 말을 쓰고 있는지도 모르게 써제끼고 말았던 것들이 이 글들이다.

그저 뭘 어떻게 해야 하는지를 알고 싶은 순간 매달렸던 것이 바로 글이었다. 그것밖에는 할 수 있는 것이 아무것도 없었다. 곁에는 아무도 없고, 잠은 쉬이 들지 않고, 작은 일 하나도 잊혀지지 않고 또렷이 기억나는 그 밤에 가슴에 찍힌 낙인들을 확인하듯 그렇게 써내려갈 수밖에 없었다.

누군가에게 털어놓고 싶었다. 겁이 나서 그랬다. 내가 그러고 왔는데, 그래도 괜찮다고 누군가의 위로를 받거나 확인을 받고 싶었던 것 같다. 괜찮다는 말을 듣고 싶었고, 나도 그렇다고, 그렇지만 다음에는 더 잘할 수 있을 거라고 격려도 받고 싶었다. 그래서 아이들이 하듯이 나도 그랬다. 민들레에 글을 쓰면 누군가가 나를 봐주는 것 같으니까. 누군가는 내 마음을 읽어주고, 괜찮다고 말해주고, 더 열심히 하라고 격려해주니까 그게 좋았다. 그래서 나도 더 열심히 좋은 사람이 되고 싶은 마음이 드니까 그렇게 했다. 그렇게만 할 생각이었다. 다음은 생각지도 않았다. 글은 생각보다 속내가 들여다보이긴 하지만 마음먹고 살펴보지 않으면 그렇게 잘 보이는 것은 아니니까 한 번만 이렇게 자세히 털어놓고 끝이다란 마음으로 실컷 주절댔었다. 책처럼 모여 있는 건 아니니까 여기저기서 딴 소리를 해도 그런 줄도 잘 모를 것 같았다. 그러니 역시 책이 무서운 것이다.

단칸방으로의 초대

이 책은 단칸방 집이다. 문을 열면 속이 훤히 들여다보이는 집, 남에게 별로 보이고 싶지 않은 일상의 비루함들이 고스란히 보이는 단칸방 집 말이다. 그런 집은 볼 것도 없다. 한 눈에 사는 게 모두 간파

될 수 있기 때문이다.

그래도 말이다. '그래도…'라고 말할 수 있다면 말이다. 그런 집에도 사연은 있고, 사정도 있는 법이다. 희망도 꿈꾸고, 희노애락에 몸서리치는 것은 마찬가지다. 속이 좁으니 속을 끓이는 일도 더 많을 수 있는 법이다.

아이들에게 일어났던 그런 일들은 하나도 잊혀지지 않고 가슴에 고스란히 남았다. 그래서 그런 일들을 따라가듯 글을 쓰는 건 어쩌면 그리 어렵지 않은 일이었다. 그건 내가 겪은 일과도 다르지 않고, 우리 모두가 매일매일을 살아가면서 겪고 있는 바로 그런 일들 중 하나이기 때문이다. '죽을 힘을 써서 겨우 요만큼 자라는 것' 말이다.

차라리 늘 어려운 건 마지막이었다. 그렇게 한참 벌어진 일을 따라가듯 죽 글을 쓰고 나면 더 이상 따라갈 길이 없어 늘 마지막이 어려웠다. 끝에 홀로 남으면 마무리를 할 줄 몰라 힘들었다. 삶은 아직 끝난 것이 아니므로, 또 나는 다 배우거나 깨친 것이 아니므로…. 그저 '가야 할 길에서 이만큼 왔음' 하고 결국은 똑같은 매듭을 지어야 하는 일이 오히려 쉽지 않았다.

책의 서문을 쓰는 것은 처음을 쓰는 것이지만 마지막과 다를 바 없어서 너무 힘들다. 마지막 같은 처음이 바로 책의 서문이고, 맨 앞에 있지만 마치 요람 앞에 놓인 묘비명 같은 것이 서문인 셈이다. 그래서 나는 절절 맸다. 언제나처럼 마무리를 못해서 말이다. 그래서 늘 하던 대로 한다. 솔직하게 그렇다고 이야기하는 방식으로 이번에도 이 위기를 넘기기로 했다.

변방은 살아 있다

이 책은 변방에서 맹렬히 성장하고 있는 아이들 그리고 그 아이들과 함께하고 있는 어른들의 이야기다. 그럼 어디 저 먼 곳의 이야기인가 할지 모르나, 이 변방은 그저 마음의 지형 같은 것이다. 사실 몸이 있는 곳은 서울의 구로동 한 구석이니 변방이란 말을 쓰기가 과연 어떨까 싶기도 하다. 그래도 구로동 한켠에서 보고 있노라면 세상은 보이지 않는 중심을 향해 그루터기처럼 겹겹이 테를 두르고 절대 넘나들 수 없는 성벽이 높아져만 가는 것 같다.

우리 사회에서 아이들의 성장은 어느 틈엔가 중심을 향한 질주로 바뀌치기 되었다. 다만 어디쯤에서 멈추려고 생각하는가의 차이가 있을 뿐, 중심을 향해야 한다는 것은 의심하지 않는다. 이 질주를 거부하는 일은 아무리 쿨한 척 해도 패자의 자기합리화쯤으로 여겨지기 일쑤다. 하지만 아이들이 성장한다는 것이 과연 무엇인지 다시 한 번 생각해보았으면 좋겠다. 영양분이 풍부한 땅에서 햇볕을 충분히 받으며 자라는 나무들도 있지만 그렇지 못한 나무들도 있다. 바위틈에서 자라는 나무도 있다. 그들의 성장을 하나의 잣대로 잴 수는 없는 노릇이다.

아이들은 아직 어른이 아니라는 사실만으로도 변방의 존재라 할 수 있다. 더욱이 집에서도 학교에서도 관심과 사랑을 받지 못하는 아이들은 사람들의 눈길을 피해 구석에 엉거주춤 서 있곤 한다. 제 울 곳을 찾는 이는 결코 한복판을 찾지 않는다. 울 일이 있는 아이들, 억울한 속내가 있는 아이들, 참아내느라 낑낑거리거나 씩씩거리는 아이들이 마음을 달래는 곳은 주로 구석진 곳이거나 모퉁이다. 하지만 이 응달진 곳에서도 아이들은 날마다 자란다. 햇볕이 모자라고 영양분도 부족한 구석진 곳이지만 기를 쓰고 자란다.

그런 의미에서 변방의 아이들은 '혼자 커야 하는' 아이들이다. 부모님이 계시지만 그분들 형편이 이러저러해서 이런 말을 하는 것은 아니다. 동정할 일도 가엾게 여길 일도 없다. 자라는 일이 하도 힘을 빼는 일이다보니 짜증이 나고 어이가 없기는 하지만 그뿐이다. 어쩌겠는가? 세상 살다보면 그럴 수도 있다. 그렇다고 사는 일을 함부로 할 수도 없고, 그러니까 울퉁불퉁하고 삐뚤빼뚤할 수 있는 일이다. 그 모습을 보면서 그대로 썼더니 글도 삐뚤빼뚤하고 생각도 우왕좌왕하다. 어떻게든 이해해보려고 노력하고, 성질을 죽이고 주먹을 참으며 눈물을 삼키느라 그렇게 되었다. 그대로는 도저히 잠들 수 없었던 밤마다 폭풍처럼 솟구쳐 올라오는 말들을 잠재우듯 받아 적기 급급한 대로 썼더니 이 모양이다.

무엇을 이야기하려고 쓴 글이냐 물으면, 사람은 이렇게라도 자라려고 애쓴다는 것을 들려주고 싶어서 쓴 글이라고 말씀드리고 싶다. 겨우 요만큼 자라려고도 이리 용을 쓴다는 것을. 그런 씩씩한 아이들 곁에서 '아이들을 돌보는' 교사로서 지역아동센터라는 또 하나의 변방에서 스스로 성장하기 위해 고군분투하며 기록해왔던 것들을 모아온 글들이기도 하다.

대부분은 미안한 마음을 가눌 길 없어 홀로 용서를 구하는 마음에

쓴 글들이 많다. 어째서 그만큼의 어른스러움도 없는지, 어째서 그때마다 그렇게 어리석을 수밖에 없는지 스스로가 안타깝고 또 안타까운 마음에 절로 한숨처럼 나온 말들이다. 쓰다보면 그땐 사실 그렇기도 했던 것을 하고 절로 입술이 깨물어지곤 했다.

일단 이렇게 마친다

책을 낸다는 게 얼마나 가슴 떨리는 일인지 이번에 확실히 알았다. 나는 이제 그 경험을 아이들에게 잘 전해줄 수 있을 것 같다. 그리고 그런 책을 내는데 좋은 친구들을 만나 함께한다는 것이 얼마나 큰 행복일 수 있는지도 더불어 느꼈다. 아무런 관계도 없지만 다른 사람이 또 다른 사람을 만나 알아봐주고 인정해주고 그래서 무언가를 새롭게 싹 틔울 수 있게 하는 것이 얼마나 멋진 일인지 똑똑히 알게 되었다. 실은 '돌봄'이란 말 속에 내가 담고 싶었던 것이 바로 이것이었는데, 스스로 이런 엄청난 경험을 하게 될 줄은 꿈에도 몰랐다. 모두가 그럴 수 있었으면, 누구나 이럴 수 있었으면….

끝으로 너무 많은 분들께 감사를 드리고 싶다. 특히 부모님께. 나는 평생 속을 많이 썩힌 딸이었다. 어머님이 유난히 많이 안타까워하셨다. 어머니와 딸로 만나지 않았다면 서로를 이해하는 데 많이 힘들었을 두 사람이다. 당신을 만나서 행복했단 말씀을 꼭 드리고 싶다. 어릴 적에는 몰랐지만 당신에게 사랑받을 수 있었음에 특히 감사를 드린다는 말씀을 전하고 싶다. 마찬가지로 아버지, 당신께 배운 책임감이 크다는 말씀도 꼭 드리고 싶다. 그리고 두 아들에게, 너희들과 함께 할 수 있고 좋았고, 너희들의 엄마여서 미안하다는 속내를 전하고 싶다. 엄마여서 많이 미안하게 생각한다.

공부방 동료 교사들과 아이들에게 늘 함께해서 행복했단 말을 전하고 싶다. 특히 나의 부족함으로 상처받았을 많은 아이들과 주변 사람들에게 미안하단 말을 전하고 싶다. 잘 하고 싶었고, 좋은 교사나 좋은 동료이고 싶었는데, 부족하고 옹졸했다.

그리고 민들레에 고마움을 전한다. 이 책은 그야말로 세 사람의 우정의 결과물이다. 민들레의 김경옥 선생님과 현 선생님은 이 책을 같이 쓰신 것이나 다름없다. 지난 십여 년 동안 격월간 민들레는 내게 스승이자 위로였다. 지금 와서 털어놓는 말이지만 아무것도 모르는 공부방 교사로 나는 민들레를 나침반 삼아 지금껏 길을 찾아왔다.

이걸로 서문을 다 썼다고 칠 셈이다. 서문을 쓴다고 시작했으니 서문을 다 썼다고 끝을 맺을 생각이다. 나쁘지 않다. 최소한 스스로가 뭘 하는지는 분명히 알고 있으니 말이다.

아 어떡하나… 이제 이 책의 서문을 진짜 다 썼다. 서문을 다 쓰고 나면 두고두고 악몽에 시달릴 것 같은 기분이다. 아… 미치겠다. 이 책의 서문을 다 썼다.

혼자 커야 하는 아이들

1

다른 아이들은 타고나면서부터 아무렇지도 않게 하는 일들, 예의도 좀 차리고 체면도 있고, 적당히 욕심 부리고, 사랑하고 사랑받으며, 잘못하면 꾸중 들을 줄도 알고, 용서를 빌고 뉘우치며 다시 노력하고, 되돌아보고 후회도 하며, 잘해보고 싶다 마음도 먹어보는 그 모든 일들이 이 아이들에게는 짜증 날 만큼 어렵게 배워야 하는 일들이다. 그런 일들을 위해 우리는 짜증이 나도록 노력해야 한다. 아무도 우리가 노력하는 줄도 모르는데, 죽도록 노력해도 "뭘 했다고 그러는데?" 겨우 이런 말이나 들을 텐데 말이다. 하지만 우리는 오늘도 그까짓 것들을 위해 바짝바짝 짜증을 내가며 용을 쓰고 있다. 그냥 나답게, 그냥 우리로 살기 위해 진땀이 나도록 용을 쓰고 있다.

삶이 짜증나는 아이와
진땀나게 씨름하며

도대체 어쩔 거냐?

장난이 아니란 평을 달고 다니는 아이였다. 여선생님에게 욕을 하고 폭력을 휘둘러 인근 학교로 쫓겨가다시피 전학을 갔다는 소문이 도는 아이였다. 그런 아이가 어느 날 따질 일이 있다고 공부방을 찾아왔다. 자기 욕을 한 아이가 여기 있으니 당장 내놓으라는 것이다. 했네 안 했네 한참 시시비비가 이어졌다. 조그맣고 까만 날카로운 눈매에 말끝마다 '으응' 소리를 내며 침을 꿀떡이는 틱 증세가 보였다. 한참 후 내가 여길 좀 다녀주면 안 되겠냐고 부탁했다. 다닐 수 있다거나 다녀도 된다가 아니었다. 제법 간곡하게 '다녀 달라'고 부탁했다. 자기 엄마가 공부방에 찾아오는 일은 없을 거라는 조건으로 의외로 선선히 허락이 떨어졌다.

이 소식에 공부방 아이들의 반응이 심상치 않았다. 새로 맞을 친구를 두고 으레 열리는 자치회의에서 두 아이가 끝까지 반대했다. 한 아이는 이미 싸우다 맞은 경험이 있어 겁을 내고 있었고, 1학년 꼬마 한 명도 괜히 맞을 것 같다고 막무가내로 반대했다. 아이들에게 '공부방이 뭐 하는 곳이냐, ○○이도 처음에는 반대했지만 그래도 같이 지내면서 나아지지 않았냐, 맞았던 사람을 위해서는 특별히 교사들이 보호책을 세워보겠다' 등등 여러 이야기가 오간 끝에 겨우 자치회의에서 함께해도 좋다고 의견을 모았다.

그 시작은 그저 시작일 뿐이었다. 아이는 동네 형들이 때린다며 학교나 집에서 전화를 해서는 자기를 데리러 오라고 했다. 공부하는 건 딱 질색이고, 규칙은 '몰라요'고, 뭘 좀 이야기하려면 목소리만 들어도 짜증이 난다며 성질을 부렸다. 조금만 거슬리면 욕부터 나오니, 교사들도 아이들도 슬슬 눈치 보기 바쁘다. 던지고 때리고 욕하고, 공부방이 한참 어수선하다.

그런 중 학교회의에 좀 와 달라는 연락이 왔다. 아이가 수업 중에 교사에게 책상을 걷어차며 성질을 부렸단다. 교사는 황당하고 화가 나서 공식 사과를 요청하고 난리가 났는데, 아이는 멀쩡한 모습으로 공부방에 왔다. 친구랑 장난으로 자리를 바꾼 것뿐인데, 걔한테는 뭐라 안 하고 자기한테만 뭐라 해서 짜증이 나서 그랬단다. 그러면서 짜증이 나면 자기도 어쩔 수가 없단다. 한숨이 나오면서 무슨 말인가를 해주고 싶었지만, 공식적인 사과를 거부하는 일이 생길까 조심스러웠다. 우선 아이 엄마를 먼저 만나야겠다 싶었다.

아이의 어린 시절은 폭력과 방임으로 얼룩져 있었다. 어머니는 남편의 심한 가정폭력을 피해 홀로 아이들을 키우는 처지였고, 학교에 들어가기 전부터 말썽 많은 아이를 잘 키우려는 마음으로 역시나 많이 때렸다고 한다. 온갖 일을 아이 탓으로 돌리는 세상에서 엄마가 할 수 있는 일은 마음을 다해 아이를 때리는 일뿐이었다고 했다. 잘 자라라고 그리고 자기처럼 바보같이 살지 말라고…. 하지만 그런 이야기 속에도 남아 있는 건 세상에 대한 원망뿐이었다.

그런데 어느 순간 아이가 변했다고 했다. 그날도 남들이 뭐라 하는 소리가 싫어서 아이에게 혼찌검을 내고 있는데, 악을 쓰며 자기가 안 그랬다고 마구 성질을 부리더니 아이 눈이 휙 돌아가더란다. 그때 이후로 엄마는 아이를 더 이상 때릴 수 없었다고 한다. 하지만 아이는 다신 예전으로 돌아가지 못했고 엄마에 대한 원망만 더 커졌다. "다른 애들은 아무리 잘못해도 엄마가 학교 와서 선생님한테 막 따지기도 하고 편도 들어주는데, 엄마는 내가 잘못한 것도 없는데 와서 말도 안 해주고 그러니까 다른 애들도 다들 엄마 보고 바보라고 놀린다"면서 악을 쓰더란다. 엄마는 사람들 틈바구니에 치이는 것이 힘들어서 일부러 '싸납게' 눈썹 문신을 하고 있었다. 홀로 견뎌보려고 애쓴 흔적이 그 사나운 눈썹에 고스란히 남아 있었다.

아이 집을 다녀온 덕에 교장선생님까지 모시고 열린 회의 자리에서 꽤나 아는 척을 할 수 있었다. 모두가 힘들어하기만 하는 아이를 나만은 잘 알고 이해하고 있다는 느낌에 우쭐했고, 내 입에서 나오는 말들만 진실의 무게를 달고 문제에 딱딱 맞아떨어지는 듯했다. 아이도 제 세상인 양 공부방에서 활개를 쳤고, 그런 모습이 싫지 않았다. 힘들다는 다른 교사들의 하소연은 깃털처럼 가볍게 들렸다. 그 아이 때문에 느슨해진 공부방 분위기에 다른 아이들도 슬쩍 눈치를 보며 "쟤는 왜 안 해요?" 하고 허를 찔러왔지만 어찌해볼 수 있을 것 같았다. 그 속에서 다른 교사들의 어려움과 회의감은 점점 깊어만 갔고, '도대체 어쩔 거냐'는 물음이 결국 나를 죄어오기 시작했다.

혼자 잘난 척을 하더니

그런 자만심과 조바심 속에서 일이 터졌다. 한 번씩 교사들은 아이들과 운을 시험한다. 충분히 준비되었다고 느낄 때 함께 한 발을 내딛는 것이다. 꾸중이라도 들을 수 있게 하는 것이 시작이다. 주위 어른들이나 세상에 대한 신뢰가 부족한 아이들은 대개 꾸중을 들으면 미워서 내치는 것이라고 생각한다. 마음이 아리지만 성장을 위해 필요한 혼찌검을 낼 수도 있다는 것을 상상하거나 경험하기 어렵기 때문이다. 그래서 꾸중을 듣고 '아, 그래서 혼나는 거구나. 그렇지만 미워하지는 않는구나' 하고 넘어갈 수 있게 되면 비로소 공부방 아이가 되기 시작하는 것이다. 그러나 준비가 되지 않은 아이에겐 결코 할 수 없는 일이다. 잘해준다고 준비되는 것도 아니다. 실은 그 사람이 안 미워야 되는 문제다. 그 인간의 고군분투가 느껴지고, 가엾고, 고맙고, 그 마음이 충분히 보이고 들려야 가능한 일이다.

그러면 안 되는데 분명 서두르고 있었다. 이제 어쩔 거냐는 주위의 물음에 계속 쫓기고 있었고, 아이를 '안다'고 느끼며, 무엇보다 그 아이도 내 마음을 알 거라고 자신했다. 그런데 일이 터졌다. 싸움이 일어났고 얻어맞았다는 아이가 몹시 흥분하고 있었다. 한 마디를 막 시작하자 "걔도 때렸는데 왜 나만 갖고 그래요? 그러면 공부방 안 다니면 되겠네요." 아이는 간단히 결론을 내렸다. 그럴 줄 알았다는 투였고, 해볼 테면 해보라는 식이었다. 아무것도 상관없단다. '학교? 안 다니면 된다, 공부방? 안 다니면 된다, 집에서 안 나오고 방에서 컴퓨터만 하고 살아도 된다, 인제 공부방 안 다닐 거니까 나는 가겠다.' 혼자 결론을 낸 아이가 진짜 뒤도 안 돌아보고 간다. 아이의 단호함이 놀라웠고, 이렇게 아무런 이야기를 할 수 없다는 것이 당황스러웠고, 이제 어떡해야 하나 허둥거리게 되었다.

허겁지겁 따라 나가며 잠깐만 이야기를 하자고 붙잡았지만 이미 늦은 것 같았다. 언덕배기를 겨우 쫓아 올라가며 일을 그르친 자신을 원망했다. '잘난 척 하더니…' 하는 말이 속에서 치밀어 올랐다. 아이를 위해서 그런 건지 망신당하고 실패했다는 열패감이 싫어서 그런 건지 구분할 새도 없이, 그저 아이를 붙잡고 한 번만 더 얘기할 기회를 달라고 애원하기 위해 안간힘을 썼다. 아무리 불러도 아이는 뒤도 돌아보지 않았다. 결국 뛰어가 가까스로 붙잡았다. 계속 뿌리치려는 아이에게 잘못했다, 잠시만 이야기하자, 매달리다시피 껴안았다. "놓으라구요. 인제 공부방 안 다닐 거니까 필요 없어요." 뒤도 안 보고 하는 말이다. 아이는 있는 힘을 다해 나를 밀쳤고 그런 아이의 거칠음에 더욱 초조해졌다.

옥신각신 시간이 흐르면서 둘의 실랑이는 어느새 기 싸움으로 변했다. 시간이 지나면서 성질이 더 치밀어 오르는지 "놓으라고요!"를 연발하던 아이 입에서 마침내 욕지거리가 삐져나왔다. 그러다가 주먹질과 발길질이 시작됐고 머리채까지 잡히게 되었다. 맞아서라도 잠시 이야기를 할 수 있으면 하는 마음에 아이를 놓을 수가 없었다.

드디어 아이 눈이 돌아가는 순간이 찾아왔다. "놓으라고, 이 씨XX아!" 내 머리채를 휘두르고 붙잡고 있는 손을 풀려고 깍지 낀 손가락들을 하나씩 꺾어댔다. "야, 그렇게 하니까 선생님 너무 아프다. 손가락이 너무 아파. 막 잡아당기니까 머리도 너무 아파." 나는 하소연도 아니고 호소도 아닌 소리를 해가면서 울었다. 그 때문이었을까? 아이 손에 힘이 조금 빠지는 것 같았다. 쌍욕을 해대며 어떻게든 풀려나려고 애를 쓰는 상황에서, 그래도 아프다고 우는 애원에 차마 더 힘을 가하지 못하는 아이 모습에 나도 멈칫했다.

벌써 한 시간을 훌쩍 넘기고 있었다. 아이도 나도 힘이 다해 길 한복판에 드러눕다시피 했고, 둘 다 땀에 젖어 있었다. 밤은 점점 깊어가고 이제 어쩌지 하는 걱정이 밀려오기 시작했다. 어디서 얻어들은 이야기만 믿고 괜한 짓을 벌인 건 아닌지 한심스러운 생각이 계속 밀려왔고, 걱정과 후회가 아이와 나처럼 함께 엉켜왔다. 온 힘을 다해 벗어나려 버둥대는 아이를, 역시 온 힘을 다해 품에 가두어 안고 있는 내 행동이 정말 온당한 것일까 걱정스러워졌다. 괜히 섣부르게 혼내려다가 아이가 화를 내며 간다니까 또 붙들고 얘기 좀 하자며 이 난리를 치다니, 남의 이야기라면 엄청 한심하다고 뭐라 했을 게 틀림없다. 생각할수록 한숨만 깊어져 그나마 남은 기운이 쭉 빠져 맥이 풀리면서 손마저 풀려버렸다. 그 순간 아이는 총알처럼 밤 골목길을 뛰어 달아났고, 나는 주저앉아 그 뒷모습을 멍하니 지켜보았다.

세상은 짜증나는 일로 가득하고

이대로 끝낼 수는 없어 아이 집을 찾아가긴 했지만 발걸음이 천근만근이었다. 집 안에 들어가볼 수 있을지 자신이 없었다. 그런데 뜻밖에도 아이 엄마가 담담히 맞아주었다. 상황을 아는지 모르는지 별다른 반응이 없다. 잘못한 일이 있어 아이한테 빌러 왔다니 오히려 몇마디 아이를 나무라며 달래는 시늉을 한다. 꼬치꼬치 캐묻지 않아서 다행이다 싶었지만 어쩜 이런 모습으로 아이를 애타게 했을 것 같다는 생각도 들었다. 억울하다고 아무리 아이가 펄펄 뛰어도, 엄마가 좀 나와보라고 팔을 끌어도, 사무치는 억울함에 속이 터져도, 엄마는 지금처럼 주춤주춤 뒤로 물러서며 괜한 예의를 차리며 아이 속을 태웠을 것 같았다. 그것도 아이에게는 깊은 절망이 되었을 것 같았다.

문 닫힌 방 안에서는 컴퓨터 게임 소리가 들려왔다. 방 밖의 이야기가 들렸을 법도 한데 아무런 기척이 없다. 이 늦은 시간에도 누군가가 와 있다고 한다. 한동안 공부방에 같이 다녔던 다른 아이가 와 있다는 것이다. 누군가가 있다니 핑계가 좋았다. 갑자기 교사 노릇을 할 명분이 생긴 덕에 와 있다는 아이 이름을 부르면서 살며시 방으로 들어갔다. 아이는 등을 보이고 앉아 칼을 휘두르는 컴퓨터 게임에 몰입해 있었다. 말을 건다 해도 대답을 들을 수 있을 것 같지 않아 다른 아이부터 찾았다. 한동안 얼굴을 못 본 터라 둘이 마주 앉아 인사 겸 이런저런 이야기를 나누었다. 내 사정을 듣더니 형이 용서를 잘 안 해줄 텐데 어째 일을 그리했냐고 점잖게 걱정을 한다. 사정이 어떻든 그렇게 붙드느라 혹 다치지는 않았는지 걱정이 되어 왔다며 아이를 조심스레 쳐다보았다. 아이는 여전히 꼼짝 않고 게임만 하고 있다. 결심을 하고 아이에게 다가가서 사과를 하고 용서를 빌었다. 쳐다보지 않는 아이를 향해 몇 번 거듭 용서를 빌었더니 그래도 마음이 가 닿았는지, 그러면 한 번만 봐준다는 뜻밖의 말이 떨어졌다. 생각도 못한 일이었는데 어찌 이럴 수 있는지 다행이고 안심이었다. 나도 그만 기분이 좋아져서, 저녁도 못 먹었는데 우리 모두 치킨이라도 시켜먹자고 깨방정을 떨었다. 아이 엄마가 모두를 위한 저녁상을 차려내셨다. 그제야 온몸이 마음 놓고 아파왔다. 아이에게 혹시 어디 다친 곳은 없는지 물었더니, 치킨을 한 입 베어 문 기분 좋은 얼굴로 까딱없다는 대답이 날아왔다.

아이도 자기를 모르지는 않았다. 사람들이 짜증나게 굴면 폭발하게 되는데 자기도 멈출 길이 없단다. 다른 애들도 같이 잘못했는데 선생님들은 짜증나게 꼭 자기만 혼을 낸단다. 애들한테 아무리 하지 말라고 해도 짜증나게 사람 말을 무시한단다. 이모랑 사촌 형들이 사는 경기도로 이사 가고 싶은데 짜증나게 집에 돈도 없고, 엄마가 몸이 아파

일을 조금밖에 할 수 없단다. 동네 형들은 만나기만 하면 가만두지 않겠다고 눈에 쌍심지를 켜는 통에 집 밖으로 마음대로 다닐 수가 없고, 공부방에서도 다른 아이들 핸드폰으로 잠깐만 게임을 하고 주려 했는데 꼭 짜증나게 뭐라고 하고, 하루 종일 재미있는 일은 하나도 없고 짜증만 난단다. 아이에게 세상은 어차피 짜증나는 일로 가득 차 있는 곳일 뿐이었다. 그러니 오늘 하루도 그냥 그렇게 짜증나는, 특별하지 않은 보통의 날일지도 모르겠다. 조금 다른 것은 그 짜증나는 선생과 끝까지 함께하고 있는 것뿐.

"태샘, 힘 엄청 세더라." 아이의 귓속말이었다.

진땀나게 용쓰면서

공부방의 한 교사가 자기는 이 아이를 볼 역량이 못 되는 것 같다고 선언했다. 다른 아이들도 모두 소중한데 이 아이 하나로 공부방 전체가 술렁이는 게 고민스럽다고도 한다. 용기를 내어 문제를 제기한 교사는 결국 아이와 구체적 상황에서 맞부딪치게 되었다. 교사는 아이가 자기 말을 무시한다며 격분했다. 그러나 아이는 아이대로 선생님이 잘 알지도 못하면서 자기만 혼내서 짜증이 났다고 한다. 두 사람이 양쪽에서 몰아세우는 기분이었다.

하지만 누구 말이 옳으니 누구만 선택하겠다 할 수는 없었다. '우리가 되는 과정'을 겪고 있는 모두의 진통 앞에 옳고 그름은 의미가 없기 때문이다. 아이와 교사, 부모가 한 덩어리의 *끈끈한* '우리'로 새로 태어나는 일이 그저 쉽게 감당되는 일은 아니기 때문이다. 사실 가장 어려운 일은 '저 사람이 왜 저러는지 이미 잘 알고 있고 더 들어볼 필요도 없다'고 생각하는 그 사람의 말을 제발 한 번 더 들어볼 수 있도록 돕는 일이다.

어쩌면 '우리'가 되는 일은 생각보다 간단히 시작되는 건지도 모른다. 교사가 아이를 보살펴야 하는 것처럼, 아이들 역시 교사를 보살펴야 한다. 교사에게 아이들이 예쁘고 사랑스럽고 감동스러운 것처럼, 아이들에게도 교사가 예쁘고 사랑스럽고 존경스러워야 한다. 아이가 세상의 이런저런 채찍에 휘둘려 악다구니만 남았다면 교사가 조금 져주는 모습이 어여쁘다. 아이가 그렇게도 짜증이 난다고 하면, 교사가 조심하고 또 조심하는 모습이 어여쁜 것이다. 하지만 교사가 할 수 없다고 할 때는 그 또한 기다리고 격려하고 믿어주는 게 어여쁜 모습이다. 모두가 충분히 실수하고 망설이며 그 끝에 있는 나다움을 향해 나아가는 용기를 낼 수 있게 돕는 것이 우리가 서로를 위해 해야 하는 자기 몫의 일인 것 같다.

이 모든 것이 세상에 혼자 뚝 떨어진 것 같던 우리가 서로를 느끼며 조금씩 변해가려는 몸부림이다. 아이라고 사랑하는 일이 쉽고, 아이라고 세상 사는 일이 만만하겠는가. 또한 자신이 믿는 한 조각의 진실에만 매달려 사는 아이를 무조건 이해하고 받아들이고 사랑하는 일이 교사라고 힘들지 않겠는가. 그래서 우린 오늘도 서로를 향해 이렇게 진땀을 내고 있다.

공부방은 아무런 영광도 허락되지 않는 자리 같다. 다른 아이들은 타고나면서부터 아무렇지도 않게 하는 일들, 예의도 좀 차리고 체면도 있고, 적당히 욕심 부리고, 사랑하고 사랑받으며, 잘못하면 꾸중 들을 줄도 알고, 용서를 빌고 뉘우치며 다시 노력하고, 되돌아보고 후회도 하며, 잘해보고 싶다 마음도 먹어보는 그 모든 일들이 이 아이들에게는 짜증날 만큼 어렵게 배워야 하는 일들이다. 그런 일들을 위해 우리는 짜증이 나도록 노력해야 한다. 아무도 우리가 노력하는 줄도 모르는데, 죽도록 노력해도 "뭘 했다고 그러는데?" 겨우 이런 말이나 들을 텐데 말이다. 하지만 우리는 오늘도 그까짓 것들을 위해 바짝바짝 짜증을 내가며 용을 쓰고 있다. 그냥 나답게, 그냥 우리로 살기 위해 진땀이 나도록 용을 쓰고 있다.

젠장, 엄마가 필요하다고…

파랑새에 찾아든 남매

월요일 아침이다. 오늘은 과연 아이가 학교를 갔을까? 신경이 바싹 곤두선다. 결국 아이 아버지한테서 문자가 왔다. 일하는 중인데 학교에서 아이가 오지 않았다는 연락이 왔다는 것이다. 미안함과 당혹스러움이 행간에 가득하다. 화들짝 놀라 담임교사에게 확인을 해보니 답문자가 한숨처럼 날아온다. 그래도 그냥 한 번씩 하던 결석이었는데, 이제는 그야말로 밥 먹듯 결석을 하고 있다.

원래 아이를 두고 하던 걱정은 이게 아니었다. 아버지 지갑에 손을 대는 아이의 좋지 못한 손버릇을 실은 더 걱정하고 있던 참이었다. 아무리 꾸짖고 혼을 내도 틈만 나면 그러니 살 수가 없다고 아버지는 한숨을 쉬곤 했다. 결석은 그렇게 난리를 치는 날 한 번씩 있는 일인 줄 알았는데 이젠 그것도 아닌가 보다.

그런 아이의 모습이 예사롭지 않게 느껴진 것은 지난 여름부터였다. 공부방이 이사를 온 지 한 달쯤 되던 무렵이었다. 아직도 낯선 동네의 미로 같은 골목길도 익힐 겸 그날은 평소 잘 다니지 않던 길로 접어들었다. 그런데 골목 안쪽에 바로 그 아이가 서 있었다. 세수는 했는지 부시시한 얼굴로 구부정하게 그늘에 숨은 듯 서 있다. 가만 보니 이른 아침인데 아이스크림 하나를 손에 쥐고 허겁지겁 먹고 있다. 바싹 여위고 또래보다 왜소한 체구의 아이가 그러고 있는 모습이 좀 그랬다. 그때는 그저 다른 아이들하고 나눠 먹기 싫어서 그런가 보다 싶었다. 그 돈이 떳떳지 못해서 그랬을 거라는 것까지는 생각이 미치지 못했다. 아이에게 아는 척을 하자 저도 화들짝 놀라는 눈치다.

아이는 한 살 위 오빠와 함께 공부방을 다니고 있다. 두 아이 모두 어느 정도 나이가 들어서 온 때문인지 같이 지내기가 쉽지 않았다. 특히 심한 신체적 학대를 당했다는 이야기도 들었던 터라 대하기도 무척 조심스러웠다. 다들 한두 대씩은 예의로라도 맞고 사는 것이 파랑새 아이들인지라 어지간한 체벌은 그러려니 하며 살고 있지만 두 아이는 그런 수준이 아니었다.

아이들의 아버지는 이혼을 하고서 혼자 아이들을 맡아 키우고 있었다. 하지만 아이들을 돌보면서 생계를 꾸리기가 쉽지 않아 아이들을 형네 집에 맡겼는데, 학대의 당사자는 바로 아이들의 큰엄마였다. 체벌로 인한 상처가 너무 심한 것을 보고 담임이 신고를 하면서 사정이 드러났다. 아버지는 아이들을 데리고 형 집을 떠나 구로동에 자리를 잡게 되었다. 하던 일을 그만두고 이사를 나온 터라 먹고살 문제를 해결하는 일과 함께 가장 신경 썼던 것은 역시 아이들 돌봐줄 곳을 찾는 일이었다.

남매는 학교에서 소개한 복지관의 방과후 교실을 다니게 되었다. 그러나 여자아이들이 많은 그곳에서 다른 아이들을 너무 때린다는 이유로 오빠가 먼저 파랑새로 옮겨오게 되었다. 그리고 몇 달이 지나 오빠를 따라 동생도 마저 옮겨오게 되었다. 그렇게 두 아이는 차례로 파랑새 아이가 되었다.

그때 파랑새 교사들은 정신이 반쯤 나가 있었다. 먼저 들어온 오빠가 익히 들은 소문처럼 파랑새에서도 다른 아이들을 때리고 괴롭혀 매일같이 이를 막느라 정신이 하나도 없었다. 남을 얕잡아 보는 것 같은 심술궂은 웃음을 띠고, 이를 악물고 다른 아이를 때리는 아이오빠를 보고 있으면 한숨만 나던 때였다. 붙들고 어떻게든 다른 사람의 괴로움을 조금이라도 알 수 있게 해보려고 애를 썼지만 아이는 지지 않고 교사와 맞섰다. 맞을 만한 짓을 해서 때렸을 뿐인데 그게 뭐 그리 잘못이냐고, 왜 저만 붙들고 야단이냐고 오히려 따지고 드는 아이의 논리에 더 미치고 환장할 지경이었다. 이건 뭐 잘못을 알아야 용서든 꾸지람이든 할 수 있을 텐데, 아예 저는 아무 잘못이 없는데 교사들이 공연히 흥분한다는 투로 나오니 참 할 말이 없었다.

"그럼 나만 맞으라구요?" "왜 나보고만 참으라고 해요?" "왜 나만 갖고 야단이에요?" 파랑새 아이들이라면 누구나 하고 싶어 하는 말이다. 세상살이가 억울하다고 느끼는 아이들이 특히 그렇다. 그런 아이에게는 보복을 하면 안 된다는 이야기, 힘들어도 합리적으로 일을 해결하거나, 더 나아가 남을 용서하고 이해해야 한다는 이야기를 하기가 쉽지 않다. 옥신각신 하다보면 자라면서 저렇게 체득이 되었구나 이해가 되면서 정말 무슨 말을 해야 할지 모르게 될 때도 많다.

쪼그라든 아이

조금은 무자비하고 야비하고 냉담한 태도로 우리를 압도하는 오빠에게 신경 쓰느라 동생이 어떤 아이인지 미처 챙길 여유가 없었다. 집에 없는 동안 동생을 잘 보라고 했다는 아버지의 명령이 있었다는 이유만으로 집안에서도 폭군처럼 구는 오빠를 걱정하느라 너무 바빴기 때문이다. 그런 오빠와 함께 살아서 그런지 과거가 그래서 그런지 조금은 불안해 보이고, 늘 벌벌 떨거나 징징거리는, 왜소하고 지저분한 인상의 아이인 줄로만 알았다. 오빠의 '악행'에 가려져 동생은 그냥 '가엾은 희생자'인 줄 알고 지냈다.

물론 아이를 보고 있으면 가엾거나 안쓰러운 느낌이 들지 않을 수 없었다. 하지만 동시에 너무 철딱서니가 없어 보이기도 했다. 왜 그런 행동을 하는지 이해가 되지 않는 바는 아니지만, 가끔 너무 뻔한 거짓말로 상황을 모면하려 들고, 온갖 일에 남 탓을 하고, 걸핏하면 저를 무시한다고 입을 씰룩이고 눈물을 글썽거리며 하루에도 열두 번씩 변덕이 죽 끓듯 하는 것을 보고 있자면 마음이 지친다. 어지간히 달래거나 꾸지람을 한다고 해서 나아질 일이 아님이 분명해 보였다.

아이는 늘 뭔가 안달하는 모습이었다. 특히 사람 사이의 관계에서 제가 사랑을 받고 있는지를 두고 많이 불안해했다. 그래서 돈으로라도 우정과 사랑을 사고 싶어 했다. 툭하면 제가 먼저 나서서 공연히 반 아이들에게 무언가를 사주겠다, 돈을 주겠다, 지키지도 못할 약속을 해서 스스로 곤란한 처지에 빠지곤 했다. 공연한 약속에 친구들이 좋아라 들뜨는 모습을 보면 그게 꼭 저를 좋아하는 줄 착각이 들어서 그러는 모양이었다. 돈이나 물건에 혹한 친구들이 약속을 지키라고 성화를 하면 그때는 또 돈이 없어 쩔쩔매며 이런저런 핑계와 거짓말로 차일피일 시간을 끌어보려 애를 썼다. 학교도 빠지고 별 수를 다쓰다 더 이상 다른 수가 없겠다 싶으면, 그때는 또 아버지 돈에 손을 대고 마는 식이었다. 눈치를 챈 아버지가 돈 간수를 철저히 하기 시작하자 하루는 친구들을 집에 데려가 오빠 이름의 장학금 통장과 카드를 들고 나와 진탕 써버리는 일까지 일어났다.

더 나빠지기 전에 버릇을 고쳐 놓겠다며 때려서라도 가르칠 건 가르치겠다는 아버지를 뜯어말리다가도 아이를 보면 맥이 빠지는 심정이었다. 무엇보다 일단 상황이 다 드러나 걸려든 아이의 얼굴을 보면 맥이 탁 풀리는 느낌이다. 아니 맥이 풀린 건 우리보다 제가 더 그런지 텅 빈 아이 표정에서는 아무것도 읽을 수가 없다. 이젠 걸렸으니 어쩌면 좋으냐, 제가 왜 그런 짓을 했는지 후회스럽다, 뭐 이런 말이라도 해주면 차라리 속이 시원할 것 같다. 그러면 교사들도 어째 그리 어리석으냐, 사람 마음을 돈으로 살 수 있다고 생각했냐, 다시는 그런 어리석은 짓 말고, 무조건 손이 발이 되게 그저 싹싹 빌어라, 한바탕 잔소리를 하고 말았을 것이다.

그런데 아이는 아무 말이 없다. 물론 지금 상황에 압도되어 그럴 수도 있겠지만, 왠지 아이의 얼굴에서 느껴지는 것은 멍한 공허감뿐이다. 그나마 제 아버지에게 맞을 일을 걱정하니, 겨우 뭔가 정상적이란 느낌이 어렴풋이 들 정도이다. 아버지를 만나 맞기 전의 아이는 너무 두려워서 넋이 나간 사람처럼 늘 그저 멍해 보였다.

아이는 매로 돈값을 치렀다. 두서너 시간 아이들 말대로 '열나게' 맞고 앞섶에 핏방울이 맺혀 온 날 그걸 바라보는 심정을 무어라 형용할 길이 없었다. 돈값을 치르고 온 저는 속이 시원한지 웃기도 하고 속없이 굴었지만, 이걸 어찌해야 하나 고민이 깊어지지 않을 수 없었다. 학대 신고를 해야 마땅할 일인 줄 알면서도, 또 그 일이 몰고 올 파장이 염려되어 주저되었다. 저도 제가 한 일을 생각하는지 자기가 더 나서서 말리기도 한다. '잘못해서 맞았다'는 아이를 두고 '잘못했다고 맞아야 하는가?'라는 질문을 아이오빠에게 그리 거침없이 던졌던 것처럼, 왠지 아이 아버지에게는 그렇게 하지 못하고 있었다.

이런 고민을 알지도 못하는 아이는 푸닥거리가 끝나 이제는 속이 시원하다는 투다. 삭신은 쑤시지만 학교 친구들 문제도, 아버지 문제도 모두 끝나고 모처럼 평화로운 기색이다. 하지만 그렇게 푸닥거리를 되풀이하는 아이를 붙들고, 하나마나한 이야기지만 '그따위 사랑에 이렇게 네 인생을 걸 필요는 없다'는 이야기는 꼭 해주고 싶었다. 그것만이 전부인 듯 구는 아이에게 내 말은 씨알도 먹혀들지 않을 것임을 잘 알고 있지만 말이다. 너무나 사랑이 간절한 이 어린 아이가 사랑받지 않고도 그냥 살아보겠단 결심을 해야만 살 수 있을 것 같은 걱정에 해보는 생각이다. 하지만 그런 걸 알려줄 방법을 나는 아직 알지 못한다.

그러나 맞으면서라도 아이들이 집에 붙어 있어야겠다고 생각하는 것은 사실 어느 정도 나이 때까지일 뿐이다. 일단 경계를 넘기 시작하면 아이들도 맞지 않고 살 방도를 찾기 마련이다. 아버지에게 걸려드는 일이 자주 생기자 아이는 급기야 이를 피해 가출을 감행하게 되었다. 처음에는 아는 아이들 집을 전전하며 하룻밤을 보내는 형식이었다. 아버지한테 나가란 말을 들어서 오늘은 집에 들어갈 수가 없으니 하룻밤만 재워 달라고 부탁하고 다니는 식이다. 당신들도 성질이 나면 얼마든지 그런 소리를 하는 주변의 부모님들은 이런 사정을 십분 이해하시기에 선뜻 아이를 재워주시곤 한 모양이다. 나중에 그런 이야기를 듣고 공부방에서도 깜짝 놀라는 시늉을 하고, 또 신세 진 집에서도 이런저런 좋지 못한 일들이 터지면서 결국 이 일도 막을 내리긴 했지만, 이렇게 아이는 집 밖을 헤매고 다니기 시작했다.

그렇게 집 안팎을 헤매며 난리를 치던 어느 날 새벽, 초인종 소리에 깜짝 놀라 문을 열어보니 새벽 한 시도 넘은 시각에 아이가 문밖에 서 있었다. 아버지에게 맞다가 잠시 한눈 파는 사이 도망을 나왔다며 아이는 신발도 제대로 신지 못한 모습이었다. 집 안에 들어와서도 아무 말이 없다. 사실 무슨 긴 말이 필요한 상황은 아니었다. 한참 이런저런 이야기를 물으니 그제야 아버지가 나가라 해서 나왔다는 것이다.

그마저도 무표정한 얼굴로, 아버지가 답답해서 미칠 것 같다고 하는 바로 그 중얼거리는 말투로 떠듬떠듬 두서없이 이야기하는 중에 겨우 알아챈 것이었다. 하기야 정신없이 맞고 나온 아이가 예의를 차려 제 처신 잘하기를 기대하는 게 어쩜 더 정신 나간 짓일지도 모르겠다.

그래도 이 밤에 여길 왔으면 뭐라고 설명이 있든지, 아니면 하소연이나 부탁이라도 있어야 될 성 싶은데 그저 아버지가 나가래서 왔다는 투로 덤덤히 그러고 있으니 조금 어처구니가 없다. 답답한 얼굴을 하고 앉아서는 손톱과 팔다리 여기저기를 잡아뜯는 데 더 열중하고 있다. 그 모습에 괜스레 화가 나기도 해서 나 역시 아무 말 없이 맞은편에 앉아 있었더니, 근 한 시간을 졸면서도 도무지 입을 떼지 않는다. 안 되겠다 싶어 그럼 여기서 잘 테냐 먼저 말을 붙여봐도 가타부타 말이 없다. 그 소리가 또 다른 훈계로 비쳤는지 비칠비칠 일어나더니 집으로 가겠다고 한다. 실랑이를 하거나 경우를 따질 형편이 아니란 걸 뻔히 알면서 나 역시 공연한 심술이 뻗쳐 아이를 괴롭히고 있는지 모른다는 생각이 들어 얼른 아이를 붙잡아 눕혔다. 그제야 곁에 누운 아이는 곧바로 잠에 곯아떨어진다. 그저 힘들고 아프고 고단해서 자고 싶었던 것이다.

아이가 그런 식으로 집 밖을 나도는 것이 걱정스러웠지만 이야기를 들어보면 그게 구로동에 와서 생긴 일만은 아닌 듯하다. 아이에게 들은 이야기를 곧이곧대로 믿을 수 있을까 의구심이 들긴 했지만, 큰 엄마와 살 때도 매를 피해 집을 나선 적이 있었던 것 같다. 초등학교 저학년 무렵 학교 빈 교실에 숨어서 홀로 밤을 지새운 탓에 소동이 벌어지기도 했다는 말을 들은 적이 있다. 그저 매를 맞게 될 절망감이 아이의 뇌 신경 하나하나를 태워버리는 모습이 눈앞에 또렷이 되살아난다. 그 멍한 표정 뒤에는 공포에 질릴 대로 질려 말라비틀어진 뇌가 덜렁거리며 매달려 있는지도 모를 일이다.

그러니 하고 싶어도 생각을 잘 하기가 어려운 노릇이다. 숙제를 하지 않은 아침, 자기가 속한 모둠 아이들이 저 때문에 모두 혼이 나면 또다시 자신을 가만두지 않을 것이라는 생각이 들면 학교를 가지 않기로 한다. 뇌염 예방접종 주사를 맞는 것이 무서워서 맞았다고 거짓말을 하고서 확인증을 가져오라는 담임의 독촉을 피하는 길은 학교를 안 가는 것밖에 없다는 생각도 하게 된다. 학교에서 힘을 휘두르는 아이가 좀 보자거나 문자를 보내면 불안한 마음에 학교를 피했고, 전학 온 아이에게 작은 수첩을 사주기로 공연한 약속을 해 놓고는 돈이 없어 학교에 못 간다. 뒤에 앉은 남자아이가 괴롭히는 게 싫어서 학교를 안 가고, 늦게 일어나 지각하면 아이들이 쳐다볼까봐 학교를 갈 수 없었다고 한다. 고장 난 머리지만 살기 위해 이렇게 충실히 경고음을 내고 있는 것이다. '가면 안 된다, 가면 안 된다' 하고 말이다.

엄마만 있었으면

아이는 살기 위해 미친 듯이 엄마 이야기에 집착을 보였다. 엄마를 만났다는 이야기를 꾸며내어 사람을 화들짝 놀라게 하기도 했다. 혹시나 전화 통화라도 하면 마음을 잡을까 싶어 엄마 연락처를 알아보 겠다고 한 말에 온통 마음을 빼앗긴 눈치다. 이미 다른 남자와 재혼해 서 잘 살고 있는 엄마이고, 단 한번도 아이들을 보러 오거나 찾지 않 은 사람이다. 최근에 아이들 아버지가 하도 힘들어서 더 이상 못 키우 겠노라고 연락하자 양육비를 내고 아이들을 보내라는 간단한 답이 왔 다고 한다. 그러면 자기 언니와 친정 부모님 댁으로 아이들을 따로 보 내서 키워보겠다고 했단다.

미덥지 못한 구석이 많은 엄마인데도 그걸 모르는 아이는 엄마만 생기면 모든 문제가 말끔히 해결되고 행복의 나래가 펼쳐질 것처럼 필사적으로 기대하고 있다. 엄마만 있었으면 그 많은 불행과 비극과 쓸데없는 소동들이 절대 벌어지지 않았을 것이라고 믿고 있는 것이 다. 엄마에게 혼나 보는 것이 아이의 소원이다. 그러기에 '젠장, 왜 너 한테는 엄마가 없는가 말이다' 하고, 갈 곳 없는 원망을 마구 내질러 본다.

채워지지 않은 마음은 길거리에 함부로 내버려진 빈 양재기와도 같다. 거기엔 무엇이든 채울 거리가 생기기만 하면 아무것이나 담아 버리곤 한다. 때로는 빈 골목에서 바람에 굴러다니느라 요란한 소리 를 내기도 한다. 모양은 이미 볼품없이 찌그러지고 색도 바래 원래 얼 마나 괜찮은 물건이었는지 가늠조차 힘들다.

그러다 결국 사단이 일어나고 말았다. 별것 아닌 다툼에 화가 나서 아이가 죽어버리고 싶다고 신고 전화를 했고 그 일로 동네에 경찰차 와 119 구급차가 출동하는 엄청난 소동이 벌어진 것이다. 그날 아침도 학교를 빼먹고 느지막이 센터에 와서 한 마디 하려던 참인데 그런 소동이 일어나고 만 것이다. 자기를 무시한 데 격분해서 벌인 일이었다고 한다. 조금 오해가 있기는 했으나 화가 나서 도저히 참을 수 없었다고 한다. 마침 다른 아이를 바래다주다 경찰과 아이를 마주친 순간 말을 이을 수가 없었다. 아이가 벌이는 소동 앞에 발가벗겨진 심정으로 온몸이 뻣뻣이 굳는 느낌이었다. 경찰을 향해 고개를 바짝 쳐들고 한 발짝 앞으로 나서며 너무 화가 나서 죽을 마음이 들어 자기가 신고를 했노라고 당당히 말하는 아이 모습이 느리게 눈에 들어왔다. 젊은 경찰이 네 마음을 충분히 이해하니 어려운 일이 있을 때 연락하라며 건네는 명함을 필요 없다고 거절하는 모습도 보였다. 그럴 생각은 있었지만 그런 일이 벌어질 것 같지는 않다는 확신이 들면서 소동은 가라앉기 시작했다.

그 젊은 경찰은 관련 있는 유일한 어른인 내가 잔뜩 굳은 표정으로 옆자리를 지키고 있는 것에 마음이 많이 쓰이는 눈치였다. 아직 아이가 안정적이지 못한데 혹시 공연히 화라도 내서 아이를 자극하면 어쩌나 하는 눈치가 역력했다. 화를 내기에는 그 상황이 너무 피곤했다. 화를 내기에는 감당해야 할 뒷일이 너무 두려웠고 아이의 어리석음이 너무도 원망스러웠다. 그저 화만을 내기에는 뭔가 나도 잘못한 일이 많을 것이란 뚜렷한 깨달음이 밀려왔기에 말없이 아이 손을 잡고 공부방으로 돌아왔다.

원래 마음은 아이에게 자신이 한 일을 제대로 감당하고 책임지게 해주자는 것이었다. 아버지까지 불러서 밤늦게까지 독백 같은 이야기를 풀어냈다. 그런 순간이면 말이 없어지는 아이와 아무런 할 말이 없다는 듯 고개를 떨구고 앉아 있는 아버지를 두고 벽에 기대 앉은 나만 간간이 속의 말을 토해내고 있었다.

역시 긴 말은 필요 없었다. 일어나지 말아야 할 일이 일어난 것이다. 아이가 그렇게 행동한 것은, 결정적인 순간 아이들이 교사를 선택하지 않고 자구책을 선택할 수밖에 없게 만든 우리의 실책이 큰 탓도 짚었다. 그토록 그립다는 엄마를 기다리느라 곁을 지키고 인내하는 주위 사람들은 제대로 쳐다보지 못하는 아이의 마음이 너무도 안타깝다는 말도 마지막 자리라 생각하고 이야기했다. 잘 지내라고, 그리고 다시는 절대 해서는 안 되는 일이 있다는 것을 명심하고 살라는 말을 마치고 아버지와 아이를 집으로 돌려보냈다.

어른들이 그렇게 온몸으로 너무했다는 신호를 보내는 것을 감지했는지 다음날도 아이는 학교를 가지 않았다. 하기야 학교 가는 일이 뭐 그리 중요한 성장의 지표가 된다고 이다지도 학교 가는 것을 챙기고 있는지 모를 일이긴 하다. 아이를 그렇게 보내고 마음이 놓이질 않아 연락이나 하고 지내자는 문자를 넣었더니 할 말이 있으시냐고 아이가 공부방을 찾아왔다. 저나 나나 참 하루를 못 넘기고 이 야단이다.

아이의 아버지는 그러고도 학교를 가지 않는 불성실한 딸의 모습에 화가 날 대로 난 모양이다. 공부방에서 아이를 받아주면 어떡하냐고 불같이 화를 내며 당장 아이를 보내라는 전화를 해왔다. 벌벌 떨던 아이가 옷 앞섶에 피를 묻히고 다시 도망쳐 나온 것은 잠시 후의 일이다. 발길질에 몽둥이질에 여기저기를 맞았다며 손도 못 잡게 한다.

　우리는 모두 덫에 걸려 이러지도 저러지도 못하고 끙끙거렸다. 한 시라도 지체하면 할수록 아이 아버지의 서슬 퍼런 화가 더 일을 낼 것 같아서 이제는 그만 도망치고 맞아 죽겠다는 각오로 상황을 직면할 수밖에 없다고 아이를 다독였다. 옳은지 그른지를 판단한 겨를도 없었다. 상황은 심각했고 누구 하나 어리석지 않은 사람이 없어 보였다. 마침 자기도 어려서 아버지에게 매를 맞기 싫어 집을 뛰쳐나왔다던 공부방의 아이 엄마 한 분이 와 계시던 참이어서 그 편에 아이를 딸려 보내기로 했다. 나중에 들으니 그 아이 엄마는 필사적인 심정이 되어 제발 아이를 혼내지 말아 달라고 밖에서 소리를 지르며 부탁을 했다고 한다.

　한참 늦은 밤 나는 약속을 지키기 위해 아이 집 앞에 섰다. 현관문은 잠겨 있고 불은 꺼져 있었다. 너무 늦은 한밤중이고 무슨 일이 벌어져도 정말 아이를 구해내거나 감당할 자신도 없었지만 그저 집에 가보겠다는 약속을 지켰다는 말만은 하고 싶어서 현관문에 귀를 대고 섰다. 현관문에서 불과 한 발짝만 내딛으면 아이들과 아버지가 있는 단칸방이 있다. 귀를 바짝 대자 어둠 저 쪽에서 여자아이의 가녀린 울음소리가 들리는 듯했다. 낮게 흐느끼는 그 울음은 내 귀를 후벼 파며 마음 깊은 곳으로 떨어져 내리고 있었다. 귀를 대고 섰다가 소름이 돋아서 잠시 물러섰다가 어쩌지 하는 마음으로 다시 귀를 대길 두어 차례 반복하다 나는 계단을 내려오고 말았다. 그리곤 아무 일 없는 사람처럼 훤한 길거리 한복판에서 다른 사람과 먹을거리를 앞에 두고 한

참을 떠들어댔다. 끈적끈적한 울음소리는 하릴없이 귀에 달라붙어 있었다. 엄마가 없는 아이들은 그런 울음소리를 내는 모양이다. 난 그걸 몰랐다.

새벽에 아이에게 전화를 걸었다. 언제나 조금은 메마른 아이의 목소리가 수화기 너머에서 "태샘이세요?" 하고 살아 있다는 신호를 보내온다. 그렇게 맞지도 않았단다. 그 우는 소리는 무엇인지 알 길이 없다. 아이에게 학교를 가자고, 더 이상 맞을 짓은 하지 말아보자고 말했다. 준비를 하고 나갔더니 벌써 길목에 아이가 서성거리고 있다. 학교 가는 길에 공부방 아이들 집을 들러 일부러 떠들썩한 등굣길을 만들었다. 쭈뼛거리는 아이를 데리고 교실 뒷문에 서서 아이가 좀 아프니 마음을 써 달라고 반 친구들에게 부탁을 했다. 그래도 그렇게 하루 학교생활을 감당하더니 아이는 훨씬 밝은 얼굴이 되어 돌아왔다.

우리는 약속을 너무 일찍 깨버렸다. 다시는 공부방에서는 보지 말아야 된다고 생각했고 그럴 작정이었지만 일이 그렇게 되지 않았다. 후회한다고, 잘못한 줄 안다고 장문의 문자를 보낸 후 공부방으로 다시 찾아든 아이를 냉정히 돌려세우지 못한 탓이다. 이 일로 이 자리에서 공부방을 계속하는 것이 위태로워졌다. 또다시 아이가 어리석은 행동을 한다면 아이를 다시 받아들인 우리들의 마음도 위태로워질 것이다.

그런저런 위태로움을 우리는 감당하기로 했다. 그 아이가 예뻐서는 결코 아니다. 그 아이의 말을 꼭 믿어서도 아니다. 이유를 굳이 대라

면 엄마가 필요하다는 그 아이의 말 때문이다. 부끄럼도 많고 꿈도 많
은 한 어린 여자아이의 '엄마가 있었으면' 하는 그 말을 알아듣기 때
문이다. 단칸방에서 아버지와 오빠와 함께 숨을 곳 없이 지내는 아이
가 엄마가 필요하다고 하는 말을 이해하기 때문이다. 얻어맞고, 쫓겨
나고, 고집부리고, 걸핏하면 무시당했다고 화를 내고, 돈을 훔치고, 결
석을 하고, 물건으로 친구를 사보겠다는 생각이나 하며 사는 아이에
게는 더 엄마가 필요할 것 같기 때문이다. 그러니 정말 물을 일이다.
엄마는 어디 있냐고….

안 먹으면 나 화낸다요!

선생님, 일루 와요! 여기 앉아요!

"선생님, 일루 와요! 여기 앉아요!" 동생이 옆자리를 가리킨다.

"아니에요! 여기 앉아요! 여기!" 오빠도 질세라 소리를 지른다.

두 남매가 연신 손을 흔든다. 꼭 자기 옆에 앉으라며 의자를 탁탁 치고 안달을 한다. 다른 아이들은 이미 저마다 자리를 잡았다. 혼자 앉아 창밖을 기웃거리는 아이들도 있지만, 대부분은 친한 친구와 짝을 이뤄 재잘거리고 있다. 아무도 이런 실랑이 따위 관심 없다.

"싫어! 선생님, 여기 앉을 거죠?"

서로 기를 쓰고 싸우니 황송해서 몸 둘 바를 모르겠다. '이렇게 사랑해주지 않으셔도 되는데…. 그냥 두 분이 사이좋게 앉아 가셔도 되는데….' 참, 황송스럽게 왜 이러실까 싶다.

오늘도 둘은 짝이 없다. 서로의 이야기에 귀를 기울이고 거기에 기를 쓰고 딴지를 거는 것도 사실은 대부분 둘뿐이다. 오늘도 두 분은 어지간히 싸울 태세인가 보다. 불타오르는 전의를 감지하고 얼른 여동생 곁에 자리를 잡았다.

몸을 나누어줄 수 없는 노릇이니 안타깝긴 하지만, 제발 이걸로 그냥 조용히 끝났으면 좋겠다. 하지만 의기양양한 동생 얼굴을 보니 아무래도 금방 새빨간 혀를 날름 내밀고 약을 올릴 기세다. 안전벨트를 매준다는 구실로 얼른 몸을 숙여 얼굴을 가린다. 그리고 그 순간 이 정도론 안 될지 모른다는 생각에 다음 조치에 들어간다. "아~안, 저 ~전, 베~엘, 뜨~으!" 오뉴월 땡볕에 폭삭 삭은 테이프에서나 날 법한 이상한 소리를 질러본다. 뭐야? 두 아이 눈이 반짝인다. 그리곤 피식 웃는 걸 보니 성공이다.

뒷자리에서 나는 늘어진 소리에 다른 아이들도 이게 무슨 소리지 하고 눈이 번쩍 떠지는가 보다. 갑자기 한 번 더 해보라며 여기저기 성화다. 자꾸만 졸라대니 이참에 안전벨트들은 잘 매고 있나 확인도 할 겸 버스 통로에 서서 아예 소리를 지른다. 하지만 놀자는 게 아니고 정말 안전벨트를 맸는지 확인하는 소리란 걸 알고는 아이들의 반응이 금방 시들해진다. 그렇게 졸라대더니 뭐 이래. 괜히 계면쩍다. 시들한 반응을 뒤로 하고 제자리로 와 앉으려는데 그만둘 낌새를 챘는지 또다시 "한 번 더 해봐요! 한 번 더!" 하고 다시 성화가 인다. 하지만 이젠 못 한다. 아니, 안 한다. 벌써 부끄러워졌단 말이다.

그 난리를 치고 돌아왔는데 두 남매 눈치가 이상하다. 다시 붙어볼 요량인지 괜히 이러쿵저러쿵 아직 시비가 정리되지 않고 있다. 도저히 시끄러워 안 되겠다 싶었는지 다른 선생님 한 분이 오빠 옆에 자리를 잡고 앉는다. 버스 출발을 돕고 싶은가 보다.

이른 시간 탓인지 아침밥을 먹고 온 아이가 많지 않았다. 그나마 남매는 오늘 엄마가 약속 장소까지 데리고 오기도 했고, 아침밥 대신 과자도 챙겨 왔으니 아이들 중에는 형편이 나은 셈이다. 이런저런 생각을 하다 아까 엄마가 두 아이를 나란히 앉혀 달라고 부탁하던 것이 그제야 떠올랐다. 오빠 가방에 먹을 게 다 들어 있으니 둘이 나란히 앉아야 나눠 먹을 수 있을 거라고 했다. 그때 분명히 저희들도 같이 들어 놓고선 이렇게 턱 하니 통로를 사이에 두고 야무지게 갈라 앉았다. 그런데 어찌된 셈인지 여동생은 과자 한 봉지와 음료수 한 병을 이미 들고 있다. 흠… 네 건 이미 다 챙겨 줬으니 다신 날 찾지 말라는 무정한 오빠의 속내가 짚인다.

버스가 무사히 출발하자 아이들에게 각자 가져온 간식을 먹어도 좋다고 하고서 잠시 느긋하게 의자 등받이에 머리를 기대본다. 잠시겠지만 아이도 먹을 것에 집중하느라 잠깐은 조용할 터이다.

몇 년 전 같으면 꿈도 못 꿀 일이다. '과자 따위'를 공부방에서 먹도록 하는 일을 죄악시하던 시절도 있었다. 간식은 유기농 과일이나 떡 정도였다. 팔랑귀처럼 이렇게 오락가락 해서야 원칙도 전통도 생겨날 턱이 없다. 그런 생각에 흔들리고 있는데 순간 아이가 나초 과자 하나를 불쑥 내민다. 바삭바삭하고 짭조름한 맛이 나는 남미풍 옥수수 과자다. 아이들을 위해 대신 이 몸이 먹고 죽겠다며 휴일마다 집에서 사다 먹던 과자다. 한 자리에 앉아 한 봉지를 다 해치워도 간에 기별도 안 갈 과자다. 그걸 아이가 내밀고 있다. 비록 과자 한 조각이지만 아침밥 대신 먹던 걸 내게 내민다. 배고픈데 먹을 건 언제 주느냐, 간식은 뭐냐, 언제 도착하냐, 끝도 없이 조르고 묻지 않는 것만 해도 어딘데 저 먹던 것까지 날 주다니 오히려 좀 어색하게 느껴질 지경이다. 나는 살짝 흥분이 되었다. 그냥 너 먹으라고 사양을 하는데도 아이는 완강히 과자를 내민다.

안 먹으면 나 화낸다요!

문득 아이 엄마가 셋째를 낳았다 해서 보러 갔던 날이 떠오른다. 단칸방에 식구들 발치에 누워 있던 아이는 꽤나 부스스하고 정신없는 모습으로 일어나 앉았다.

친구 부부의 단칸방에서 남매까지 네 식구가 빌붙어 살던 생활을 청산하고 지금의 집으로 이사를 올 수 있었던 것은 전적으로 남들의 도움 덕분이었다. 방을 마련하고 기초생활지원을 받게 되어 조금 살림 꼴을 갖추자 아무도 모르게 셋째를 임신했다. 그럴 수만 있다면 모두가 말리고 싶은 출산이었다. 부모 자격을 정한 법 따위는 없지만, 아이를 둘이나 낳아 놓고선 못 살겠다고 집을 나가버렸던 엄마나, 또 애들을 곧바로 시설에 맡겨버렸던 아빠가 무슨 생각으로 또 자식들을 갖겠다는 건지 이해하기 쉽지 않았기 때문이다. 그래도 아무튼 흩어진 퍼즐 조각을 맞추듯 부모는 아이들을 찾고 또 자식을 더 낳기 시작했다.

아이들이 부모 품으로 돌아온 지 대략 일 년 정도 되던 때였다. 백일 무렵부터 시설에서 자란 아이들은 돌아와서도 살가운 부모의 보살핌을 제대로 받지 못했다. 물론 아이들의 아빠는 그동안 되는 대로 살아왔고, 엄마도 힘하게 살다 돌아온 터라 보통 부모들 같을 수는 없지 싶었다. 하지만 여자아이는 시설에 있을 때부터 심했던 야뇨증 때문에 매일 빨랫거리를 쏟아내는 통에 제 엄마가 특히 질색하는 눈치였다. 무슨 일이 있었는지 아이는 자기 식구들인데도 빙빙 곁을 맴돌며 늘 눈치를 살폈다. 부모가 맞다고 하니 그런가 보다 하고 있지만, 처음에는 마치 억지로 잡혀 와 있는 것처럼 부모랑 아이들 사이에 묘한 긴장감이 흘렀다.

이미 당시 아이들이 제대로 부모의 보살핌을 받지 못하고, 방임과 학대까지 일어나고 있는 것 같다는 말도 들려오던 차였다. 오빠는 초등학교에 들어가면서 공부방에서 돌봐주면 좋겠다는 부탁을 받긴 했지만 아직 어린이집에 다니는 동생은 공부방을 다닐 나이가 되지 않아 이야기만 건네 듣고 있던 참이었다. 하지만 아이들 상황이 너무 안 좋으니 동생도 어린이집이 끝나면 공부방에 좀 있다 갈 수 없겠냐는 제안을 받았다. 그런데 나중에는 어린이집에서 이런저런 문제로 더 이상 아이를 돌보기 힘들겠다고 하여 온전히 파랑새에서 동생마저 돌보게 된 것이다.

그런 대접을 받던 아이였던지라 누군가를 믿고 사랑하는 일 따위는 아이에게 사치스런 것처럼 보였다. 아이는 먹고, 감추고, 눈치를 보고, 부산스런 마음 따라 이리저리 산만하게 뛰어다니기 바빴다. 먹고, 또 먹고, 또 먹으려 들었다. 마치 스스로 자신의 어미가 되어 가여운 제 자신을 먹이려는 것처럼 보일 만큼 먹으려 들었고, 스스로를 먹이려 들었다. 그런 아이가 이제 이만큼 자라 제 입에 들어갈 것을 굳이 내 입에 넣어주려 애쓰는 모습을 보니 그 건강함과 여유로움에 마음이 아프도록 들뜬다. 이렇게 될 수 있구나 싶은 뜨거운 마음을 누르고 대꾸한다.

"안 돼! 나 못 먹어. 우리 엄마가 과자 그만 먹으래!"

굳이 과자를 입에 넣어주려는 아이 옆에서 두 손으로 입을 가리고 고개를 흔든다.

"왜요? 그래도 먹어요! 안 먹으면, 나 화낸다요!"

안 먹겠다고 하니 꼭 먹이겠다는 오기가 발동한 것인지 아이도 한결 성화다. 이 맛있는 걸 두고 왜 저러나 싶은가 보다. 자기는 아무리 구박을 받아도 뭐 하나 제 입에 넣는 것이 최고라고 생각하고 살았는데, 이리 선선히 주는데도 안 먹겠다니 어처구니가 없는 모양이다. 제 딴에는 정말 큰 선심을 쓰는 건데 말이다.

나 안 먹어! 너도 참을 수 있어!

받아먹고 말까, 잠시 고민도 했다. 하지만 오늘은 공연히 내가 예민해진다. 먹는 것 하나에 사족을 못 쓰는 우리네 인생이 괜히 서럽다는 생각이 드는 까닭이다. 물론 아이들은 모두가 조금씩은 다 그렇다. 먹는 것에 유독 탐을 내는 아이들은 있기 마련이고, 오히려 맛있는 것에 무심한 아이가 있다면 그를 눈여겨보는 것이 맞다. 그만큼 먹는 것은 아이들에게 중요한 일이다.

사랑이나 관심을 못 받은 아이들은 유난스레 먹을 것에 매달리는 편이다. 발달이 정상으로 이루어지지 못한 아이들 역시 포만감 같은 신호를 잘 느끼지 못해서, 그야말로 먹고 토하거나 아니면 탈이 날 정도로 많이 먹으려 들기도 한다. 먹을 것을 중심으로 무엇이든 챙겨 놓고, 감춰 놓고, 더 달라고 조르고, 왜 나만 안 주느냐고 지레 삐지고 실쭉거리고 토라지는 일이 부지기다. "잠깐만"이라든지 "기다려"라는 말은 마치 "없어"나 "넌 안 줄 거야"로 들리는 것만 같다. 이런 아이들이 입에 달고 사는 소리가 "나만!"이다. 물론 이 모두가 제 잘못이 아니라는 사실이 제일 가슴 아픈 일이긴 하다.

물론 좀더 욕심내는 아이들이 어찌 없을까마는, 곳간에서 인심 난다고, 먹을 것이나 물건이 넉넉한 줄 알면 절대 보채지 않는 것도 아이들이다. 마찬가지로 저한테도 틀림없는 몫이 있으니 기다리면 된다는 믿음이 있으면 기다릴 수 있다. 그러나 세끼 밥을 어찌 얻어먹어야 하나 늘 눈치를 봐야 하고, 남들 먹는 것이나 남들 가지고 노는 것 하나를 얻어 내려면 기를 써야 하는 처지에서는 과연 저도 줄까 안 줄까 하는 문제에 날선 관심을 보일 수밖에 없다. 어른들 처지에서는 좀 기다리면 어련히 알아서 줄까 싶고, 준비했던 것이 좀 모자라면 안 그래도 미안한데 옆에서 설레발을 치니 미안한 마음에 공연히 성질도 내게 된다. 그러나 그런 복잡한 마음을 알지 못하는 아이들은 제가 미워서 그러는가 보다 하고 그때부터 저쪽에서 슬슬 눈치를 보며 혼자 설움을 달랜다. 그 꼴을 뻔히 아는 어른들은 또 공연히 이게 뭔가 싶어 버럭 소리까지 지른다. 다 보기 싫어지기 때문이다.

그러니 아이들은 곧잘 제 손아귀에 쥔 것만 있으면 이러니저러니 휘두르고 싶어 한다. 그래서 나도 가끔은 입에 넣어주는 것을 한입 베어 물고 "고마워! 정말 잘 먹었어" 하고 베푼 은혜에 깜박 죽는 시늉을 하기도 한다. 넉살 좋은 아이들이나 관계에서 힘이 센 아이들은 "나 한 입만!"이라든지 "잠깐만 볼게" 하는 말로 요술같이 다른 아이들 손아귀에 있는 것을 빼앗아 온다. 그러나 아이들 사이에서도 별 볼일 없는 아이들은 감히 꿈도 못 꾸는 일이다. 그러니 늘 먹어야 하는 아이들이 허덕거리는 경우가 더 많다. 그러면 겨우 교사들한테나 와서 행패도 부리고 투정도 부린다. 이 아이들이 지금 나와 함께 자라는 아이들이다.

그런 아이인 줄 아는 나는 아침밥도 못 먹어 고픈 배를 안고 눈앞에 춤추는 과자를 피해 고개를 젓는다. 오랜만에 제 몫의 과자와 음료수가 안겨다준 아이의 여유로움이 조금이라도 더해졌으면 하는 바람 때문이다. 하지만 한 조각도 받아먹지 않으려 도리질을 한 까닭은 따로 있었다. 이 세상을 잘 살아가려면 필요한 순간에 도리질할 수 있는 용기가 있어야 한다는 것도 알려주고 싶어서다. 물론 과자 하나를 두고 그런 뜻을 담는 것이 너무 과한 줄 모르지 않는다. 그리고 그런 걸 더 잘 깨달아야 할 사람은 바로 나 자신이라는 것도 잘 안다. 그래서 도리질하면서 마음속으로는 '이것 봐. 선생님이 무슨 말 하는 줄 알겠니?' 하는 말 대신 '그래, 참아라! 참아! 너도 참을 수 있어!' 하며 응원하는 마음이 가득했다.

아이가 내미는 것이 어찌 과자뿐이겠는가? 아이가 내미는 많은 것들이 참아야 하는 것들이다. 불안과 불신, 미움과 원망, 오해와 억측… 불쑥불쑥 내미는 것들이 많고 많다. 게다가 어찌 나만 참겠는가? 아이는 세월과 세상을 참고 있다. 그런 순간들을 넘어 오늘 우리는 작은 과자조각을 나누고 있다. 참는 것을 넘어 나누는 사이로, 나누는 것을 넘어 함께 살아가는 사이로 가는 길을 함께하고 있다. 길은 울퉁불퉁하지만 우리는 그래도 용기를 내어 길에 오른다. "선생님, 일루 와요!" 하고 저기서 부르는 소리가 들린다.

사랑스런 태샘족, 스스로 힘내!

태샘족을 아시나요

예전에 교과서 어디에선가 샘족이란 말을 본 듯하다. 우리 공부방
에는 태샘족이 살고 있는데, 중학교 2학년 쌍둥이 여학생과 '태샘'으
로 불리는 나, 이렇게 셋을 일컫는 말이다. 공부방 안에서 민족을 따
로 구성할 정도이니, 우리가 뚜렷이 구분되는 신체적 특징과 언어 및
역사를 가지고 있는 건 당연하다.

무엇보다 먼저 우리는 위에서 살짝 눌러서 옆으로 퍼트려 놓은 듯
한 몸매를 지니고 있다. 전문용어로 일명 '짜리몽땅'이라고도 하는데,
여기에 더하여 흠잡을 데 없는 동글동글한 곡선이 온몸으로 퍼져서
어디가 허리고 어디가 가슴인지 구분하기 쉽지 않은 오묘한 몸을 갖
고 있다. 최근 나는 이런 몸매가 타고난 것이 아니라 오랜 노력에 의
해 기획된 것임을 고백하여 아이들을 경악게 했다. 말하자면 일종의

조각 몸매로 그야말로 라인 하나하나를 힘들여 만든 것이고, 지금도 행여 몸매가 흐트러질까 섭생에 매우 주의를 기울이고 있다는 것이 주된 고백사항이었다.

또한 우리 태샘족들은 약간 특징적인 옷모양새를 하고 있는데, 그건 뭘 입어도 짧은 사지 때문에 옷이 축 늘어져 보인다는 것이다. 그러니 허리춤도 늘 추슬러야 하고 그래도 어느 틈엔가 삐져나온 옷 한자락 때문에 어지간해서는 단정해 보이지 않는다. 셋이 나란히 서면 짧은 단발에, 동그란 얼굴과 몸에, 고만고만한 키에, 허름하고 어두운 옷을 늘어지게 입고, 길게 늘어진 가방을 질질 끌고 있다가 문득 큰 소리를 내지르는 것이, 한눈에도 딱 한 부족임을 알 수 있게 한다.

여기에다가 작은 태샘족들은 "아, 아니에요"로 대표되는 뚜렷한 언어적 특징을 가지고 있다. 생글거리는 얼굴로 때로는 조심스럽게 때로는 눈을 똥그랗게 뜨고 무언가 말을 걸다가 곧 "아, 아니에요"라는 말로 화들짝 발을 빼는 것이다. 자기도 모르게 "아, 아니에요"의 매력에 늪처럼 빠져드는지, 물으면 물을수록 더더욱 "아, 아니에요"를 연발하며 주춤주춤 뒤로 내빼기 일쑤다. 또 "아, 그렇구나"도 있다. "정말요, 정말요?"가 진심이 담긴 말인 반면 "아, 그렇구나"는 상당히 정치적이고 사회적인 용어인데, 주로 남의 말을 일단락짓고 이쯤에서 그냥 넘어가자는 표시로 사용되곤 한다. 여기까지는 상냥하고 문화적인 냄새가 나는 영역이다. 그 너머엔 야생의 소리들도 있다. 특히나 태샘족의 '으아아~'와 '야아~'는 아주 멀리서도 들리는 야성의 부르짖음이다. 소리와 관련해서 우리가 남들에게 천대와 멸시를 받는 이유가 또 한 가지 있으니, 그것은 코를 심하게 곤다는 것이다. 콧구멍도 살로 덮여 있는 것이니 거기라고 살찌지 말란 법 없고, 그 탓인지 어쩐지 우리 태샘족의 코 고는 소리가 조금 심각하기는 하다.

혹시 사랑일까 행여 우정일까

작은 태샘족들의 엄마가 공부방에 처음 온 것은 아이들이 초등학교 6학년 무렵이었다. 잠깐 이야기만 들어도 아직 이혼 못한 남편이 무슨 짓을 했는지 짐작이 되었다. 다행히 아이들은 괜찮았고, 막연히 아버지가 먼 출장을 떠났다고 생각하고 있었다. 막막하게 생계를 책임져야 하는 엄마가 좀 무기력해 보이는 것에 마음을 쓰며, 나는 아이들을 공부방 새 식구로 맞아들였다.

순순한 아이들이었다. 처음 온 아이들한테 "방 쓰는 것 좀 도와주련?" 하고 말을 붙였는데 어찌나 상냥하고 선선하게 응하던지 깜짝 놀랐던 기억이 지금도 또렷하다. 그런데 교사가 아닌 다른 아이들과 있을 때는 조금 이야기가 달라진다. 공부방에 처음 온 아이들이 자기 자리를 잡는 데에 무슨 규칙이 있는 건 아니지만, 그렇다고 아무런 규칙이 없다고도 할 수 없다. 굳이 말하자면 너무 존재감이 없어도 안 되고, 애들 말로 너무 나대도 어렵고, 깔끔을 떨 필요는 없겠지만 그렇다고 함부로 하는 건 또 좀 곤란한 것이다. 특히 남자아이들은 옆에만 가도 괜히 꺅꺅거리는 여자애들을 보면 괜히 억울하고 어이없는 심정이 되어 용서가 안 되는 모양이다. 남자아이들은 그저 쿨하게 서로 편한 분위기에서 즐겁게 지내다가 왠지 서로 '야사시'한 느낌이 통할락 말락 하는 순간, 조금은 대담하게 그렇지만 아무렇지도 않은 척 사귀자고 하거나 사귀자는 청에 응하는 조심스럽고 세련된 접근을 선호하는 것 같다. 그러니까 별것도 아닌데 마구 꺅꺅거리면 안 그래도 부끄럽고 자신감 없는데 괜히 누가 보기라도 할까 싶어서, 그런 미숙한 여자아이들은 좀 부담스럽고 창피하다는 것이다.

그런데 태샘족들은 타고난 상호호혜의 정신 덕분에 한시라도 그저 빨리 사랑할 수 있기만을 바라는데, 문제는 그 마음을 제대로 감추질 못해 속이 뻔히 보이는 짓을 해댄다는 것이다. 그러다 보니 조금 뭘 아는 남자아이들은 대놓고 어이없어하고, 뭘 모르는 아이들은 도대체 왜 저러나 이해를 못 한다. 다른 여자아이들도 미숙하게 자기 속을 다 드러내는 걸 보고 있자니 짜증이 나는 모양인데, 이걸 어찌 가르치나 한심스럽고 답답해 가끔 눈치도 주고 구박도 하는 것 같다.

거기다 암팡지지를 못하니 학교나 동네 혹은 공부방에서 누구나 쉽게 툭툭 건드리기도 하고 자기들 편하게 여기저기 데리고 다닌 모양이었다. 그런데 태샘족들은 그것도 혹시 사랑일까, 행여 우정일까 싶어 지극정성을 다하느라 눈물 마를 날 없는 세월을 보낸 것이다. 어느 날 아이가 밥을 먹다 말고 "선생님, 그런데 누가 자꾸 '찐따'라고 하면 나쁜 거죠?" 하고는 참았던 설움을 슬며시 꺼내며 눈물바람을 한다. 하지만 누가 뭐랄 수 있겠는가. 조금만 대거리를 해주어도 상대에게 쉽게 마음을 주고 저 스스로 쫄래쫄래 따라다니며 온갖 서러움다 참고 지낸 것을.

겨우 기회를 보아 다른 아이들에게 그렇게 함부로 하면 쓰냐고 트집을 잡을라치면 매번 아이들은 '그냥 같이 한 거다' 혹은 '언니한테 그냥 부탁만 해본 건데 언니가 알아서 먼저 척척 해준 거다'라며 발뺌을 하고, 또 태샘족들은 그게 맞다면서 저희가 먼저 나서서 아이들을 다그치는 나를 막아서곤 하는 것이다. 그래 놓고도 설움은 또 남아 아무도 없는 자리에서는 이렇게 참았던 울음이 삐져나온다.

하지만 몸에 걸치는 것은 일단 질질 끌고 보는 것이 태샘족의 특성인지라 운동화도 질질 끌고 다니고 또 신을 벗을 때마다 악취까지 뿜어대니, 태샘족들이 스스로 제 값어치를 깎아먹는 것도 부인할 수 없는 사실이다. 또 무거운 몸으로 아이들을 못 쫓아가 터덜터덜거리면서도 언제나 재밌는 일과 사랑이 생겼으면 하는 한결같은 마음으로 늦은 밤까지 남의 집을 기웃거리는, 살짝 민폐스런 바지런함도 있다. 좀 이해가 안 돼도 "아, 그렇구나"하며 되는 대로 답을 올려바치고, 남몰래 정신을 팔면서도 육신만은 꿋꿋이 그 자리를 지키며 그저 남과 함께하고 있다는 것에만 목숨을 건다.

차라리 울어라, 성이라도 내라

그런데 얼마 전 토요일 오후, 우리 태샘족들이 또다시 한 가지 설움을 당하는 일이 벌어졌다. 예전에 공부방 아이들이 어느 배움터에서 실팽이를 돌리는 대만의 초등학교 아이들을 만나 함께 논 적이 있었다. 대만 아이들이 실팽이로 별별 묘기에 가까운 기술을 선보이는 것을 사나흘 지켜보더니, 시간이 훌쩍 지난 지금에 와서야 뒤늦게 공부방에 실팽이 바람이 불어 작은 공연까지 하게 되었다. 초등학교, 중학교 심지어는 고등학교 아이들까지 함께 모여 실팽이를 돌리며 공연을 준비하느라 골목이 시끌시끌했다.

특히 이번에는 그동안 소극적이었던 여자아이들까지 나섰다. 그동안 배워온 다른 것들에는 통 관심이 없더니, 어쩐 일인지 실팽이 묘기에는 적극적이다. 중학교에 진학한 여자아이 넷이 '스톤 걸즈'(Stone Girls, 공연기획자를 꿈꾸는 고등학생 오빠가 횡포나 다름없는 이 작명을 했다.)라는 이름을 달고 맹렬히 연습을 하여 데뷔 무대에까지 오르게 된 것이다. 아이들은 추운 날에도 틈만 나면 연습을 하느라 좁은 골목길에서 땀을 뻘뻘 흘렸다. 그렇게 아이들 모두가 실팽이에 달려들었고 골목길엔 아이들의 기분 좋은 와자함이 가득했다.

그런데 실팽이 수는 턱없이 부족한데 아이들이 서로 해보겠다고 나서니 그게 문제였다. 이러면 으레 잘하는 아이들이나 목소리 큰 아이들, 혹은 떼를 부리며 막무가내로 구는 아이들이 한 번이라도 더 잡아보게 되는 것이 정한 이치다. 게다가 몇몇 큰 아이들은 공연을 한다는 핑계로 다른 아이들에게 마구 양보를 요구하기까지 했다. 그 와중에 우리의 태샘족들은 약간 귀찮고, 배우는 데 자신도 없고, 해봐도 잘 되지 않을 것 같지만, 그래도 아이들이 하도 난리를 피우니 관심을 아주 안 가질 수는 없는 눈치다. 그런데 운 좋게 한두 번 팽이를 잡았다가도 공연을 한다는 둥, 한 번만 해보자는 둥 하는 말들에 또 선뜻 내주고는 뒷자리로 물러서고 마는 것이다. 그런 아이들이 안쓰러워 좀 챙겨보려 하면 다른 아이들은 "언니가 안 한대요" 하며 입을 모으고, 태생족들도 "아, 아니에요" 하며 서둘러 내빼버리니 편들어주려던 사람만 괜히 머쓱해지고 만다. 적극적으로 자기 몫을 챙기고 남들 사이에 함께 끼여 스스로 자기 자리를 만드는 일이 정말 쉽지 않구나 싶어 한숨이 나왔다.

드디어 남산의 한 주차장에서 공연을 하기로 한 날이 되어 아이들과 출발 시간을 기다리고 있는데, 신이 나서 함께 가려고 일찌감치 공부방에 와 있던 태생족들이 슬금슬금 다가오더니 자기들은 안 가겠다고 말을 꺼내는 것이다. 왜 그러냐는 물음에도 "아니에요"를 연발하기에 재차 다그치자 누가 "누나들도 공연장에 갈 거냐" "왜 가느냐" "저녁밥 얻어 먹으러 가느냐" 해서 가지 않기로 했다는 것이다. 아무렇지 않은 척 얘기는 하지만 언뜻 비치는 눈물을 감추지 못한다.

내 눈에 둘째의 살짝 깨문 입술이 보였다. 허방한 첫째는 그 아이를 이해한다는 투로 벌써 "괜찮아요"를 연발하고 있지만, 입술을 지그시 깨물고 있는 둘째는 결코 괜찮아 보이지 않았다. 그 순간 내 마음이 살짝 돌아갔다. 그냥 왠지 모르게 화가 났다. 괜한 소리를 한 녀석을 꾸중함이 마땅하고 또 그렇게 할 것이지만, 태생족을 향해서도 왈칵 짜증이 솟았던 것이다. 다른 때처럼 아이들을 위로하고 싶은 마음이 전혀 없어졌다. 닳고 닳은 위로는 지금껏 많이 해왔다. 무엇을 위로할 것이며, 그런다고 또 무슨 소용이 있을까 싶은 것이 솔직한 심정이었다. 차라리 울어라, 성이라도 내라, 네가 뭔데 그따위 소리를 하느냐고 확 달려들어 물어뜯기라도 해라, 나도 입술이 깨물어졌다.

둘째가 고개를 박고 울고 있다. 생전 안 하던 말투로 왜 우냐고, 무시당한 게 서러워 우느냐고 물었더니, 역시 허방한 첫째가 곧 "아니에요"를 할 태세다. 싸늘한 표정으로 정말 괜찮으면 집으로 가라고 했더니 둘째가 소리 내어 꺽꺽거리기 시작한다. 그제야 겨우 첫째도 울음을 비친다. 한참을 운 아이들에게 너희도 무시당하지 않고 살고 싶으냐 했더니 고개를 끄덕인다. "아무리 어려워도 시키는 대로 하련?" 했더니 더 크게 고개를 끄덕이며 울어댄다. 그러면 아무 소리 말고 오늘 공연 가는 데 따라와서 가만히 있다 저녁밥을 먹고 가라고, 혹시 아이들이 눈치를 주고 구박을 해도 아무 소리 말고 그냥 따라오라고 했더니 또 꺽꺽거리며 고개를 끄덕인다.

하지만 지나친 소리를 한 중학교 1학년 남자아이가 교사 말 몇 마디에 금방 미안한 기색으로 태샘족들에게 사과를 하고 또 풍성한 뒤풀이가 이어지자, 조금 어색하고 긴장했던 태샘족들도 그만 마음이 녹아버리고 모두가 즐겁고 안온한 모습으로 버스 타고 집으로 돌아왔다. 일이 맥 빠지게 되어버린 것이다.

그래도 외로우면 어떻게 하나

하지만 나에게는 이것이 시작이었다. 덮어씌우듯, 당의정을 입히듯 그렇게 그날을 보낼 수만은 없었기 때문이다. 나는 내가 왜 화가 났던 걸까 다시 생각해보았다. 남는 시간을 주체 못하는 아이들에게 성질이 나고, 모른 척 눈감고 싶었던 나 자신이 한심스러워 그런 것이었다면, 그건 일의 본질을 옳게 보는 게 아닌 것 같다. 이 아이들에게는 남의 뒤를 졸졸 쫓아다니는 것 말고 의미 없이 무한히 남는 그 시간들을 달리 처리할 방도가 없었던 것은 아닐까? 무엇을 해야 할지 알 수 없는 막막함이 이 아이들 안에 있는 것은 아닐까? 무엇을 향해 노력해야 할지도 모르겠고, 무엇이 가능한지 마냥 두렵기만 한 이 아이들은 매 순간 남을 따라다니는 것으로 그 아득함을 채울 결심을 한 것은 아닐까?

조금도 방황할 여유가 없는 이 나라에서 느긋이 이곳저곳을 기웃거리며 헤매던 아이들이 문득 우리는 이제 어떡해요, 하며 울어대는 것만 같아 나는 견뎌낼 재간이 없었다. 왜 너희는 나도 모르는 일을 묻는지, 혹은 남처럼 무언가 하는 척을 못하는지, 아니면 왜 이젠 그것조차 참으려고 하지 않는지, 오히려 절망적으로 되묻고 싶은 심정이 되었다.

나는 아이들에게 밤에 일찍 자고, 가능한 한 아침밥을 먹고, 학교에 빠지지 말고 등교하고, 청결에 신경을 쓰고, 일찍 공부방에 와서 시키는 일을 열심히 하라고 주문했다. 하지만 만약 그래도 외로우면, 혹은 그래도 삶의 의미를 알 수 없으면, 혹은 그래도 매 순간 무엇을 하면 좋을지 결정할 수 없으면, 그러면 어떻게 해야 하나? 어쩌면 이것이 우리가 진정 묻고 답해야 하는 것들은 아닐까? 남이 아닌 나 자신에 의해 삶을 충만하게 하는 것은 어떻게 가능한 것인지를 이 어린 순례자들은 그토록 고통스럽게 다 보여주며 찾고 있는데, 그래도 나는 시키는 일을 하라고 그래서 언제까지나 마치 무언가 의미 있는 일을 시켜줄 것처럼 구는 게 정말 옳은 것인지 문득 자신이 없어진다.

그렇다고 내가 우리 태샘족들이 남들에게 눈을 감고 스스로에게만 집중하길 원하는 것은 아니다. 오히려 아무도 서로를 보려 하지 않는 지금, 남을 보아주는 데 마음을 다하는 작은 태샘족들의 힘을 나는 믿어 마지 않는다. 그녀들의 사랑이 실은 진실한 것이기에 그녀들 또한 언젠가 진실한 사랑을 얻을 것임을, 그래서 바보스러우리만치 호감을 잘 갖는 우리 태샘족들이 기어이 행복할 것임을 나는 믿고 또 믿는다.

어쩌면 진정 두려워해야 할 것은 이런 그녀들의 마음을 괜히 저울질하고, 나부터 괜한 것들을 가르치려 드는 것일지 모른다. 괜찮다는 말을 공연히 의심하고, 부지불식간 주고받은 것을 대보고, 진짜 좋아서 그랬느냐고 끝도 없이 불신하는 내가 사실은 더 걱정스러운 인간 아닐까. 이 길이 아니면 어쩌나? 이러다 쓸데없어지면 어쩌나? 걱정만 하고 있는 나에게 "괜찮아요" 하며 살짝 미소 짓는 작은 태샘족들에게 나도 은근 기대볼 일이다. 괜찮단다, 괜찮다고 한다, 아까는 그랬는데 지금은 괜찮단다, 그래 괜찮은 거구나 하고 배워본다.

태샘족들은 오늘도 길을 나선다. 공연히 갈 길이 멀어 보이고, 갈까 말까 싶어 슬그머니 집 안이 그립고, 없던 일인 양 되돌아가고 싶은 눈치다. 하지만 그냥 한번 웃고 모른 척 쓸데없는 말수작을 걸어본다. "정말요?" 하고 금방 눈을 똥그랗게 뜨고, 그러다가 또 "태샘, 근데요.

아, 아니에요" 하고 뒤로 주춤한다. 하지만 우리 그렇게 힘을 내자. 태샘족, 우리 스스로 힘을 내보자. 눈물이 나면 딱 한 번씩만 울고 또 힘을 내보자. 그리고 이 드넓은 세상에 감탄스러운 이들을 찾아가 우리가 마음껏 사랑해주자. 여러분, 여러분… 아, 아니에요….

'있는 집' 아이 이야기

아이가 잔다

살짝 문을 열어보니 웅크리고 아직 잠들어 있다. 어젯밤 아무 걱정 말고 실컷 자라고 할 때는 딴소리를 하던 아이였다. 자기는 습관이 돼서 깨우지 않아도 일찍 일어날 거라고 고집스레 이야기하더니 아직 한밤중이다. 그래도 좋다. 마음 놓고 자는 모습을 보니 좋기만 하다.

학교는 연이틀 휴교다. 목요일이 개교기념일이라 금요일을 자율휴업일로 정하니 목금토일 내리 쉰다. 학교가 그러는 건 짜증나지만 학교 보내느라 안달복달하지 않아도 되니 그것만으로도 만족해야 될 듯싶다.

이렇게 다시 만나게 될 줄은 몰랐다. 몇 년 전, 가리봉동이 재개발로 들썩이기 시작할 때 우리는 매몰차게 이 아이를 내보냈었다. 공부방에 다니는 아이들 중 유일하게 자기 집이 있는 형편이 영 껄끄러웠기 때문이다. 어디서 어떻게 이득을 볼 줄은 모르겠으나 모두들 당시에는 한밑천 잡을 듯이 굴던 때였다. 그런 도깨비놀음에 홀리기라도 한 듯이, 우리는 섭섭해하는 아이를 '너희는 집이 있잖니' 하며 내보내버렸다.

사실 그럴 거면 처음부터 모른 척 했어야 했다. 처음에 아이를 부탁한 분은, 지금은 돌아가신 아이의 친할아버지다. 아들이 일도 안 하고 집에도 잘 들어오지 않을 뿐더러 술이나 마시면서 자식 하나 제대로 선사를 못한다며 공부방으로 찾아오셨다. 눈도 잘 안 보이는 여동생, 곧 아이의 고모할머니랑 같이 아이를 돌보고 있는데 너무 힘에 부치니 가능하면 공부방에서 좀 도와주면 좋겠다고 간곡히 부탁을 해오신 것이다. 그런데 이야기를 나누던 중에 가리봉동에 집이 있다는 얘기를 듣게 되면서 갈등이 시작됐다. 도와드리긴 해야 할 것 같은데, 자기 집까지 있는 아이를 우리가 돌봐줘야 하나 쉽게 결정을 내리지 못했다. 하지만 엄마도 없는데 아버지마저 제대로 구실을 못한다고 하니 두 어르신의 청을 거절하기가 쉽지 않았다. 그런 찜찜함을 어쩌지도 못하고 어정쩡하게 그냥 급한 대로 아이를 먼저 받은 게 뒤탈이 난 것이다.

그냥 그렇게라도 지냈으면 좀 좋았을까…. 가리봉동이 재개발로 들썩거리기 시작할 때 기어코 일을 내고 말았다. 있는 사람들 판치는 꼴을 아니꼽게 여기던 불똥이 아이에게까지 튀고 말았던 것이다. '그 아이네 집은 재개발로 득을 보게 될 텐데… 코빼기도 안 보이는 아이 아빠 호시절 보내라고 애써서 뒷바라지까지 할 필요가 있을까?' 궁시렁거리다 결국은 아이를 내보내기로 했다. 눈만 멀뚱거리는 아이에게 뭐라뭐라 이야기는 했지만, 그보다는 공부방의 갑작스러운 결정이 아이 할아버지의 대쪽 같은 성품에 상처를 내고 말았던 것 같다. "어쩔 수 없지" 하고 아이를 데려가시며 그래도 그동안 고마웠다고 마지막 인사를 잊지 않으셨다. 그런데도 우리는 거기에 대고 "할아버지, 할머니께서 워낙 아이를 잘 돌보시니 굳이 저희가 아니라도…"라며 인사 같지도 않은 인사를 하며 아이를 내보냈다. 그리곤 우리끼리 한밑천 있다고 여기던 그 아이를 훌훌 털어내고 말았다.

오는 사람 안 막고 가는 사람 안 붙들 수 있는 경지가 공부방에서는 필요하다. 애나 어른이나 가겠다는 사람은 아무리 붙들고 아무리 매달려봐야 소용없다는 걸 물리도록 겪어봐야 그런 경지에 이르게 된다. 사무치게 서운해도 돌아서서 아무 일도 없다는 듯 걸레짝을 빨 수 있어야 한다. '어쩌겠는가? 평생 같이 살 수는 없는 노릇 아닌가…' 하며 자조할 줄 알아야 한다는 말이다. 보통 헤어지는 일은 그런 것인데, 그래도 그때는 이쪽이 갑이 되어 내보내는 입장이니 뭐 일도 아닌 셈이었다. 오히려 은근히 마음에 걸리던 일 하나를 해치워버렸다고 속 편해 했던 것도 같다.

공부방을 나간 아이가 여기저기서 놀기만 한다는 소식이 들려오다 그마저도 어느 틈에 뚝 끊겼다. 그러다 몇 년이 지나서 아이도 아버지도 꼴이 말이 아니게 지낸다는 소식을 전하던 이가 말 끝에 할아버지께서 돌아가셨다는 소식까지 들려주었다. 가슴이 덜컹했다.

그러고 보니 이런저런 이유로 미뤄졌던 가리봉동 재개발도 결국 물 건너가버려 아이네 집은 되는 일이 없었던 듯하다. 재개발이 예전처럼 수지 맞는 장사가 못 되기도 했고, 가리봉동같이 다닥다닥 붙어 사는 동네는 보상해주다 볼일 다 본다며 개발업자들도 손 털고 나간 모양이다. 괜히 재개발 바람에 동네만 어수선해지고 꼴이 더 엉망이 돼버린 셈이다. 구로디지털단지 배후라 재개발만 되면 뭐라도 될 거라던 소문들도 한날한시에 싹 자취를 감췄다. 심지어 구로동을 환골탈태시켰다는 디지털단지 고층빌딩들도 알고 보면 작은 사무실형 공장들이 다닥다닥 들어선 예전의 닭장집과 다를 바 없다는 말까지 나돌았다. 희망찬 미래는 순식간에 어디론가 사라져버리고 말았다.

그런 와중에 아이는 학교에 마음을 못 붙이고 피시방을 전전한다는 이야기가 들려왔다. 소문이 마음에 걸리던 차에 길에서 우연히 마주친 아이를 붙잡고 "놀러 오너라!" 하고 말을 붙여보기도 했지만 그저 그뿐이었다. 얼굴도 안 펴고 "네" 하고 웅얼거리다 얼른 가던 길을 가버리고 만다. 머쓱하기도 했고, 나도 별 수 없다 싶어 잊어버리고 말았다. 그때는 그냥 그렇게 지내게 될 줄 알았다.

아이가 듣는다

아이와 다시 인연을 맺게 된 데는 학교 담임교사의 공이 크다. 1학기에 툭하면 결석하던 공부방의 다른 아이를 데리고 학교를 오가면서 얼굴을 익힌 교사였다. 우연히 그 반의 다른 아이도 학교를 잘 안 나와서 애를 먹고 있는데, 예전에 우리 공부방을 다녔던 아이라며 그 아이 이야기를 꺼냈다. 그 아이 얘기가 나오자마자, 나는 자석에 이끌린 듯이 돕겠다고 나섰다. 그러자 주민자치센터의 사례관리 담당 복지공무원도 전화를 걸어왔다. 공부방 아이도 아닌 일에 나설 수 있었던 것은 담임교사의 부탁이라는 그럴듯한 명분이 주어졌기 때문이었다. 뒷덜미를 움켜잡는 죄책감에는 그런 명분이 필요했을지도 모르겠다.

그 뒤 피시방에 가서 아이를 찾는 일은 그리 어렵지 않았지만 딱히 할 말이 없는 것이 어려웠다. "잘 지내니?" 같은 계면쩍은 인사말이라도 할라치면 고개도 돌리지 않고 짜증도 내지 않고 그저 "왜요?" 하고 조용히 대꾸를 해서 더욱 말문이 막혔다. 하긴 학교 안 가고 피시방만 다녀도 잘 지내거나 괜찮을 수는 있다. 인사말은 무용지물인 셈이다. "학교는 안 간 거니?"라는 뻔한 질문에도 "네" 하고 공손히 대답해오면 서로 볼일을 다 본 기분이다. "왜 안 간 건데?" 하고 물어볼 수도 있겠지만, 그런 물음이 내는 균열은 별 소용이 없어 보였다.

생각해보면 아이들이 사는 영토는 참으로 협소하다. 그들의 육신을 뉘일 땅이 그러하거니와 그들의 마음을 깃들게 하는 곳 역시 그렇다. "학교는 안 갈 거니?" "네, 안 갈 거예요." "그럼 어쩔 거니?" "몰라요." "네 일인데 네가 몰라?" "네, 몰라요." "그래도 중요한 일인데 무작정 모른다고 하면 곤란하지 않니?" "몰라요, 그냥 모르는 걸 어떡해요?" 이런 식이다.

"미안해. 그때 널 내보내서 정말 미안해. 잘못했다. 많이 잘못했어."

용서를 구하는 일은 두렵다. 용서도 못 받고 비웃음으로 상처까지 입게 될까 겁도 난다. "괜찮은데요. 내가 나가고 싶었는데요. 그딴 데 안다니고 싶었다구요!" 용서를 빌자마자 이때다 싶어 무너진 자존심을 한껏 세우는 아이들도 있다. 깊이 상처받은 마음도 아프겠지만 용서를 구하는 마음도 힘들고 두렵다. 자신이 무슨 짓을 저질렀나를 비로소 마주하는 일은 늘 괴롭기 마련이다.

아이는 아무 말 없이 조용히 듣고만 있었다. 못 미더운 눈치도, 불쾌한 기색도 없다. 물론 반가운 얼굴빛도 아니다. 손끝이라도 닿으면 치미는 혐오감에 금방 움츠러들 기세다. 하지만 내내 조용했다. 입술 한쪽 끝을 살짝 깨물고 생각에 잠긴 듯 바라보고만 있었다. 핼쑥한 얼굴빛 때문인지 무언가 슬프고 힘들어도 보였다. 이제 와 무엇이든 돕고 싶다는 낯간지러운 말이 조심스럽게 흘러나왔다. 하지만 어떤 말에도 그저 "알았어요" 하는 조용한 대답뿐이었다.

며칠을 피시방을 돌면서 자기도 구로동 출신으로 아이에게 마음을 쓰고 있다는 피시방 젊은 주인과도 안면을 트게 되었다. 하지만 아이를 그곳에서 자주 볼 수는 없었다. 며칠 후 다른 피시방에서 이른 시간을 보내고 있던 아이를 만났다. 활달하게 손님 대접을 하고 있는 중년의 여주인이 있는 곳이었다. 허름하지만 훨씬 넓었다. 간밤을 새운 듯 보이는 어른들 몇 명이 아직 게임에 몰두해 있었다.

이곳에서 본 아이는 또 달랐다. 나를 경계하는 눈빛이 뚜렷한 여주인 기세 때문인지 아이도 덩달아 멀어져버린 느낌이었다. 둘이서 자아내는 한 덩어리의 느낌이 예민하게 전해져왔다. 잠시 보자고 5층에서 1층으로 아이를 이끌었다. 뭐라도 먹으러 가자는 말에도 싫다며 여기서 얘기하잔다. 거리에는 부슬비가 내리고 있었다. 비를 맞으며 자포자기한 듯 끌려 내려와 있는 아이를 보니 씁쓸했다. 나도 뭐 한다고 학교 때문에 이러고 있나 싶어 기분이 좋지 않았다. 그래서인지 맘과는 다른 말이 막 나왔다.

"계속 학교도 안 나가고 게다가 네 아버지가 두고 보기만 한다면 내가 먼저 네 아버지를 아동학대로 신고할 수밖에 없다"는 말이 내 긴 독백의 시작이었다. 초등학교도 안 다니고 있는 걸 그냥 두는 것 자체가 심각한 방임이고, 그런 보호자를 그냥 둘 수 없는 것이 내 입장이라고도 설명했다. 지금 네가 이러고 있는 건 네 아버지가 널 키울 능력이 없다는 걸 증명하는 거라는 말도 덧붙였다. 원하든 원하지 않든 간에 너에 대한 사회적 책임을 져야 하는 사람들이 있고, 그들은 또 그 책임 때문에 결국 너를 네 아버지에게서 떼어놓는 수밖에 없다는 결론을 내릴 수도 있다는 이야기까지 했다.

사는 척이라도 하지 않으면 안 된다는 것을 이해시키고 싶어서 한 말이었다. 무엇이 어찌 된 일인지 모르나 혹여 학교나 누가 잘못한 일이 있다면 차라리 아파서 죽는 시늉을 하는 게 낫다는 말을 해주고 싶었다. 이렇게 고스란히 혼자 짊어지고 피하고 물러서도 도망갈 수 있는 길이 없다는 걸 이해시키고 싶었다. 아무 데도 갈 곳이 없으므로 그냥 여기서 맞서 싸우는 길밖에는 다른 수가 없다는 이야기를 전하고 싶었다. 그렇게 시작이라도 하면 아니 시작하는 시늉이라도 하면, 우리도 이제는 네 곁에 끝까지 함께 남아 있겠다는 그 말을 사실은 간절히 전하고 싶었다. 남들에겐 뭔지 몰라도 우리에겐 사는 일이니까 제발 절대 함부로 하지는 말자고 매달리고 싶었다.

사실 아동학대 신고는 벌써 되어 있었다. 학교는 이미 아이의 후속 조치를 심각하게 고민하기 시작한 시점이었다. 담임이 혼자 막아내기에는 역부족이었다. 학교도 지쳐가고 있었다.

한참 건물 안쪽 벽에 기대어 얼굴을 찌푸리고 이야기를 듣고 있던 아이는 피시방으로 돌아가야 한다고 했다. 아직 시간이 남았다는 것이다. 준수해야 할 일은 그곳에 있었다. 그런 아이에게 무엇이든지 시작해야 한다는 말을 결론으로 남기고 나도 그곳을 떠났다. 오늘은 이것으로 나도 나의 임무를 준수한 것으로 치기로 했다.

아이가 왔다

어떤 실랑이가 효과를 냈는지는 몰라도 어느 날부턴가 아이가 공부방에 오기 시작했다. 아무것도 안 해도 되냐는 다짐을 거듭 받은 끝이었다. 그렇게 시작하더니 아예 아침부터 오기 시작한다. 학교 이야기에는 절레절레 고개만 흔든다.

담임은 애가 타는 듯했지만 아이를 옆에 데려다 놓으니 나는 느긋하기만 했다. 밥을 먹고 카드놀이를 하고 마침내 웃고 놀러 나가는 아이 모습을 보니 눈물이 날 지경이다. 아이가 싫어하는 일은 아무것도 안 하게 하고 싶었다. 그래도 담임의 간곡한 당부를 피하기는 어려워 아이에게 조심스럽게 말을 꺼내보긴 했지만, 역시 계속 다음 주로 미루기만 했다.

애가 타는 담임에게 더 이상 할 말도 없어서 아무래도 한번 와서 얼굴을 먼저 보는 게 좋겠다고 말씀드렸더니 그날로 당장 공부방에 오셨다. 죽어도 안 보겠다는 아이를 한참 달래서 마침내 둘이 만났다. 하지만 그뿐이었다. 담임은 몇 가지 사소한 실수를 하긴 했지만 이 정도로 심하게 거부 반응을 보이니 이해가 안 된다며, 섭섭해하고 당황해하는 기색이 역력했다. 하지만 어쩌겠는가? 아이의 상처가 하필이면 그때 곪아 터져버린 것을 말이다. 담임이 운이 좋지 않았던 건 아닐까 싶었다.

그래도 그렇게 얼굴을 보고 가고, 학교에도 얼굴만 보이면 된다고 거듭 약속을 하니 아이도 조금씩 마음이 움직이기 시작했던 것 같다. 다만 쉽사리 발길이 안 떨어지는 눈치였다. 그러던 어느 날, 같은 반 아이 중에 공부방을 다니던 아이가 오늘은 집에서 자기 혼자 자야 하는데, 태샘 집에서 자고 내일 학교를 가면 안 되냐고 했다. 그 아이도 자주 학교를 빼먹어 애를 먹이던 참이었기에 차라리 그러면 둘 다 우리 집에서 같이 자고 학교에도 같이 가면 어떻겠냐고 제안을 하게 되었다. 물론 내일 아침에 일어나서 둘 다 데리고 학교에 갈 수도 있겠다는 생각도 들었지만, 다른 아이가 잔다고 해야 저도 함께 자겠다고 할 것 같아 건넨 제안이었다.

공부방에 온 뒤 아이가 조금씩 털어놓는 이야기를 듣다 보면 가슴 저리는 대목이 꽤 있었다. 집 냉난방이나 청결도 문제지만 그보다 아이를 괴롭히는 건 밤새도록 술을 마시며 깨어 있는 아버지인 듯 싶었다. 알콜 문제가 상당히 심각해진 아버지가 밤새 불을 켜 놓고 잠도 자지 않으니 아이도 제대로 자지 못했다. 짜증을 내면 불을 끄고 잠자리에 드는 척 하다가, 아이가 잠든 낌새가 보이면 금세 불을 켜고 다시 혼자 술판을 벌이는 모양이었다. 자주 그러다 보니 아이는 아예 새벽 두 시면 깨는 버릇이 생겼다는 소리도 했다. 자기는 누가 아침에 깨울 필요가 없다며 피식 웃었다. 참다 참다 너무 힘이 들면 근처 고모할머니네 집에 가기도 하는데, 몸이 편한 대신 할머니가 던지는 잔소리와 수모도 만만치 않아 어지간해서는 그냥 집에 있는다고 했다.

아이가 날마다 공부방에 남아 혼자 자겠다고 타령한 이유가 있었던 것이다. 아무리 안 된다고 해도 왜 안 되냐며, 얼마든지 혼자 잘 수 있으니 재워만 달라고 성화를 부리곤 한 데는 다 이유가 있었다. 그래도 공부방에 혼자 재울 수는 없고, 우리집에 가자 해도 싫다고 해서 고민을 하던 터에 다른 아이가 우리집에서 자고 가겠다는 말이 좋은 핑계가 되어, 마침내 집에서 같이 자고 학교를 가기로 하고서 가방을 챙기러 함께 아이 집으로 갔다. 오랜만에 뵌 아이 아빠가 그 사이 폭 삭 늙어 깜짝 놀랐다.

가난한 남자들은 대개 이가 일찍 빠진다. 담배와 술에 절어 사는 데다 치과 치료는커녕 이도 잘 닦지 않아, 공부방 아이들 아버지 중에는 이가 성한 사람이 별로 없다. 서른 즈음에 벌써 앞니가 빠지기 시작하는 사람도 많고, 거기에 햇볕에 타고 술에 절어 얼굴까지 쭈글쭈글해지면 모두들 나이보다 훨씬 늙어 보인다. 불과 4년이 흘렀는데 아이 아빠는 중늙은이 행색이었다. 금주를 위해 입원도 했고, 병원 독방까지 들어갈 정도로 상태가 심각했던 모양이다. 그 몇 년 사이에 그런 일들이 벌어졌던 것이다.

아이 집까지 간 건 처음이었다. 가리봉동이 재개발만 됐으면 한몫 안겨줄지도 모른다고 생각했던 그 집이었다. 아이가 나를 집에 들일지 말지 망설이는 표정이 역력했지만 전혀 물러설 마음이 없는 나는 아이 뒤에 바싹 붙어 집 안으로 들어갔다. 함께 온 친구는 들어오지 말라는 말에 대문 앞에 남아 있기로 했다. 대문을 열고 들어서는데 지린내가 진동을 한다. 누군가 대문 앞에서 그냥 오줌을 누는 모양인데, 누군지 짐작이 됐다.

대문을 들어서면 한 사람이 겨우 지나다닐 좁은 통로가 서너 걸음 길이의 벽을 따라 나 있었다. 벽에 붙은 쪽문을 열면 비로소 아이 집이다. 한쪽 구석에는 싱크대가 있고 한 걸음도 안 되는 폭의 마루 건너편에 붙어 있는 방문 안쪽이 아이와 아빠가 기거하는 단칸방이다.

가난한 집은 냄새가 먼저 난다. 문을 열면 곰팡내가 숨 쉴 틈도 없이 몰려든다. 그 집에서 확 끼쳐오는 냄새로 그 집의 쇠락을 가늠할 수 있다. 누구라도 가까이 하고 싶지 않은 냄새가 난다. 온몸에 배어 옷을 갈아입어도 쉽사리 사라지지 않는 그런 냄새다.

냄새나는 마루 안쪽에 신문지로 도배한 방이 있었다. 도배한 가장자리를 따라 반듯반듯하게 테이프가 붙어 있기는 했다. 바닥에도 역시 신문지가 몇 장 깔려 있다. 신문 위에는 술병과 냄비 쪼가리가 어질러져 있다. 불을 못 땔 때 방 안에서도 잠바를 입고 있는 아이 아버지가 인사 소리를 듣고 구석에서 엉거주춤 나오고 있었다.

아이는 흔쾌히 외박을 허락 받았다. 눈치를 보니 이래라저래라 하는 아버지 노릇을 그만둔 지 꽤 되어 보였다. 뭐든 그러려면 그러라는 투가 역력했다. 부자지간을 유지하고 있는 쪽은 오히려 아이 쪽이 아닐까 싶기도 했다. 아버지는 그냥 제 한 몸도 힘든데 아이까지 어찌 해볼 여력은 없어 보였다. 그래도 연신 고맙다는 인사를 잊지는 않는다.

결국 그런 집이었다. 재개발이라도 하지 않으면 팔려고 해도 살 사람도 나서지 않을 그런 집이었다. 싹 밀고 새로 짓지 않으면 막장을 찾는 사람들이나 들어올 만한 그런 집이었다. 팔리지도 않을 것을 가지고 있었을 뿐인데, 있는 사람 취급을 받은 셈이다.

아이에게 듣다

마침내 다음날 아이는 학교를 갔다. 반 아이들이 고맙게도 환호성을 질러주었다. 학교는 아직 어쩌다 가는 곳이다. 선생님은 얼굴만 내밀면 된다고 해 놓고 가면 붙든다면서, 같이 가서 얼굴만 내밀고 나오게 해 달라고 조르기도 한다.

아이 집에 다녀온 뒤 학교 문제보다는 주거 문제가 더 심각하다는 생각이 들었다. 공부방에서 재울 수도 없고, 우리집은 싫다고 하고, 새벽이라도 좋으니 언제라도 오라 해도 고개를 흔드니 쉽게 답이 안 나온다. 고모할머니 집에라도 가라고 하면, 할머니가 냄새나고 옷에서 흙 떨어진다고 잔소리를 해대서 가기 싫다고 했다. 내가 고모할머니에게 가서 좀 재워주라고 하면 내 앞에서는 좋은 말로 그러겠다고 하지만, "선생님만 가고 나면 목소리부터 달라져요"라는 말에 섞인 아이의 분노를 읽고 더 이상 할머니 이야기는 않기로 했다. 그러면 고모 집은 어떻겠냐고 하니 거기는 또 전학을 가야 하니 싫다 했다. 그러면서 계속 공부방에서 혼자 잘 수 있으니 허락해 달라고 조른다.

그렇게 조르는 중간중간 이런저런 이야기가 쉴 새 없이 흘러 나와, 마침내 엄마 이야기도 듣게 되었다. 전화도 없으니 최근 소식은 모르고, 거의 대부분 한참 지난 이야기였다. 어려서 집을 나간 엄마는 가끔 만나면 이름을 부르며 안아주었다고 했다. 그런데 술만 먹으면 망가져버리는 어떤 아저씨와 같이 살고 있었다고 한다. 술 마시면 행패가 심해져서 엄마랑 둘이서 도망 나온 적도 있다고. "엄마는 같이 살자고 하시진 않아?" 하고 물어보면 "같이 살고 싶지만 돈도 없고, 또 아빠가 혼자 있어서…" 하고 말끝을 맺지 못한다.

이 모든 게 '있는 집 아이'로 여겼던 아이 이야기다. 할아버지와 할머니까지 계셔서 돌봄도 살뜰하게 받고 있다고 여겼던 아이 이야기다. 있는 집 아이로 내쳐져 혼자 훌쩍 커버린 아이 이야기다. 팔 만한 것을 딱 하나 가지고 있는 아이네 집 이야기다. 그 단 하나는 지켜진 것인지 외면당하고 있는 것인지 구분할 수도 없다. 재개발이라도 되어서 보상비라도 받지 않으면 그 집은 별 도리가 없다. 벽과 지붕이 무너지지 않는 순간까지는 집이라는 이름을 달고 아이 곁에 그저 남아 있을 것이다. 아이의 아버지가 육신이 움직거리는 순간까지는 그래도 아버지로, 또 보호자로 남아 있게 되는 이치와 마찬가지다.

그것도 가진 것은 가진 것이다. 그렇게도 가지는 것이다. 그래서 있는 집 아이가 된다. 불도 안 들어오는 방에서 잠도 제대로 못 자게 하는 아버지를 두고 있어도, 집이 있고, 아버지가 있다. 그렇게 '있는 것'을 체념하고 감추느라 아이는 생각이 많았던 모양이다. 어른 같은 말을 한다. 말은 어른스럽지만 자기보다 훨씬 어린 학년 공부도 힘겨워하는 건, 다른 걸 생각할 일이 많아 공부는 뒷전이었기 때문일 거다.

생각이 많은 아이가 겨우겨우 잠이 든 모습을 보며, 조금은 안심이 된다. 새벽 두 시에 깨지도 않고 잘 잔다. 늦은 아침이어서 깨워야 할 만큼 잔다. 그렇게 잘 수 있으면서… 그럴 수 있는데….

외로움에서 벗어나려는
안간힘과 교감하기

헐렁한 아이?

"얘, 여기 아이예요?"

화를 삭이지 못해 목소리가 갈라지는 어른에게 끌려온 아이는 또 영석이다. 가지 많은 나무에 바람 잘 날 없다고 어째 좀 조용하다 싶더니만 또 한 소리를 들을 때가 되었나 보다. 씩씩거리며 따지는 어른의 목소리가 커질수록 억울하다는 영석이의 목소리는 잦아든다.

영석이는 불룩한 배와 두툼한 허리춤 때문에 언제나 약간 헐렁한 옷을 입고 다니는 아이다. 여기에 삼선 슬리퍼나 누렇게 색 바랜 실내화를 적당히 꺾어서 헐렁하게 발에 끼고 다닌다. 말투도 무성의하게 헐렁한 데다 약간 사시기 있는 눈매 때문인지 이야기를 나누고 있으면 내 말도 언제나 헐렁하게 듣는 것 같다. 웃는 것도 헐렁하게 살짝 웃고, 이야기도 대충 듣고 대답도 너무 쉽사리 해대는 통에 방금 한 말도 곧이곧대로 믿기지 않아 확실하냐는 확인을 하고 또 하고 또 하지 않을 수 없게 만드는 아이다.

영석이는 어린 시절도 헐렁하게 보내는 느낌이다. 학교가 파한 지 한참 지난 시간에서야 마지못한 모습으로 공부방에 쓱 들어와 어디 먹을 게 없나 대충 둘러보고 다른 아이들이 장기라도 두고 있으면 곁에 가서 일단 비스듬히 눕고 본다. "여기가 너희 집 안방이냐"는 핀잔이라도 하면 머리가 아파서 그런다는 소리부터 하고 본다. 잠시 후 괜한 참견을 해서 싸움을 붙이든지 다른 아이들을 발로 쿡쿡 찌르고는 모른 척 해서 분란을 일으킨다. 그러니 자치회장으로 선출된 지 얼마 되지 않아 일부 불만세력에 의해 회장 자리에서 물러나야 하는 비운도 스스로 자초한 셈이다.

영석이는 매사에 꾸준히 헐렁하다. 1학년 때부터 종종 실종 신고를 해야 할지 고민하게 할 만큼 아이의 귀가 시간은 늦었다. 아무 집이나 안 가는 곳이 없고 못하는 일이 없는 영석이는 하는 일마다 거의 뜯어 말리고 싶은 아이였다.

하루는 혼자 버스에 오르던 영석이를 우연히 보게 되었는데, 그 태연자약한 모습에 기가 막혔다. 낯모르는 어른을 따라 마치 동승객처럼 조용히 버스에 올라타서는 가만히 자리에 가 앉는 것이다. 아무래도 낌새가 수상했던지 기사 아저씨가 불러 다그치니 전혀 당황하는 기색 없이 내릴 준비를 한다. 어차피 걸어가도 되는 길인데 힘을 덜고 싶어 그냥 버스를 탄 모양이다. 하루 이틀 해본 솜씨가 아닌 티가 역력하다. 이렇게 말없이 슬그머니 돌아다니는 영석이는 마치 사람들

발치에 낮게 깔린 안개 같다. 사람들은 무언가가 걸리적거리지 않는 한 안개가 있는 줄조차 모른다. 영석이는 그렇게 걸리적거리지 않는 선에서 무엇이든 하고 다니는 듯하다. 그것이 영석이가 이 익명의 도시에서 살아남는 법인 모양이다.

이런 영석이도 뜨거운 욕망으로 인해 가끔 그 안개를 뚫고 존재감을 드러내기도 한다. 그중 걷잡을 수 없이 영석이를 들뜨게 하는 것이 바로 '운전에 대한 거침없는 사랑'이다. 영석이가 3학년이던 무렵 학교에서 갑자기 연락이 왔다. 공부방에 함께 다니는 한 학년 아래의 아이를 데리고 학교를 빠져나와 부산행 KTX를 타고 가다 발각되어 지금 천안역에 있는데 보호자와 연락이 안 되니 와서 데려갔으면 한다는 것이다. 입이 쩍 벌어졌다. 애들 말마따나 "와, 대박이다!" 하고 모두 어이가 없어 서로 얼굴만 멍하니 쳐다보았다. 자기가 무슨 빠삐용도 아니고 KTX를 타고 뭘 어쩌겠다는 건지, 할 말이 없었다. 그리고 가려면 저나 갈 것이지 엉뚱한 애는 왜 데리고 가서 일을 더 크게 만드는가. 몰래 탔으면 조용히라도 하지, 아주 신이 나서 난리를 쳤으니 발각 안 되는 게 더 이상할 노릇이다. 놀라서 달려갔던 다른 아이 보호자는 길길이 화를 내며 영석이가 다니는 한 다시는 아이를 공부방에 보내지 않겠다고 선언하고 가버렸다. 반면 뒤늦게 나타난 영석이 엄마는 한숨과 눈물과 화로 범벅이 되어 그러다 이상한 사람들이 어디로 끌고 가기라도 하면 어쩔 거냐고 난리를 쳤다. 어머니 말씀이 틀리진 않지만 영석이를 두고 그리 야리야리한 걱정을 할 필요가 있을까 자꾸 고개가 갸웃거려졌다. 이것으로 영석이는 차와 운전에 대한 남다른 사랑을 뚜렷이 드러내 보였다.

영석이는 그렇게 남다른 인상을 심어주고 다시 외롭고 음울한 세월 속으로 침잠해 들어갔다. 물론 그 사이에도 간간이 누굴 꼬드겨 뭘 얻어먹거나 슬쩍 다른 사람 돈이나 물건을 가져가는 일도 쉬지 않고 계속하는 눈치다. 공부방에서 실컷 밥을 먹고 가서도 밤마다 무언가를 또 먹어대며 비상한 야비함과 거칠 것 없는 자유분방함, 아무도 두려워하지 않는 특유의 친화력으로 중무장한 채 도로의 철제 난간 한 귀퉁이에 기대 서서 사랑하는 차들이 오가는 것을 하릴없이 마냥 바라보곤 했다.

자유를 향한 질주 본능

그런 영석이를 보고 있으면 외로워진다. 캠프를 가서 아무도 없는 텅 빈 강당 마루턱에 걸터앉아 다리를 흔들며 홀로 '나랑 결혼해줄래'를 노래하는 아이를 보면 방향 잃은 비애감이 느껴진다. 절대 아니라고 하면서도 예쁜 여자아이에게 슬쩍 던지는 수줍은 눈길을 보면 정말 슬퍼진다. 고백처럼 때로는 체념처럼 자기는 학교에서 왕따여서 같이 놀아주는 아이가 아무도 없다는 이야기를 불쑥 해오면 그 우람한 덩치가 안쓰럽기만 하다. 그런 영석이 삶에 한 줄기 빛과 같은 사람이 생겼으니 동네 창수 형이다. 어느 날부터 아이 얼굴이 환해지더니 동네 형을 사귀었는데 밥도 얻어먹고 여의도도 같이 다녀왔다고 은근 자랑이다. 주말이면 할 일이 없어 아무 때고 "선생님…, 저 영석이에요. 공부방에 누구 있어요?" 하고 전화를 하던 아이가 주말에 코빼기도 안 보이더니, 잠실을 다녀왔다는 등 레퍼토리가 점점 화려해졌다. 하루는 그 형이 아이에게 값비싼 휴대폰을 줬다고 엄마가 놀라서 전화를 걸어오기도 했다. 영석이는 드디어 '내 인생에도 이런 날이!' 하는 표정으로 발정 난 강아지처럼 형 만날 생각에 안달을 했다. 그저 '공부방에서 날 놔주길' 오매불망 빌고 또 비는 눈치다. 동네 형이 인도하는 신세계 속에서 담배나 술 이야기, 서울 여기저기를 돌아다녔다는 이야기가 불쑥불쑥 튀어나왔다. 영석이 엄마는 이젠 동네 바보형과 어울려 더한 짓을 하고 다닌다고 한마디로 정리하고 영석이의 사교 생활에 종지부를 찍어야 한다는 결론을 내려놓았다.

그러던 어느 날 밤, 이번에는 아이들 서넛이 기절초풍한 모습으로 달려와서는 영석이가 담배를 피우고 있다는 것이다. 아이들이 빤히 보고 있는데도 보란 듯이 담배를 피우다니 도저히 묵과할 수 없다 싶어 당장 데려오라고 했다. 현장범으로 끌려와서인지 영석이는 흘낏 곁눈질을 하더니 앉은뱅이 책상 한 귀퉁이에 기대어 앉는다. 떨 것까지야 없지만 너무 느긋한 자세로 담소라도 나눌 듯이 자리를 잡는 걸 보니 괜시리 열불이 더 치밀어 올랐다.

이럴 때 영석이에게 무슨 말을 해야 할까? 담배를 피워도 되냐고 물으면 아니라고 한다. 참으로 뻔한 물음에 뻔한 답이 오간다. 숨을 크게 쉬고 다시 묻는다. "안 되는 걸 알면서 왜 그랬니?" 영석이는 잠시 머뭇거리더니 귀찮은 대답을 해치우기라도 하듯, 외로워서 피웠다고 답을 한다. 순간 '어떻게 이런 변명을…' 하는 생각이 들었지만 이번에는 무어라 쉽사리 말이 나오지 않는다.

영석이가 과연 담배를 피울지를 두고 쏟아지는 아이들의 관심을 영석이가 만끽했을 것은 틀림없다. 네가 담배를 피울 수 있겠어? 할 수 있겠어? 하기만 해봐, 그러면 당장 선생님에게 일러바칠 거야, 자기를 둘러싸고 온 신경을 곤두세우고 바라보는 아이들의 생각을 읽으며 영석이의 외로운 마음은 환호성을 지르고 있었을 것이다. 그러나 영석이만 그랬겠는가? 이 지루한 삶에 아찔한 순간이 찾아오는 것을 본 다른 아이들도 그랬을 것이다. 나도 저 선을 넘어 자유로울 것 같은 저 먼 곳을 향해 마구 달려가고 싶은데, 왠지 여기에 옥죄어 있는 자신의 처지가 한심하기만 한데… 아이들은 조금 더 자기 멋대로 살고 있는 것 같은 영석이가 확실히 끝장나는 모습을 봄으로써 속박되어 있는 자기 처지를 위로받고 지루한 인생에 짜릿한 쾌감을 맛보고 싶었던 것일지도 모른다. 어디 이뿐인가? 그러고 나면 교사들도 부모도 왜 그랬냐며, 뭐가 불만이냐며, 도대체 누가 너한테 이런 짓을 가르쳤느냐며 그 동안의 무심했던 시간을 메우고도 남을 질문들을 쏟아낼 것이다.

공부방에는 늘 남들이 날 별로라고 생각한다고 믿는 아이들이 있다. 켜켜이 쌓인 울분과 좌절과 열등감을 받아내는 감정의 쓰레기통처럼 온갖 일에 욕을 먹고 무시당하며 산다고 굳게 믿는 아이들이 있다. '애들은 나랑 안 놀아주고, 잘못한 것도 없는데 막 뭐라고만 하고, 나만 무시해서 내 말은 완전 생까고, 괜히 저리 가라고 하고, 때리고….' 그래서 영석이는 담배를 피운 거라고 말한다. 자기는 외롭다는 것이다. 영석이의 외롭다는 선언은 잘 돌아가던 기계에 뿌려진 모래알같이 모든 걸 삐걱거리게 했다. 우린 원래 그런 사람들인 것처럼, 답이 없는 문제처럼 그렇게 익숙하게 살았는데 이제와 외롭다니… 들어서는 안되는 말을 들은 것처럼 마음이 뜨끔했다.

"근데 영석아, 공부방에 오면 선생님들이 늘 애들하고 놀라고 하는데, 영석이가 놀지 못했다고 하면 그건 공부방에서 못 놀게 하는 게 아니라 영석이가 안 노는 거 아닐까?" 가까스로 한 마디를 찾아내 해본다. 아무도 자기랑 놀아주지 않아서 외롭다는 아이에게 다시 화살을 돌려본다. 남 탓으로 돌려봤자 영석이를 거들떠보지도 않을 세상 사람들을 어떻게 할 자신이 없어서 결국 나도 만만한 영석이에게 자기 탓을 해보라고 화살을 돌리고 만 것이다.

"공부방에도 맨날 늦게 오고 말이야, 툭 하면 전화해서 아파서 병원 가야 해서 못 온다고 하고 말이야. 와서도 제멋대로 집에 가버리거나 말도 안 하고 마음대로 다른 데로 막 가버리고 말이야. 너는 언제나 아이들이 너랑 안 놀아준다고 하지만 선생님이 보기엔 어쩌면 영석이가 오히려 아이들하고 안 놀아주는 게 아닌가 하는 생각이 들어. 영석이는 친구들하고 축구하거나 장기 두는 건 싫고 어른들 틈에 끼어 쇼핑하러 돌아다니면서 밥 사먹고… 그런 것만 좋아하는 것 아니니? 선생님도 네가 아이니까 노는 건 좋다고 생각해. 하지만 어른들이 노는 방식으로 돈 쓰면서 놀려고 하는 건 곤란하다고 생각해, 네 생각은 어때?"

뜬금없는 영석이의 외롭다는 말에 이야기가 길을 잃고 비틀거리기 시작하더니, 외롭다는 것도 이제는 네 탓을 해볼 일이라는 데 이야기 초점이 맞춰지고 있었다.

"아무튼 담배를 피운 건 곤란해. 네가 이렇게 담배를 피운 건 아이들하고 안 놀고 어른들하고 막 어울리려다 보니까 그런 것 같아. 그래서 하는 말인데 일단 오늘 가는 길에 엄마하고 창수형 집에 가서 더 이상 이렇게 같이 노는 건 안 되겠다고 말해야 할 것 같아. 그리고 앞으로 공부방에 와서 아이들하고 열심히 놀아야 돼. 심심하다거나 아이들이 안 놀아준다는 말은 곤란해. 내일부터 너는 열심히 놀 수 있도록 노력해야 해. 그게 이번 일에 대한 네 책임이야."

외롭다는 말 한 마디를 겨우 한 아이는, 나 혼자 북 치고 장구 치고 나팔을 불어대도 한 마디도 않고 앉아만 있다. 어느새 공부방을 찾아와 아이 곁을 지키고 계신 어머니의 한숨만이 간간히 말을 끊을 뿐이다. 아이는 외롭다고 말했고, 나는 그래도 안 되는 것은 안 된다고 했다. 나는 늘 안 되는 것에 더 확신을 세워 말하는 사람이므로 영석이는 그럴 줄 알았다는 투인지 끝까지 별 소리가 없다. 외로움은 어쩌지 못하겠지만 담배는 안 된다, 내가 아는 것은 솔직히 그것뿐이었다.

나는 해도 되는 일과 안 되는 일은 반드시 가르쳐야 한다고 믿는다. 무엇이 가치 있고 무엇이 그렇지 않은지를 나누는 일은, 함께 살아갈 우리들이 명심해야 할 기준(경계, 울타리)을 만드는 일이기 때문이다. 이런 일에는 그리 긴 말이 필요하지 않다고 본다. 그저 안 된다는 말 한마디면 족하다. 아이들은 번번이 왜 안 되냐고 물었지만, 지키기로 서로 약속한 것이라 그렇게 하지 않기로, 그런 식으로는 살지 않기로 약속을 했으니 그저 안 되는 것이다. 그래서 "안 돼!" 혹은 "안 되는 거야!"라는 한마디만 반복하면서 살았다. 무슨 거창한 일이라도 되는 양 엄숙하게 안 된다는 소리만 하고 있으면 아이들도 덩달아 "왜 안 되는데요, 왜 안 되는데요, 왜 안 되는데요…" 하며 나를 미치고 환장하게 만든다. 그 소리를 계속 듣고 있노라면 피가 점점 보랏빛으로 변하는 아찔한 순간이 찾아오기도 한다. 원시시대라는 변명거리라도 있으면 저것들을 공룡 먹이로 내줘버리거나 그도 저도 아니면 사냥 나간 숲 속에다 마구 흘리고 돌아와 버렸으면 좋겠다는 말도 안 되는 상상을 하며 버텨본다. 그런데 어느 순간, 동굴 안에 갇혀 있는 자신을 발견했다.

거리를 응접실 삼아 노는 아이와 교감하기

벤야민의 『도시의 산책자』라는 책에 이런 구절이 있다. 벤야민은 땅을 일구며 살던 사람들이 도시의 노동자로 내몰리던 시절, 그때 막 생겨나기 시작한 도시를 '산책'하면서 느낀 감상들을 글로 남겼다. 특히 노천 카페들이 들어서기 시작한 파리의 거리에 대해 인상적인 글을 남겼다. 시골에서 쫓겨 도시로 막 올라온 노동자들은 자신의 동굴 같은 집에서 나와 오히려 화려하고 넓은 거리를 응접실 삼아 사람들과 어울리며 여흥을 즐기곤 했다는 것이다.

참으로 통찰력 있는 산책이지 않은가? 우리는 집에서 살아야 한다고 생각하지만 이 작은 동굴은 어쩌면 잠깐의 휴식을 위한 곳일 뿐일지도 모르겠다. 넓고 화려하고 탁 트인 응접실에는 순간순간 인생의 온갖 파노라마가 펼쳐지고 있는데, 아이들의 눈을 가리고 학교와 가정이라는 동굴 속으로 끌어오기 바빴던 것은 아닌가. 그런 속에서 영석이는 고군분투하며 홀로 남았던 것은 아닐까. 우리는 산책하며 빈둥거리는 것을 죄악시하고 매 순간 만나는 삶을 감당할 힘이 없어 비난하고 두려워하니까.

사실 생각해보면 영석이가 넓은 거리를 응접실 삼아 사는 것을 굳이 말릴 필요가 있을까 싶다. 이렇게 사람 좋아하고 넓고 깊은 숨을 쉬는 아이를 굳이 좁은 집에 가둘 이유가 없지 싶은 것이다. 영석이가 좋아하고 하고 싶어 하는 일은 차 운전이다. 공부는 싫지만 운전면허와 차나 도로에 관한 공부라면 하겠다고 한다. 그런 영석이의 열망이 얼마나 간절한 것인지를 뜻하지 않은 사건으로 알게 되었다.

어느날 영석이가 공부방 근처 언덕에서 고장 난 자전거를 타고 내려가다 자동차와 부딪쳐 사고가 났다. 다리를 다친 것 외에 큰 부상은 없어 불행 중 다행이다 싶었다. 119에 전화를 하고 난리가 나서 모두들 허겁지겁 인근 대학병원 응급실로 달려갔다. 영석이는 어쩌자고 그렇게 위험하게 자전거를 탔냐는 걱정은 모른 척, '드디어 앰뷸런스를 타본다'란 눈치가 역력해 사람들은 기가 막혀 했다. 그런데 그게 다가 아니었다. 진찰을 끝내고 휠체어를 타고 영상촬영을 하러 가는데, 병원 직원들 가운데 간간히 영석이를 보고 아는 체를 하는 분들이 있는 거다. 처음에는 조금 이상하다 싶었는데 계속 여러 사람이 아는 체를 하니 정말 이상했다. 알고 보니 영석이는 그 동안 틈날 때마다 병원에 죽치고 앉아서는 앰뷸런스를 지켜보곤 했던 것이다. 게다가 언젠가부터 직원들에게 말까지 붙여가며 아는 척을 해대니 나중에는 병원에서 나름 유명인사가 되어 진짜 서로 알고 지내는 사이가 되었던 게다. 그런 영석이가 이번에는 휠체어에 앉아 있으니 어찌된 일이지 걱정스런 마음에 한 번씩 들여다보셨던 모양이다.

그 동안 영석이가 사라지던 의문의 장소 중 한 곳이 이렇게 해서 뜻밖에 밝혀지게 되었다. 운전을 좋아한다는 영석이의 말을 의심하지는 않았지만 이제야 그 열정이 가슴까지 와 닿는 기분이다. 영석이는 종종 조용히 버스에 올라타서는 운전석 가까운 자리에 앉아 하염없이 운전하는 모습을 지켜보고 했었던 모양이다. 또 병원 한 구석에 자리 잡고 앉아서는 버스보다 더 근사한 앰뷸런스가 오가는 것도 넋을 읽고 쳐다보곤 했던가 보다. 그러다 스스럼없이 사람들에게 아는 척도 하고 그렇게 지냈던 모양이다.

그런 줄도 모르고 우리는 영석이가 안 보일 때마다 어디서 한심한 짓이나 하고 있지 않을까 의심도 하고 걱정을 했었다. 영석이가 그렇게 혼자 찾아가고, 혼자 지켜보고, 혼자 물어보고 있는 줄은 꿈에도 생각지 못했다. '못난 게 이상한 짓이나 하고 다닌다'는 눈총까지 참아가면서. 열 살을 갓 넘긴 아이의 버스를 운전하고 싶다는 열망을 사실 얼마나 진지하게 들어야 하는지 잘 알지 못했다. KTX를 타러 가는 열정을 보여도, 수시로 버스를 타고 운전석을 뚫어져라 봐도, 병원에서 하염없이 시간을 보내고, 길거리 난간에 기대서서 오가는 차들을 보고 또 봐도 그게 뭘 의미하는지 알아차리질 못했다. 체험학습장에 가서 또 한번 차를 몰아보고 싶다고 했을 때 '참 곤란한 요청을 하는구나' 하고 그저 넘겨버렸다. 아이들이 관심을 갖고 열정을 가질 수 있는 일을 찾아주려 나름 애쓰고 있다고, 온갖 학습과 프로그램들이 바로 그런 목적으로 이루어지고 있다고 뻔히 말하면서 말이다. 마치 아이가 아무런 지도나 개입 없이 품게 된 열정은 왠지 나의 열정이나 희망과는 부합하지 않는 것처럼 제대로 관심을 두지 않았다. 그러니 영석이는 혼자서 희망을 키워갈 수밖에 없었을 것이다. 자기처럼 혼자서 자라는 희망을 말이다.

영석이는 알고 보니 헐렁하지 않은, 실질적인 삶을 살고 있었다. 교사들이 아이들에게 꿈꿀 것을 허락하기 전에 혼자서 버스에 올랐고, 교사들이 이 꿈과 저 꿈을 비교해보라 하기도 전에 버스와 앰뷸런스 사이에서 흔들리는 마음을 억누르지 않았다. 보고 싶으면 보고, 타고 싶으면 꿈 위에 거침없이 올라탔다. 그런 영석이를 헐렁한 아이로 알다니… 내가 참 정신이 나간 거다. 그러니 앞으로 영석이 공부는 영석이 응접실에 가서 해야겠다 싶다. 좌회전과 우회전, 직진과 후진, 버스 노선과 번호를 매기는 방식, 운수회사와 운전기사, 차를 운전하는 것과 삶을 운전하는 것 등 수많은 이야깃거리가 널려 있는 그곳에서 말이다. 이번에는 절대로 아이의 초대를 거절하지 말아야겠다. 또 다시 나의 그 어두운 동굴로 들어가서 이야기하자고 잡아끄는 어리석음은 그만 접어야겠다. 그러면 영석이가 외로울 테니까.

꼬인 인생은 풀면서 가고

이런 줄 누가 알까

모임이 끝나면 얼른 자리를 털고 일어난다. 의자를 밀어넣고 자리를 정돈하고 밖으로 나오면 이젠 돌아가는 일만 남았다. 그런데 사람들은 이상스레 시간을 끈다. 초조히 서성거리다 가만히 안을 들여다보면 아직도 인사를 나누거나 이야기를 하고 있다. 좀더 서성거리다 할 수 없이 주춤주춤 돌아선다. 하지만 함께 온 일행이 있거나 아는 사람이라도 있으면 훨씬 더 복잡하다. 한편으로는 같이 돌아가고 싶은 마음이 굴뚝같고, 또 한편으로는 엉거주춤 기다리고 있는 모습을 들키기도 싫다. 어찌해야 좋을지 갈피를 잡기 어렵다.

세상에 나란 인간만 착착 맞아떨어지지 않는 느낌이다. 거리를 걸을 때에도 누구와 나란히 목적지까지 이야기를 나누면서 함께 걷는 운수 좋은 날은 흔치 않다. 여기서 저기로 자리를 옮기는 일은 사람들

앞에 서서 걸어야 할지, 아니면 뒤를 따라가야 할지를 결정하고 실행해야 하는 긴장된 일이다. 앞에서 걸으면 뒤꼭지가 너무 서늘해져서 자꾸 뒤처지게 된다. 그렇게 쭐레쭐레 따라가다 보면 내가 꼭 갈 필요가 있는 사람일까 하는 생각이 또 발목을 붙잡는다. 이때 "어서 오세요" 하고 누군가 응원이라도 해주지 않으면 가는 길이 끝까지 고민스럽다.

그렇다고 나만 혼자 쏙 빠지기도 싫다. 나도 서로 어울리는 자리에 기서 이야기도 나누고, 맛있는 것도 함께 먹고, 좋은 사람들과 좋은 시간을 보내고 싶다. 내 이야기에 귀를 기울이고, 웃어주는 사람들이 있었으면 좋겠다. 그러면 나도 괜찮은 사람이 된 것만 같은 기분에 정말 행복해질 것 같다. 그런 느낌을 맛보고 싶어 내 성정에는 참을 수 없는 이 가시밭길을 헤치고 여기까지 따라온 것이다.

그러나 서툰 사람은 실수가 많다. '괜히 그런 말은 해가지고…'에서 시작된 생각은 점점 더 빠르게 불안의 경계를 넘어간다. 아까는 분명 내 이야기를 재미있어 한다고 느끼고, 날 좋아한다고 확신했던 그 모습들이 갑자기 자신없어진다. 왠지 얼굴과는 다른 생각을 하고 있었을 것 같은 불안감에 힘차게 머리를 저어보지만 끈적끈적한 생각은 쉽게 떨어지질 않는다. '휴, 그냥 집에나 갈 걸.' 뒤늦은 후회가 마구 밀려온다.

그래도 억지로 참고 살다보면 요령이란 것도 생겨난다. '그래서 어쩔 테냐' 하며 사는 엉터리 같은 요령이다. 이런 요령은 안 그런 척 하느라 아주 진땀을 빼고 살다 지쳐서 생겨버렸다. 낯설고 불편하고 어색한 자리에서 툭하면 얼굴이 벌게지고, 온몸이 열두 번도 더 타들어 가는 것 같고, 입술 안쪽을 씹고 또 씹으며, 손가락 마디를 꼬고 또 꼬아가며 결국은 살아남기 위해 저절로 생겨난 요령이다. 그냥 '그래서 어쩔 테냐?' 하고 버티는 것뿐이다.

이런 수도 있다곤 하지만 이렇게 사는 건 분명 피곤하고 힘든 일이다. 남 눈치 보고, 신경 쓰며 긴장해서 살다 보니 툭하면 기력이 방전된다. 늘 어깨는 구부정하고 모가지는 축 늘어지고 가방 안에는 읽지도 않을 책만 몇 권씩 잔뜩 들어 있다.

어리석은 줄 모르진 않지만 다른 사람들이 "전 당신을 불쾌하게 여기지 않아요, 진심으로 괜찮으니 마음 쓰지 마세요. 눈치 보지 말고, 하고 싶은 대로 마음껏 하세요" 하고 안심시켜주지 않는 이상 나의 이 고질병은 거의 고치기 어려운 줄 내가 잘 안다.

나 같은 아이가 있다

그런데 우리 공부방에는 나처럼 눈치 보기로 둘째가라면 서러운 아이가 하나 있다. 겨울방학 아침이면 산발한 머리를 하고 동태같이 뻣뻣이 얼은 몸으로 때로는 양말도 신지 않고 달려오는 아이다. 초여름에나 입었음직한 얇은 홑겹 바지를 입고, 다른 아이들 눈이 무서워 차마 문도 못 열고 밖에서 바들바들 떨고 섰다. 아무리 기다려도 좀체 들어올 용기를 못 내니 결국은 밖에 나가서 번쩍 안아들고 들어오는 수밖에 없다. 추운 날을 견디기에는 옷이 너무 허름해서 제풀에 지쳐 들어오기를 기다릴 수 없는 까닭이다. 귀찮아도 도리가 없다.

쭈뼛거리는 아이를 내려놓으면 그제야 입이 터져 춥단다. "그래, 춥 겠다. 좀 따뜻하게 입고 오지 그랬어…." 아이한테 할 소리는 아니다. 저도 사정이 있어 이리 입고 뛰쳐나왔을 테니 말이다. 아이 엄마에게 좀 챙기시라 넌지시 말을 꺼내면 아이가 당신도 모르게 그리 입고 나 갔다거나, 아무리 말려도 말을 안 듣는데 어쩌느냐는 소리만 듣게 될 뿐이다. 너라도 옷을 좀 챙겨 입고 다니란 소리를 꺼내자마자 아이는 또 슬금슬금 눈치를 살핀다. 두어 마디 변명도 덧붙인다. 변명하는 소 리가 '공연한 참견으로 또 무슨 사단을 내려고 그러냐'는 소리로도 들 려 그만두고, 공부방에서 준비한 옷을 갈아입혀 끝내고 만다.

물론 눈치를 보게 되는 사연이 없지는 않다. 조금 큰 아이들은 대놓 고 아이 곁에 잘 가려 하지 않는데 그건 아이 머리에서 이가 옮는다는 이유 때문이다. 때로는 목덜미나 머리를 타고 돌아다니는 이가 보일 정도이니, 한두 번씩 옮아본 아이들은 기겁을 하며 곁에 가기 싫다고 호들갑을 떨고, 일이 있어 짝이라도 지어 놓으면 싫은 내색을 마다 않 는다. 그래도 갖은 말로 사정을 설명하면 통 모르쇠를 하는 것은 아니 니 그만한 것이 다행이다.

그런데 오히려 함께 공부방을 다니는 제 친오빠가 더 가관이다. 저 도 마찬가지 형편이건만 동생이 더럽다고 난리를 부린다. 먹을 것이 나 물건이 모자랄 때면 그래도 자기 오빠라고 제 딴에는 챙기려 드는 데 당사자는 "절대로 싫다, 필요 없다, 안 먹는다"고 성화다. 너무 고

약스럽게 군다고 야단도 치고, 좋은 말로 타일러 봐도 소용이 없다. 더러워서 자기는 안 받겠단다. 밤마다 오줌을 싸대는 더러운 아이한 테는 받고 싶지 않단다. 하지만 실은 저도 남 말할 처지는 못 된다. 뭘 먹거나 화장실을 쓸 때 보면 한숨이 나는 것은 마찬가지기 때문이다. 그런데도 때때로 고약스럽다.

이렇게 제 식구도 제대로 편이 되어주지 않는 아이다. 하긴 공부방 에 있어보면 형제나 남매 사이에 더 으르렁거리는 경우도 많으니 식 구들끼리 꼭 한편이라는 말도 어쩌면 공연한 소리일지 모르겠다. 아 무튼 아이 엄마도 아이가 집에만 오면 입을 꾹 다물고 말을 안 해서 답답해 죽겠다는 소리를 자주 하는 걸 들으면서, 아무래도 식구들 사 이에서 아이 대접이 심상치 않을 것 같아 걱정하고 있는 참이었는데 오히려 자기는 제 부모, 제 집 식구들이라고 뭐라도 챙기려드는 것을 보고 어느 틈에 조금은 걱정을 내려놓기도 했다.

아이의 인생은 제 딴에 찬찬히 살피며 살아가지 않을 수 없을 만큼 여기저기가 꼬여 있는 게 사실이다. 쉽사리 풀어질 매듭으로 보이지 도 않는다. 그러니 눈치라도 키우지 않을 도리가 없었을 것이다. 저도 어떻게든 살아야 했을 테니 말이다.

그러나 아무리 그래도 눈치가 다가 아닌 것이다. 눈치도 눈치지만 알아서 챙기는 것 없이는 모두 허사일 뿐이다. 물론 아이가 챙기는 일 이니 별 것 아닌 것이 대부분이다. 그래도 혹시 제 몫은 없는지, 혹시 저만 빼놓는 것은 아닌지, 아이는 악착같이 챙기고 또 챙긴다. 줄이라도 세워 놓으면 오빠는 어디고 너는 어디라는 등 참견이 끝없다. 그래도 저 챙길 때 남도 챙기니 그것은 또 기특하다. 제 딴에는 다른 아이가 제 몫을 못 챙길까봐 그도 안쓰러웠던 모양이다.

그러니까 누구라도 빼먹지 말라는 것이다. 살아 있고, 행복하고 싶고, 같이 하고 싶은 것은 누구라도 마찬가지라는 것이다. 인생이야 꼬일 수도 있지만 그 꼬인 매듭을 풀자면 눈치 보고 챙겨가며 살아야 한다는 것을 어린 눈치데기 동무의 가르침으로 깨닫는 순간이다.

살려내면서 살아야지

눈치 보는 아이라니 어쩌면 아이가 영특하다 못해 되바라지지는 않았을까 상상하는 사람들이 있을지 모르겠다. 하지만 사실 아이는 전혀 그렇지 못하다. 오히려 학습에서는 심각한 부진 상태를 보이고 있다. 그림책을 읽어주면 다른 아이들만큼, 때로는 더 잘 이야기의 맥락을 알아듣는 경우도 적지 않으나 그뿐이니 두루 영특하다고 말하기는 어렵다.

아이는 이제 1학년을 마치고 2학년 겨울방학을 앞두고 있다. 시간은 전혀 아이의 눈치를 보지 않는다. 우리는 모두 열심히 노력했지만, 아이는 이제야 겨우 글자를 깨치기 시작했고, 덧셈과 뺄셈 기초를 이해할 수 있게 되었을 뿐이다. 대신 담임선생님께서 일러주신 대로 썼다는 반듯반듯한 글씨체가 보기 드물게 가지런한 모양을 하고 있다.

요즘 공부방에서 아이는 바쁘게 지낸다. 숙제를 마치면 얼른 작은 구슬통을 들고 자리에 앉는다. 모양판에 색색 구슬들을 끼워 원하는 모양을 만들고 그걸 다려서 그림판처럼 만드는 일에 열중하고 있기 때문이다. 모양을 만들 그림판과 색구슬만 있으면 얼마든지 남 눈치 보지 않고 제 할 일에 열중할 수 있어서 그런지, 아이는 그 어느 때보다 편안한 모습이다.

새로운 사람이 공부방에 오면 나서서 구슬 꿰기에 대해 척척 설명하는 것은 물론이다. 하루에도 몇 개씩이나 만들어 두 손 가득 들고 다니더니 솜씨를 보고 학교 친구들의 요청이 있었는지 최근에는 이 친구, 저 친구에게 줄 것들을 장만하느라 정신이 없는 모습이다. 사실 1학년 때만 하더라도 놀아주는 친구가 없다면서 늘 풀이 죽은 모습이 었는데, 작은 선물들 효험을 봤는지 최근에는 그런 하소연도 부쩍 줄 었다.

아이 엄마가 골머리를 싸매던 야뇨증 문제가 시간이 지나도 좀체 나아질 기미를 보이지 않아서 급기야 약을 먹기 시작했는데 그조차 야무지게 챙긴다. 얼른 나아야겠다는 마음인지 열심히 챙겨 먹더니 그 역시 조금씩 효과를 보기 시작했다. 어느 날에는 가만히 와서 제 딴에 기쁜 일이라고 간밤에 별 볼 일 없었던 소식을 전해주기도 한다.

이러니 아이 엄마도 가끔 기특한 생각이 드는 모양이다. 처음에 이것저것 문젯거리를 놓고 생각했을 때에는 이만큼 좋아질 줄 생각도 못했다. 그냥 마구잡이로 헝클어져 있는 실타래를 어디서부터 풀어야 할지 몰라 막막하기만 했다. 그런데 그걸 어린아이가 눈치 봐가며, 참을 것 참아가며, 되는 대로 풀어내서 오늘에 이른 것이다. 또 그렇게 한번 풀리기 시작하니 좋은 일도 자꾸 생긴다.

최근에는 공부방 아이들 여럿이 피아노를 배우는 것을 보고 저도 한몫 끼게 되었다. 전부터 뭘 배우는 일에 통 흥미를 보이지 않고 프로그램에 잘 참여하지 않아서 기대도 하지 않았는데, 이젠 그런 것도 제 몫으로 챙기기 시작하는구나 싶으니 더욱 기특한 생각이 든다. 뭘 하다가도 자긴 이제 피아노 연습해야 한다고 가는 모습을 보면 이젠 정말 냈다 싶은 생각이 들 때가 많다.

그러고 보면 아이도 모든 게 살 만해서 사는 것은 아니다. 살 만하지 못해서, 스스로 살려내면서 살아간다. 눈치도 보고, 참아도 보고 그렇게 제 식대로 살려간다. 그리고 그런 아이의 모습을 기뻐하는 아이의 엄마를 보는 것도 기쁜 일이다. 이제야 그러면 뭐하냐고 하지 않고 그래도 그만하면 됐다고 해주니 그것도 참 기쁘고 감사한 일이다.

그러니 나도 내 부족한 주변머리를 살리면서 살아야겠다. 계속 눈치도 보고, 전전긍긍도 할 터이지만 내 식대로 살려가며 살겠다. 인생, 뭐 남한테 어떻게 다 딱딱 맞추겠는가? 내 식대로 내 속도대로 살다 보면 그래서 또 만나는 사람들도 있기 마련인 것이 인생이다. 이 작은 아이도 꼬인 매듭을 살살 달래서 이리 풀고 사는데 나도 좀 분발해야겠다. 누가 뭐래도 할 수 없다. 이렇게 꼬였는데 어떡하라고…. 나 지금 꼬인 거 풀고 있다.

교사로 산다는 것

하지만 나는 분명히 바다를 보았고 알고 몸으로 느꼈다. 나는 최소한 무엇인가가 변화되는 데 물결이 하는 역할에 대한 이야기 정도는 할 수 있다. 쓰다듬고 쓰다듬고 또 쓰다듬어야 한다. 모나고 삐죽한 곳을 향하여 몸과 마음으로 쓰다듬어야 한다. 마치 그것은 사랑도 아닌 것처럼 쓰다듬어야 한다. 마치 그냥 하는 일처럼, 이 세상에 그것밖에 할 줄 모르는 사람처럼 쓰다듬어야 한다. 멈추지 않는 바람과 물결처럼, 사랑하지 않는 것처럼, 그래서 그저 하는 일처럼 그렇게 쉼 없이 아이들을 향해 의심 없이 흘러갈 수 있어야 한다. 그러면 내 마음은 흔들려도 내 몸만은 하나의 리듬 속에서 어제와 다름없이 살아가고 있을 것이다.

분홍공주 구타 사건

못난 것들!

만약 공부방을 하다 죽는다면 십중팔구는 울화통이 터져 죽거나 어처구니가 없어 죽을 것이다. 애들하고 있다 보면 겨우 그따위 일로 이렇게 난리를 부리나 싶은 것투성이다. 인간의 밑바닥을 매일 봐야 하는 공부방 교사의 삶은 그런 의미에서 힘겹다.

토요일 오후, 공부방에서 전화가 왔다. 아니나 다를까, 전혀 반갑지 않은 소식이다. 놀이터에서 아이들 예닐곱 명이 분홍공주를 둘러싸고 집단 구타를 했다는 것이다. 남자아이 셋은 평소에도 분홍공주를 못 잡아먹어 으르렁거리던 놈들이고, 분홍공주를 때리라고 부추겼다는 초등학생과 중학생 이야기까지 듣고 나니 정말 정나미가 뚝 떨어진다. 아니 이야기를 듣는 내내 기분이 너무 언짢고 배신감에 몸서리가 쳐져 듣는 둥 마는 둥 시늉뿐이었다. 벌써 열불이 올라 일요일에라도 당장 아이들을 불러들이려 했는데, 공부방을 지키고 있던 다른 교사가 월요일에 아이들이 모두 모인 자리에서 차분하게 이야기하자 해서 겨우 그러마 하고 전화를 끊었다. 사실 더 듣고 싶지도 않았다.

분홍공주는 올해 초등 2학년이 되는 여자아이다. 2학년답지 않게 조금 덩치가 있고, 말이 너무 많다고 부모님이 하소연을 할 만큼 산만한 아이다. 처음 만난 날, 학교에서 왕따라고 자신을 소개하던 아이 모습이 인상적이었다. 분홍공주란 이름에 어울리는 하얗고 복스런 귀염성 있는 얼굴을 한 아이는 매우 스스럼이 없었다. 누구는 그런 스스럼없는 태도를 '경계가 없다'고 해석해준 적도 있었다. 자기와 남들 사이의 경계를 잘 모르는 아이, 그래서 자기를 지킬 줄 모르거나, 지킬 자신이 없는 아이들은 아무에게나 그렇게 스스로를 내어놓는다는 말이다. 정말 그런지는 모르겠으나 그러고 보니 아이는 초면에도 남들이 알아서 그다지 좋지 않을 자기 이야기를 많이 했다.

공부방에 나오기 시작한 아이는 곧 원성의 대상이 되었다. 매사에 많이 서툴고 남과 잘 어울리지도 못했다. 말은 많지만 다른 사람의 기분을 잘 살피지 못했고, 그저 자기 이야기를 물 새는 수도꼭지처럼 흘리고 다니니 곧 지겹다는 소리를 듣게 되었다. 또 겨울이라 그런지 누런 코를 달고 살았다. 어지간한 아이들은 흘리지 않는 누런 코를 손가락 한 마디 정도는 달고 살았다. 휴지로 닦으라고 다들 난리를 치면 잘 닦지도 않는 것은 물론이요, 아무렇지도 않게 그 코를 손에 묻혀서는 입에 넣거나 다른 사람들 옷이나 몸에 묻히려 드니 더 난리가 났다. 거기에 한 번씩 윗옷을 올려 내복을 보여주거나 스스럼없이 바지 속에 손을 넣고 항문이 가렵다고 긁어대니 정말 "오 마이 갓!"이다.

교사들마저 질겁하며 그만하라고 부탁을 해도 쉽게 고치려 들지 않고 금세 다른 데 마음을 빼앗겨 딴 소리를 시작한다. 집에서도 이런 저런 일로 꾸중을 많이 듣는다는 말을 익히 들었는데, 과연 그런지 조금만 무슨 소리를 하면 애써 아닌 척을 하지만 슬쩍 낙심하고 우울해 하는 표정이 어린 얼굴에도 여실하다. 그렇지만 마치 탐닉하는 것처럼 그런 행동을 고치지 못했다.

정말 어쩌지 싶었다. 남이 자기를 싫어할 수 있는 빌미를 제공하기라도 하려는 듯이 열심히 혐오스런 행동을 하는 아이가 참으로 난감했다. 그런데 보통 아이들은 부모가 방과후를 결정하기 때문에 자기는 그냥 부모가 가라 해서 왔을 뿐이고, 따라서 파랑새에 대해 자기는 아무런 책임이 없다는 식으로 군다는 생각이 들어, 냉정하지만 아이와 담판을 짓기로 했다. 이런 식이면 곤란하니 공부방을 그만 다니든지 아니면 그만하라고 하면 최소한 그만하고 좀 조심해주든지 양단간에 결정을 내리라고 말이다.

놀랍게도 아이는 꽤 고민을 했다. 집에 있자니 심심하고, 그렇다고 말한 대로 공부방에 남자니 힘도 들고 다른 아이들이 자기를 괴롭히는 일을 쉽게 그만두지도 않을 것 같은데 왜 자기만 말을 들어야 되냐며 한참 중얼중얼하면서 고민을 하는 것이다. 진짜 심각하게 고민을 했다. 로댕의 생각하는 사람처럼 심각한 얼굴로 턱을 괴고는 "어쩌지"를 연발했다. 그렇게 십여 분이 넘도록 고민고민한 끝에 가까스로 교사가 그만하라 하면 그만하겠다는 약속을 하고 공부방에 남겠다는 어려운 결정을 내렸다.

의기양양해진 나는 식당에서 분홍공주 앞에 당당히 앉았다. 분홍공주는 반찬을 밥에 죄 비비고 툭하면 손으로 반찬을 집어먹고 무엇보다 입가에 온통 양념을 발라대며 먹는 통에 식당에서도 기피대상 1호였다. 그날 나는 우리 사이의 뚜렷한 계약이 성립했음을 보여줄 심산으로, 막 야만적인 식사를 하려는 분홍공주에게 "손으로 먹지 말고 젓가락을 쓰세요" 하고 야멸차게 제지함으로써 드디어 분홍공주의 훈육을 시작하게 된 내 남다른 능력을 마구 자랑하기에 이른 것이다.

시작은 거창한 듯했지만 최근까지 분홍공주의 변화는 미미했다. 윗도리를 올려 내복에 가로 덮인 배를 보여주는 일은 드물어졌지만, 대신 쫄쫄이 바지를 한껏 추켜올려 푸짐한 하체 라인을 고스란히 드러내는 것과 가렵다는 명분으로 '똥꼬'를 손으로 긁어대는 일만은 여전히 그만두지 못하고 있다. 물론 콧물과 코딱지 문제도 여전했다. 뭔가 어색하고 살짝 혐오스럽기까지 한 야릇한 분위기를 아이들은 물론이고 어른들도 견디기 어려워하는 것이 사실이다.

빌미만 있으면 다른 아이를 괴롭히는 일로 위안을 삼는 공부방 꼬맹이 사냥꾼들의 눈에 그런 모습이 예사롭지 않게 보일 것은 불 보듯 뻔한 일이었다. 자기한테 코를 묻히려 했다는 것을 빌미로 괴롭힘이 시작되었다. 가볍게는 분홍공주를 보면 때릴 듯 위협하고, 그러면 분홍공주가 자동으로 "꺄악!" 하고 비명을 질러 교사들에게 한 소리를 듣도록 했다. 물론 이 정도를 넘어서 직접 때리거나 욕하고, 심지어 분홍공주가 피하다가 그랬는지 어쨌는지는 모르지만 옷이 조금 찢어진 일도 있었다.

꾸짖어도 보고 달래도 보고 별 수를 다 써도 안 되어 3학년 남자아이에게 하소연을 했다. "네 마음에 안 드는 행동을 하지 않도록 선생님이 열심히 가르쳐볼 테니 제발 조금만 시간을 다오. 그런데 내가 아이들을 많이 돌봐 봐서 아는데 분홍공주가 흘리는 콧물의 색깔이랑 양을 봐서는 아무래도 2년은 걸릴 것 같아. 너한테 너무 미안하지만 어떡하든 2년 안에 열심히 가르쳐 볼 테니 제발 그때까지만 참고 좀 봐줘라, 응? 제발 때리거나 괴롭히지 않으면 안 되겠니?" 하며 통사정하기에 이르렀다. 그럴 때는 조금 수긋하다가도 금방 또 어쩌고저쩌고하면서 소리를 지르고 분홍공주는 도망가며 또 비명을 질러대니 머리가 돌 지경이다.

하루는 너무 성질이 나서 "아이들이 코를 흘릴 자유도 없으면 파랑새는 있을 필요가 없다. 분홍공주는 얼마든지 코를 흘리고 먹을 자유가 있다. 너네 코도 아니고 자기 코를 자기가 먹겠다는데 아무도 뭐라고 해서는 안 된다. 만약 이것을 지켜보는 것이 너무 힘들면 그것을 보고 힘들어하는 사람도 가여우니 차라리 안 볼 수 있게 집으로 피하는 것도 말리지 않겠다. 그러니 월요일 각 모둠회의에서 이에 대해 의논하고 의사를 결정해서 오라"고 '콧물 선언'을 해버렸다. 말을 하며 치미는 울화 때문에 혹 더 큰일을 저지를까 싶어서 "분홍공주의 콧물은 사과젤리 맛이 나니 먹을 만할지도 모른다"고 괜한 소리를 한 마디 덧붙여 분위기를 누그러뜨리려다가 아이들이 거짓말 말라며 난장판을 치는 통에 앞에 잘한 말까지 다 실없는 소리로 만들고 말았다.

그날도 분홍공주를 때린 세 명의 악동을 정리시키는 것이 주목적이었다. 6학년 녀석은 어처구니가 없었는지 "그래 콧물, 흘려라, 흘려!" 하고 소리를 지르는 것으로 자신의 체념을 보여주었다. 3학년 녀석은 이에 동조하는 척 하며 "그 대신 너 인제 내 앞에서 코 안 흘리면 죽는다!" 하고 위협조의 말을 했다. 그 뒤에 다시 불러 2년간의 양해를 구했다는 점을 환기시키고 제발 이 무능한 공부방 교사를 어여삐 여겨 괴롭히거나 때리지 말아 달라고 신신당부를 다시 한 번 했다. 그런데 그때 그렇게 철석같이 알았다고 해 놓고서는 오늘 또 이런 짓을 저지른 것이다.

이것만 해도 지겹기가 그지없는데 이 악동들에게 분홍공주를 때리라고 뒤에서 부추긴 여자아이들 이야기까지 듣고 보니 아니 할 말로 역겨운 느낌까지 들었다. 물론 아이들을 만나 다시 이야기를 들어봐야겠지만 이런 짓거리를 참아내기는 정말 힘들다. 특히 그 두 여자아이는 맞는 일이라면 칠색팔색을 해야 할 아이들이다.

초등 1학년 여자아이는 분홍공주가 파랑새에 오기 직전 3학년 사냥꾼들이 지독히 미워하던 대상이었다. 그 미움과 괴롭힘을 벗어날 수 있었던 것은 분홍공주의 활약 덕분이었던 것이다. 저 역시 분홍공주를 나무랄 처지가 아님은 물론이다. 저도 대소변을 잘 못 가리고 심지어 얼마 전에는 똥 묻은 휴지가 절대 발견되지 말아야 할 장소에서 발견되었는데, 아이 엄마로부터 집에서도 같은 일로 난리가 났다는 이야기를 들은 직후였다. 그 모든 일을 그저 '처지가 오죽하면' 하고 모두가 인내하고 어떡하든 감싸주려 했는데, 조금 살 만하다고 저보다 못난 사람을 찾아 저 대신 희생양으로 삼았다는 생각을 하니 치가 떨렸다.

중학교 1학년 여자아이도 사정이 크게 다르지 않다. 심하게 맞으며 자라서 그런지 공부방에서 부단히 애를 썼지만, 툭하면 사람들이 저만 미워하고 싫어한다고 불안해하고 울고불면서 분노를 터뜨리곤 했다. 늘 편을 가르고 누군가를 함께 흉보는 아이들 속에 있어야 마음을 놓는 모습을 보여 교사들을 참 힘들게 했다. 그래도 시간이 지나면 좀 나아지려니 싶었고, 여태 어린아이들한테는 그런 적이 별로 없어 설마 분홍공주를 제 분풀이 상대로 삼을까 하는 생각은 미처 못했다.

저도 당했으면서 어떻게?

화가 몸속에 차오르는 느낌이 생생하다. 분홍공주를 둘러싸고 비웃고 때리라고 부추기는 아이들 얼굴이 선명히 떠오르고, 때리는 아이들의 힘을 잘 알고 있기에 얼마나 아프게 때렸을까 생각하니 다시금 화가 난다. 분홍공주가 얼마나 아프고 수치스럽고 외로웠을까 생각하니 파랑새고 뭐고 다 요절을 내고 말아야겠다 싶다. 다행히 토요일 오후여서 아이들이 눈앞에 있지 않아 겨우 마음정리를 하게 된다.

못난 것들! 왜 저도 당했으면서 저보다 약한 애를 괴롭힐까? 생각할수록 괘씸하다. 아이들이 방치되고 구박당해 외롭고 힘들 것 같아 그들의 탈출과 피난을 돕듯이 공부방을 해왔는데, 저 살 만하니 다른 아이를 괴롭힌다면 도대체 내가 공부방에 헌신할 까닭이 무엇인지 갑자기 분노가 치민다.

누군가한테 맞을 때면 어떡하든 말리려고 애를 쓰고, 아무리 힘들게 굴어도 행여 집에 가서 또 맞게 될까봐 참고 또 참아주었던 우리가 아닌가? 그런 우리가 뭐 거창한 걸 요구한 것도 아니고 그저 다른 아이들 때리고 욕하지 말고 사이좋게 지내라고 한 것인데, 그게 그리 어렵단 말인가? 게다가 분홍공주를 때린 아이들 중에는 저희들 잘못 때문에 부모님과 아무래도 이야기를 좀 해야겠다는 말만 하면 눈물부터 글썽거리는 아이도 있다. 공부방에서 저희들을 죽이려고 아버지에게 잘못을 일러바친다는 것이다. 그렇게 맞는 것이 두려운 아이들이 저보다 약한 아이를 그리 쉽게 때릴 수 있다는 사실이 기도 안 찬다. "잘못했으니까 때린다"란 것이 이들 형제의 슬로건이었다. 거듭된 부탁에 최근에는 동생 아이는 "때리지는 않았어요"로, 또 형은 "참고 참고 또 참았는데 못 참겠는 걸 어떡해요?"로 바뀐 게 조금 나아진 점이다. 그래서 화가 나면 샌드백을 치라고 했더니 어찌나 세게 쳐대는지 퍽퍽 샌드백 치는 소리만 들어도 내 혈압이 팍팍 오르는 것 같다. 그렇게 분홍공주도 때렸을 것이다.

정말 왜 그딴 짓을 하는 걸까? 도저히 이해할 수가 없다. 아니 남이야 코를 흘리든 말든 못 본 척 하는 게 그리 어려운가 말이다. 물론 분홍공주의 누런 콧물을 보는 게 즐겁지는 않다. 그 다량의 콧물을 닦으려면 휴지가 제법 들 정도다. 교사가 애써 코를 닦아주고 나면 어처구니없게도 그 휴지를 교사더러 갖다버리라고 하는 아이니, 이 분은 정말 아기 공주님이신 것이다. 그러니 애들 심정을 이해 못할 바는 아니다.

분홍공주 생각에 오늘은 내 생각마저 갈피를 못 잡는다. 만약 분홍공주가 원시시대에 태어났더라면 이처럼 집단의 신호를 잘 받아들이지 못하는 개체는 스스로도 위험에 빠지고 나아가 집단 자체를 위험에 빠뜨릴 가능성이 많을 것이다. 따라서 집단은 강력한 통제 수단으로 그 개체가 집단의 신호와 바라는 바에 좀더 민감하게 반응할 수 있도록 끊임없이 훈련의 기회를 제공했을 것이다. 그렇게 해서 발달된 것이 눈치를 주고, 눈치를 보는 행위일 것이다.

더욱이 분홍공주처럼 다른 구성원들에게 혐오감을 불러일으키는 자극을 끊임없이 제공하는 개체는 생명체들이 살아가는 방식에서도 일정하게 어긋나는 패턴을 보여주는 것이라고 과장해서 말할 수 있다. 대를 이어 종을 이어가야 하는 모든 생명체들은 자기 종에게 가장 돋보일 수 있는 방식으로 스스로를 성장시켜 나간다. 그래야만 이성에게 적절한 매력을 발산해서 합방할 수도 있고 종의 연속성을 지켜낼 수 있기 때문이다. 하지만 이렇게 대놓고 스스로가 매력적이지 못한 개체라는 신호를 계속 보낸다면, 인류학적 관점에서 보면 거의 의미 없는 짓을 하고 있는 셈이 된다. 따라서 이 관점에서 보면 분홍공주는 모든 생물종들이 걸어온 그 큰길에서 벗어나 홀로 비틀거리고 있는 셈이다.

한편으로 생각하면 뭐 사실 이상한 개체들이 언제나 한둘씩은 있을 수 있고, 또 이들이 인류 종을 새롭고 다양하게 만들 수 있는 새로운 특질을 지니고 있느라 그리된 것일 수도 있으니, 이해를 하자면 굳이 이해 못할 일도 아니다. 하지만 그런 것보다 마음을 잡아끄는 문제는 내 눈앞에서는 약자인 척 하던 아이들이 보이지 않는 곳에서는 더 약한 아이들을 괴롭힌다는 사실이다.

이런 일로 좀 꾸짖으려 해도 어떤 아이는 저만 뭐라 한다는 식으로 사람 말문을 막는다. 다른 아이를 때려서 꾸지람 하는 것인데 저만 뭐라 한다는 것이다. 그러다 저도 좀 심했다 싶으면 다른 아이들도 잘못했는데 왜 자기만 심하게 뭐라 하냐면서 억울하다는 항변을 하든가, 아니면 선생님은 피해자 아이만 예뻐한다며 교사의 불공평한 처우를 물고 늘어져 꾸지람을 무력화시키려 든다.

그러면 사건에 연루되어 있다는 관련자들을 모두 소환해 사건의 진위를 전방위적으로 캐는 청문회가 열리게 된다. 더불어 특정 아이만 예뻐한다는 불만에 대해서는 금방 시정하겠다고 인정을 해야 한다. 그것은 인간인 교사로서 충분히 있을 수 있는 일이고, 그런 지엽적인 일로 전체 사건의 본질에 혼란을 초래해서는 안 되기 때문이다. 더불어 아이들이 제기하는 문제를 교사가 순순히 시인하고 시정을 약속해야만 아이들도 자신의 잘못을 인정하고 반성할 수 있는 심리적 기반이 마련되기 때문이다.

다만 그때 문제는 아이들이 "때려서 미안해" 정도로 자신의 행위를 축소하고, 그 도덕적이고 인간적인 의미를 충분히 음미하지 않는다는 사실이다. 하긴 가해자 입장에서 뭐가 아쉽다고 때린 아이 마음을 헤아리고 또 헤아리겠는가? 그리고 때린 놈이 맞은 사람 마음을 이해할 수나 있을지 사실 장담할 수도 없다.

하지만 아무리 그래도 분홍공주를 때린 이 아이들은 자기들도 '맞는 아이들'이지 않은가 말이다. 저도 맞는 것이 두렵고 또 두려워 집 이야기만 나오면 경기를 일으키면서 어떻게 남을 때릴 생각을 한다는 말인가? 자기도 당했으니까 남도 당해야 한다? 부지불식간에 부정적인 것부터 보고 배운다? 더욱이 맞고 때리는 것을 정의의 완성태로 여기는 가정에서 자랐으니 당연한 일이다? 아니면 인간에게 폭력성은 본질적인 것이라 누구도 이 동물적 속성에서 벗어날 수 없다? 그럴지도 모르겠다. 왜냐면 내 눈앞에 이 녀석들이 있다면 당장 저쪽으로 내던지고 싶은 게 솔직한 심정이기 때문이다.

왜 너희들에게만 이리 엄한 것일까?

어떤 경우에도 절대 때리고 욕하지 말라는 것은 이들에게 한계를 뛰어넘으라는 주문과 같다. 그러니 아이들은 묻고 또 묻는다.

"나는 가만히 있고 쟤가 다 잘못해도 때리지 말라고요? 그리고 쟤는 막 나 때리고 괴롭히고 그래도 나만 때리지 말라고요? 왜요?"

"정 참기 힘들면 교사에게 일러도 돼. 그러면 무슨 수를 써서라도 도와줄게. 그러라고 교사가 있는 것이니 절대 네가 직접 때리지 말고 제발 교사에게 말해줘, 부탁이야."

이렇게 말하는 게 우리가 하는 응대다. 그렇게 사법체계도 만들어졌을 것이다. 푸코는 이렇게 폭력과 직접적인 응징을 양도받는 과정에서 국가와 사회가 얼마나 막강한 힘을 갖게 되었는지를 이야기했다. 그렇듯이 교사들은 때리는 아이들을 문제시하며 힘과 권위를 긁어모은다. 아이들은 그냥 한두 대 적당히 때리고 말 텐데, 적당히 욕이나 퍼부어주고 분풀이를 하고 말 텐데, 뭐한다고 비효율적으로 교사들을 찾아가 '고자질쟁이'라는 수모를 당해가며 귀찮게 일러바쳐야 하느냐고 의문의 눈길을 보낸다.

아이들한테 그런 소리를 들으면 "그러면 곤란하다"고 교사들은 난리가 난다. 하다하다 안 통하면 "너희들이 하도 때리고 울고불고 난리를 부리고 벽에 발길질하고 주먹질을 해대고 심지어는 고래고래 소리지르고 욕을 해대니, 사람들이 드디어 '파랑새라는 데 그냥 뒤도 되는 거야?' 하고 의심하기 시작했다"며, 큰 비밀이라도 털어놓듯이 아이들을 뜯어말린다. 그러면 아이들은 "누가 그런 소릴 하냐"고 아우성이고, 교사들은 "모두가 다 그런다"고 응수를 한다. 절대 사적 복수를 허용하지 않고, 단단한 사법체계를 만들고 응징과 처벌권을 교사들이 독점하겠다는 강력한 의지의 표상이다. 기회가 좋으니 잡아야 하는 것이다.

바로 지금이다. 힘과 권위가 물화된 실체를 보여주려면 문제를 일으킨 녀석들을 교사와 도덕의 이름으로 엄하게 처벌함으로써 다시는 다른 아이들이 준동하지 않도록 강력한 힘의 체계를 세울 순간은 바로 이 순간이다. 그러면 대다수의 힘없고 약한 아이들은 자연히 교사의 우산 밑으로 들어오고, 비록 교사가 보지 않는 곳에서는 또 다른 짓을 저지를 가능성이 농후하지만 어쨌든 눈앞에서는 좀 잠잠해질 가능성이 크다. 만약 적당한 녀석이 나타나면 한번 더 교사의 이름으로 징계와 추방을 명함으로써 교사의 권위는 굳건히 확립될 것이다. '바로 지금 이 순간'이다.

그랬다. 파랑새가 유독 자잘한 사건 사고가 많고 되는 꼴이 없어 보이는 것은 교사들이 교육과 행정에는 애쓰지만 입법과 사법체계를 제대로 수립하지 못했기 때문이다. 말로만 법이 있었지 언제나 솜방망이 처벌에 "그러지 말아 달라"고 주로 애원하는 것에 그친다. 겨우 불러서 잔소리나 하고, "이제는 어떻게 할 거니?" 뭐 이딴 거나 묻는다. 그러면 아이들은 사과를 하고 나면 끝이고, 가끔 "그만두라"고 말을 할 때도 있지만 차라리 그 말을 그만두는 게 더 형편에 맞는 일이다.

그러니 아이들은 교사들이 뭔 소리를 하려 들면 "네, 네!" 하며 그냥 넘어가자는 시늉을 한다. 교사가 분에 못 이기는 듯하면 달래듯이 조금 들어주는 척 한다. 물론 한 번씩은 제 딴에도 안쓰러우니 정말 이러지 말아야겠다고 생각하는 눈빛을 보이기도 한다. 하지만 대부분은 저도 안 그러려고 했는데 어쩌다 보니 일이 이렇게 되었다며 얼른 잔소리하고 끝내자는 투다. 아니 그렇게 '네가 얼른 말이라도 하고 풀어라' 하고 봐주는 아이들은 좀 나은 축에 속한다. 가끔은 그마저도 '시끄러워!' 하는 식으로 막나가는 아이들도 있다. 그러면 이 수모를 견디고는 교사 노릇 못해 먹는다고 이번에는 우리가 난리를 부린다. 그래도 체면이란 게 있는데, 잘못한 일 가지고 잘못했다고 그러는데, 그것도 심하게 한 것도 아닌데 그마저도 듣기 싫다면 해도 해도 너무 하는 것 아니냐, 그 정도도 안 들을 거면 아예 공부방도 오지 말았어야 하는 거 아니냐고 교사들도 따진다. 이렇게 따지다 보면 간혹 교사들이 정말 짜증나게 군다고 공부방을 그만둬버리는 아이들도 나온다. '아차!' 싶지만 이미 엎질러진 물이다.

그러니 고민이다. 분홍공주 일은 그냥 넘어갈 수 있는 문제가 아니며, 우리가 어느 정도 선에서 넘긴다 해도 분홍공주네 집에서 그냥 넘길 수 있는 성질의 문제도 아니다. 차라리 이번 기회에 말썽 많은 녀석들과 얍실한 여자아이들을 보란 듯이 '혼구녕'을 내면 어떨까. 아니면 정말 이따위밖에 안 되냐고 한껏 성질을 부리고, 모두들 다시는 서로 보지 말자 하고 다 때려치워버릴까, 생각이 미친 듯이 달린다.

너는?

아이들도 아이들이지만 한참을 이 생각, 저 생각 하다 보니 나도 참 나다. 아이들이 성질이 나서 죽겠다고 하는 순간 한 발 물러서보라고 그렇게 누누이 강조하던 나는 정작 애들을 하나하나 마음속에서 조져대고 있다. 이 나쁜 것들! 이 배은망덕한 것들! 어찌 가르치는지 뻔히 알면서 감히 그런 짓을 저질러? 그러고는 다시 내 사랑을 구하고,

내일 또 내 앞에 가증스럽게 아무렇지도 않은 얼굴을 하고 나타날 테지? 생각이 점점 많아진다. 이런 아이들의 모습을 고스란히 믿으며 바보처럼 살아왔다는 생각에 허탈한 마음을 가누기 어렵다.

아이들이 참으려고 했다는 말은 사실일 것이다. 다만 진짜 참아야 하는 순간에 참지 못했을 뿐이다. 마음이 여유롭고 서로 잘 지낼 때는 참는 것이 아니고 절로 좋게 지냈을 뿐인데, 그때를 두고 참으려고 했다고 하니 이는 뭘 잘못 알고 있거나 내가 뭔가를 모르고 있는 것이다. 누구는 악은 절대적으로 나쁜 것이기보다 지금 일어나지 말았어야 하는 일, 지금이 아니라 바로 직전이나 직후에 했어야 하는 일을 지금 함으로써 악이 된다고 하는 통찰력 있는 생각을 전해준 적이 있다.

나는? 나는 교사니까 그리고 아무 잘못한 일이 없으니까 아이들을 응징해도 되는 것일까? 나이도 많고 배운 것이나 경험도 훨씬 많으니까 아이들의 잘잘못이 한눈에 보이는 것이 아닐까? 그러니 판단할 수 있고, 벌을 내리고, 훈계할 수 있는 것 아닐까? 또 여태껏 아무 고민 없이 잘도 그래왔는데 지금 와 새삼스럽게 무슨 고민을 한다는 것이 오히려 더 우스운 짓 아닐까? 내가 하고 있는 이건 뭘까?

아니면 또 늘 하던 대로 아이들을 모이게 하고 서로 입장을 이야기하게 하고 서로 이해하는 눈치가 보이면 적당히 서로 합의되는 대로 벌을 가하든지 하고 그냥 넘어갈까? 늘 하던 그대로 말이다. 아니면 분홍공주의 입장을 먼저 살펴보고 만약 그 아이 부모님이 이런 식이면 아이를 공부방에 보낼 수 없다고 할 수도 있으니, 그러면 그 핑계를 대고 이번에 말썽꾸러기들을 싹 몰아내고 눈엣가시들에게 냉혹함을 보여줄까? 그래도 안 되면 이따위 짓거리를 다 그만둬버릴까? 정말 '인간이 싫다'란 말이 이래서 생겨났나 보다.

　다시금 드는 생각이지만 아이들한테는 어찌 그리 정확하게 대접을 하려고 드는지 모르겠다. 아이들이 한 잘못은 반드시 짚고 넘어간다. 아이들의 파렴치는 '이따위로 자라서 뭐가 되겠어?' 하는 생각으로 뿌리를 뽑으려 든다. 신문을 대문짝만하게 장식하는 파렴치범들에게는 찍소리도 못하면서 말이다. 아니 이런 애들이 자라서 그렇게 될까 봐 미리 세상을 염려해서 그러는지 모르겠지만, 이 아이들은 죽었다 깨어나도 장관직 청문회 자리 근처에도 가보지 못할 텐데 말이다. 물론 앞일이야 아무도 모르는 것이니 모두 꿈을 갖고 미리 단도리를 해두는 건지도 모를 일이다.

　약한 사람에게는 매정하게 대하기가 이리 쉬운가 싶다. 그 못난 것들도 분홍공주가 약하니 떼를 지어 매정하게 군 것이다. 그 못난 것들이 약하고 못난 데도 불구하고 그런 짓을 저질렀다니 매정한 마음이 절로 든다. 분홍공주를 안타까워 하는 마음은 실은 얼마 되지 않는 것 같다. 오히려 잘못한 아이들만 눈에 어른거릴 뿐이다. 그냥 내가 뭐라 할 수 있는 잘못이 저질러졌으므로 성질을 부리고픈 마음뿐이다. '감히' 뭐 이런 것이다.

　폭력이 폭력을 부르고 피가 피를 부르는 꼴이다. 가만 보면 맞은 건 분홍공주만 아니다. 내 말이 무시당했다고 느끼는 그 순간 나도 분홍공주 곁에서 함께 맞고 있었다. 그러니 쉴 새 없이 '감히' 하는 마음이 드는 것이다. 그렇다. 나도 함께 맞았다. 맞아보니 수치스럽고 화가 난다. 어찌 그럴 수 있나 새삼 다시 도돌이다. 맞.았.다. 인간에게는 수치가 이리 고통스러운 것인지 새삼 깨닫는다. 존재를 다 내던져서라도 이 수치를 풀고만 싶은 마음의 혼란이 고스란히 느껴진다. 어깨가 너무 아프다.

하지만 이제는 내가 어떻게 해야 할지 알겠다. 내일 적당한 때가 되면 나는 나의 수치스러움을 고백할 것이다. 교사로서 아이들을 잘못 가르치는 것 같은 무능감과 수치심, 아이들이 내 눈앞에서 보여주는 모습과 내가 없는 다른 곳에서의 모습이 전혀 딴판일 것 같아 두려운 마음, 대놓고 어린 애들한테 무시당하는 것 같은 모멸감을 낱낱이 털어놓을 작정이다. 그러면 그 모진 아이들은 또 나한테 '죄책감을 이용해서 네가 원하는 것을 얻으려들지 말라'고 대놓고 비웃음을 날릴지도 모른다. 그러고 보니 아이들의 죄책감을 이용하고 싶어 하고, 아이들의 미안한 마음을 한껏 붙들어 내 몫을 챙기려 드는 나의 얄팍함도 참 수치스럽다. 누가 들으면 웃기고 자빠졌다고 할 만한 일들이다.

그래서 이제 어찌해야 좋을지를 모르게 되어버렸다. 이제 두어 시간이 지나면 아이들 얼굴을 볼 텐데 난 뭘 어찌할 것인지 정하지를 못했다. 겨우 뭐 하나를 집었다고 생각했는데 어느 틈에 손가락 틈새로 모래가 빠져나가듯 사라져버렸다. 그리고는 그냥 우울하고 무기력한 마음만 가득하다. 겨우 이것이 내가 참고 또 참아야 하는 일의 실체라니 헛웃음이 나온다. 이해할 수 없는 인간들 앞에 발가벗은 심정으로 홀로 설 것을 생각하니 두렵다. 나는 그리고 우리들은 도대체 어떤 존재들이란 말인가?

맞은 사람들은 이렇게 피폐해져가나 보다. 인간이 인간에게 가하는 폭력, 그 잔인함의 서곡 앞에서 나는 떨고 있다.

나도 때릴까?

못난 것의 시름이 참 깊다.

너는 내가 언제 너를 보아야 하는지
잘 알고 있다

"놔, 놓으라구! 나 집에 갈 거야!"

오늘 첫 출근한 교사가 우현이를 안고서 지하 식당으로 내려왔다. 우현이는 고함을 고래고래 지르고 있고, 교사 얼굴이 시뻘겋게 달아오른 것을 보니 이미 위에서 한 차례 실랑이를 하고 내려온 모양이다. 아래층 식당에서는 2학년 지우가 "일기를 쓰든지 공부를 좀더 하든지 뭔가 자기 할 일을 마저 끝내자"는 말이 나오기 무섭게 바닥에 드러누워 발을 버둥거리며 절대 공부 안 할 거라며 한참 떼를 쓰던 중이다. 거기에 우현이까지 붙들려 내려오는 모습을 보니 '오늘도 또 시작이구나' 절로 한숨이 나고 머리에서 김이 난다.

새로 파랑새에 출근하기 시작한 교사가 과연 뭐라 할까 몹시 신경이 쓰인다. 누구 말처럼 또 '선생님네 애들은 왜 그래요?'란 말이 나오지 않을까 신경이 바짝 곤두선다. 이곳으로 이사 와서 새로운 아이들을 받아들인 지 아직 일 년이 채 안 되었지만, 정말 하루하루 더 힘들어지는 것 같은 몇몇 아이들 모습에 누가 뭐라 하지 않아도 몸과 마음이 바짝바짝 타들어가는 것 같다.

왜 그러는지 어렴풋이는 알겠지만 당장은 나도 정신없고 힘든데, 서로 잘해보자 격려를 해도 모자랄 판에 '선생님네 애들은 왜 그러냐'는 편잔을 들으면 섭섭한 마음에 눈물이 날 것만 같다. 말하는 사람도 힘들고 지쳐서 하는 말인 줄 너무 잘 알기에 별 소리를 할 수는 없지만, 그런 이야기를 들을 때마다 자책감이나 위축감이 든다.

내 멋대로 할 수만 있다면 나도 한껏 퉁명스럽게 "그걸 내가 어떻게 알아요? 못나서 그러겠죠? 저도 못나고 아이들도 못나서 그런 걸요. 그럼 뭐 우린 어쩌라구요? 못난 집에 못난 부모 밑에 못나게 태어나서 못나게 사는 걸" 하고 확 쏘아주고 싶은 마음이 들기도 한다는 걸 고백하지 않을 수 없다. 그렇게 나도 겨우겨우 참고 어떻게든 아이와 함께 성장의 지점을 찾아가 보려고 애를 쓰고 있는데, 이 녀석들은 교사들의 그런 애달픔을 전혀 모르쇠고 정말 하루에도 몇 번씩 온갖 기운을 다해 실랑이거리를 만들어대니 10년차 교사인 나도 아이들 앞에 무릎 꿇고 울고 싶은 마음뿐이다.

"네가 뭐야? 내 엄마야, 내 할머니야?"

붙들려 내려온 우현이와 이미 바닥에서 버둥거리던 지우에게 머리

끝까지 화가 나서 식당 문을 잠그고 임전무퇴의 정신으로 노려보기 시작했다. 갑자기 소용돌이 한 복판에 함께 올라탄 지우는 관망하는 입장이 되어 행동이 훨씬 거칠고 막 한창 달아오른 우현이를 지켜보며 사건의 추이를 살피고 있는 중이다.

우현이의 행동은 이미 일정하게 부정적인 패턴을 이루고 있는 중이다. 초기 대응도 부적절한 면이 있었고, 사태의 심각성을 제대로 깨닫지 못한 교사진의 안일한 대응이 아이의 부적응 행동을 키운 면이 없지 않다. 무엇보다 교사들이 우현이의 행동에 대해 좀더 세밀하고 일관성 있는 지도 방안을 갖지 못하고 우왕좌왕하는 사이에 이 영리한 아이는 교사들의 온갖 시선과 상황의 종결자가 되어, 스스로 '그래 나는 괴물이다'라는 말을 서슴지 않고 내뱉으면서 하고 싶은 대로 포악을 떠는 아이가 되어버린 것이다.

하고 싶은 대로 다 하고 나면 이번에는 집에 가겠다고 고집을 피우며 도중에 가버린다. 이젠 아쉬울 게 없는 것이다. 우현이와 동생을 돌보고 있는 할머니가 뭐라 하실지는 모르겠다. 사실 할머니도 우현이의 '지랄병'이 터지지 않을까 눈치보는 입장이어서 이미 한 차례 성질을 부리느라 기운을 빼고 온 우현이를 크게 어찌지는 않으시는 것 같다. 우현이는 그저 공부방이 조금 힘들어서 집에 왔다면서 라면을 끓여 달래서 먹고, 보고 싶은 텔레비전 프로그램을 조금 보고 그래서 무슨 일이 있는 줄도 몰랐다고 하신다. 공부방에 더 있어봤자 밥이나 먹을 테고, 책을 읽든지 청소를 하든지 다 맘에 안 드는 일 뿐이니, 눈치가 빠른 아이가 먼저 작은 일로 트집을 잡아 실컷 성질을 부리고 집으로 휑하니 가버린 줄 모르지 않는다. 이 영리한 꼬마는 그것이 하나도 손해나는 일이 아니라는 걸 제대로 간파하고 있는 것이다.

"네가 뭔데 사람을 못 나가게 하고 그래?"

할머니와 의논해서 이런 우현이의 상황이 전문가의 도움을 받을 필요가 있는 문제인지 알아보았고 결국 소아정신과 도움을 받기로 했다. 아직 정확한 진단은 나오지 않았지만, 우현이 아버지의 이야기를 들어보면, 아버지와 함께 우현이도 혹 ADHD나 부적절한 양육의 결과로 인한 후유증이 있는 것이 아닐까 하는 염려를 하고 있다.

주위의 모든 상황이 아이에게 심한 자극이 되어 충동적인 행동을 불러일으키고, 무엇이든 한 가지에 꽂히면 쉽사리 마음을 돌리지 못하는 충동 성향이 있는 것은 확실해 보였다. 여기에 발달한 신체 조건이 뒷받침되어 담을 타넘는 등 위험한 행동을 서슴없이 저지르고, 다른 아이들이나 교사들에게 신체적인 공격까지 하는 것을 보면서 교사들의 힘만으로는 부족하지 않을까 생각하게 된 것이다.

그에 더해 엄마를 너무 보고 싶어 하고, 어릴 때 이집 저집 맡겨져 눈치를 보며 컸던 경험과, 아직 자기 힘이 없을 때 심한 체벌과 잔소리로 자기를 키운 할머니에 대한 양가감정까지 더해진 것 같았다. 우현이는 마치 늪처럼 사람들의 관심을 부정적으로 끌어들이며 사태를 더욱 어렵게 만들었다. 타고난 기질과 환경이 복합적으로 아이에게 부정적인 영향을 미치고 있는 것 같았다.

사실 지난해는 이 정도까지는 아니었다. 실은 많은 일들이 일어나고 있었지만 이 정도까지 관심을 끌지는 못했다는 것이 더 솔직한 표현일지 모르겠다. 지난해 세 명밖에 안 되는 1학년 꼬마들 중 우현이를 뺀 두 명이 단단히 한몫씩 하는 바람에 우현이는 미처 챙길 틈도 없었다는 편이 더 솔직한 말일 수 있겠다. 지우는 보육원에서 지내다 막 부모와 살기 시작한 상황에서 아동학대 문제로 부모와 또 다시 분리 여부를 고민하게 하는 상황이었고, 진규는 1학년답지 않게 슬쩍슬쩍 나쁜 짓을 하며 까딱하면 밤늦도록 사라지는 통에 툭하면 경찰에 실종신고까지 하게 만들었다. 정신을 쏙 빼게 하는 아이들이 둘이나 더 있었던 것이다.

그에 비해 우현이는 똘똘한 외모에 비교적 활달한 모습으로 공부방에 잘 적응하는 것 같았고, 할머니가 아이를 체벌하시기는 하지만 비교적 세심히 신경을 쓰고 있다고 생각해서 상대적으로 마음을 좀 놓고 있었던 아이다. 교사들이 지우만 예뻐한다며 우현이가 투정을 부리고 지우를 괴롭혀도 오히려 그 모습을 귀엽게 보고 교사들의 관심을 더 받고 싶은가 보다 하며 대수롭지 않게 넘겼던 것인데, 어느새 이렇게 공부방의 폭군이 되어버린 것이다.

그때 우현이는 지우가 왜 좀더 혼나거나 매를 맞지 않는지를 많이 문제 삼았다. 거의 하루 종일 교사들에게 지우가 어떤 잘못을 했는지 일러바치고, 지우가 어떤 처벌을 받는지 감시하느라 눈을 번뜩였다. 우현이의 마음속에 '그러면 나는 뭐냐, 지우는 저렇게 잘못을 해도 선생님들이 예뻐해주면 나만 억울한 것 아니냐'라는 불공정함에 대한 분노가 그득그득 차고 있었던 것을 교사들은 좀더 일찍 심각하게 받아들였어야 했다.

물론 우리가 이런저런 잘못을 했노라 신파조의 고백을 하며 넋두리를 할 생각은 전혀 없다. 하지만 되돌아보면 고비마다 후회와 반성이 밀려오는 것 역시 막을 수 없다. 아이가 그동안 들었던 말들을 가슴에 켜켜이 상처로 쌓아두고 있다가 저렇게 악을 쓰며 내뱉을 때면, 이 어린 것의 마음을 좀더 일찍 세심히 돌봐줄 걸 하는 안타까움이 밀물처럼 밀려온다.

"이까짓 공부방 안 나오면 되지!"

때로는 아이를 붙잡는 것인지, 내가 얼마나 무서운 사람인지를 보여주고 싶은 건지, 그 사이에서 흔들리는 내 마음을 잡는 것인지 구분이 안 될 때가 많다. 한 순간만 더 하면, 한 발자국만 더 가면, 돌이킬 수 없는 잘못을 저지를 것만 같은 이 불안한 예감에 온몸의 세포들이 바르르 떨려온다. 얼마나 눈에 힘을 주고 있었는지 눈이 터질 것만 같다. 아이의 뒷덜미를 잡은 손에 절로 힘이 들어가고, 나가려는 아이를 저만치 떼어놓는다는 것이 그만 내팽개치는 것이나 다름없어 보인다.

아이도 급기야 주먹질을 하고 머리로 가슴을 박아온다. 어느새 아이의 머리 위에 올라가 있던 손이 머리카락을 틀어쥐고 아이를 바닥에 주저앉히는 것이 느껴진다. 이렇게까지 할 필요가 있을까? 끊임없는 물음이 솟아오른다.

'너 뭐하는 거니? 이 아이를 어쩌려는 거니? 네 힘을 보여줘서 이 아이를 굴복이라도 시키고 싶은 거니? 제발 부탁이다. 어리석은 짓은 하지 마라! 아이를 네게 굴복시키는 것은 아무런 의미 없는 짓이란 걸 잘 알잖아! 조심해. 너 지금 화났어. 그것도 많이. 너 자칫하면 실수할 수 있어. 조심해! 조심해! 너 진짜 조심해야 해! 네가 지금 제일 위험해!' 내 의식은 바들바들 떨며 경고음을 계속 내고 있다. 하지만 빠르게 쿵쾅대는 내 심장은 끝장을 보라고 부추긴다. 근육들은 싸울 태세로 잔뜩 긴장을 하고 있다. 겨우 할 수 있는 일은 입을 다물고 귀퉁이에 서서 빠져나가려고 버둥거리는 우현이를 계속 밀쳐내는 것뿐이다. 아, 잊어버리고 있었던 지우가 저만치에서 일어서서 우리 둘을 보고 있다. 지우도 아무 말이 없다. 실랑이가 계속되다 우현이와 내가 냉장고에 기대어 대치하게 되었다.

그런데 문득 우현이가 온몸으로 밀며 머리로 내 몸을 들이받고 있지만 그 머리에 아무 힘이 실리지 않은 것이 느껴진다. 잠시 정적이 흐른다. 나는 우현이의 머리 위에 살며시 손을 얹었다. 그리고 머리를 쓰다듬었다. 멀리 여행을 떠났던 우현이가 마음속의 괴물을 물리치고 어느새 돌아와 있었기 때문이다. 아무 말 없이 의자에 앉아 우현이를 안았다. 힘든 여행을 마치고 돌아온 우현이에게 잠시 내가 해줄 수 있는 따뜻한 위로를 건네고 싶어서였다.

"우현아, 고마워. 네가 끝내주지 않았으면 나는 어떻게 끝내야 할지 몰랐을 거야."

우현이 덕에 싸움을 일단락 짓게는 되었지만 정말 그뿐이다. 우현이는 실컷 성질도 부리고 화도 내고 싶은 만큼 냈다. 그리고 용서도 받았다. 나는 우현이의 바람직하지 못한 행동을 어떻게 하지도 못했으며, 우현이를 용서하는 것과는 별도로 우현이가 한 일에 대한 책임을 제대로 묻지도 못했다. 우현이가 날마다 말뿐인 사과와 약속으로 면죄부를 받을 수 있도록 하면서 제대로 교사 노릇을 못하고 있다.

무엇보다 우현이의 바람직한 행동을 제대로 칭찬하고, 우현이와 긍정적인 애정 관계를 맺고, 잘못된 행동들은 차츰 시들 수 있도록 해야 함에도 그러지 못하고 있다. 보다 나은 내일을 만드는 것은 말이 아닌 오늘 내 삶의 자세들이란 것을 잘 알면서도, 너의 말로 하는 약속에 기대어 나의 노력을 덜 하려는 얕은 속셈을 드러내곤 한다.

우현이는 강철같이 단단한 마음으로 나에게 묻고 있다. '당신은 진정 교사인가? 당신은 아이들을 사랑하는가? 당신은 언제 나를 보아야 하는지를 분명히 알고 있는가? 당신은 그럴 때 정말 나를 보고 있는가?'

아아아! 아아아아아!

공부방은 아주 작은 전쟁터다

　공부방은 작은 전쟁터다. 아주 작은 전쟁터다. 너무 작고 하잘것없어서 잘하다가도 '내가 여기서 왜 이러고 있나' 하는 생각이 불쑥 들게 하는 그런 작은 터다. 이 전쟁터에서는 주로 애들하고 싸운다. 주로 저희들끼리 싸워서 울고불고하는 일 때문에 제발 좀 그러지 말라고 하는 전쟁이 벌어진다. 만날 똑같은 소리가 오고가는 전쟁터다.

　몇몇 아이들은 그런 전쟁의 한복판에 있다. 자기 힘을 주체하지 못하는 초딩 남학생들이 그들인데, 가장 큰 특징은 딴 애가 먼저 나대는 꼴을 결코 그냥 두고 볼 수 없다는 복수의 일념에 불타고 있다는 것이다. 매일매일 별 것도 아닌 일로 싸우고 지지고 볶는 데 주력한다. 하지만 온 힘을 다 쓴다고는 말할 수 없는 것이, 그 어떤 경우에도 온 힘이 다 써지지는 않는 것처럼 보이기 때문이다.

어쨌든 그런 아이들을 볼 때마다 제발 좀 조용히 해주시고, 다른 아이들 특히 동생들을 때리거나 욕하지 말아 달라고 부탁하느라 하루가 다 간다. 특히 맹활약 중인 강씨와 양씨 형제들에게는 더욱 그렇다. 이 두 형제들은 어느 날 갑자기 공부방에 쓱 들어와서 자기들도 여길 좀 다녀야겠다고 해서 함께하게 된 아이들이다. 강씨 형제 둘과 양씨 형이 먼저 들어오고 나중에 양씨 동생이 마저 들어와, 그들의 공부방 입성은 그렇게 완성이 되었다.

들어올 때도 그렇더니 생활하시는 것도 어찌나 시원시원하고 거침이 없으신지 두 형제분들과 함께 지내는 일은 정말 녹록지 않다. 물론 각기의 필살기가 따로 있어 저마다 교사와 다른 아이들을 곤죽으로 만들곤 하는데, 하나하나가 압권이고 뭉쳐서는 더욱 빛이 난다. 특히 나중에 온 양씨 동생은 요즘 보기 드문 언청이라 처음에는 혹여 외모 때문에 위축되지는 않을까 염려했지만, 그런 염려가 무색할 정도로 활약에 활약을 거듭하고 계신다.

너무 답답해서 분통이 터졌다

양씨와 강씨 형제 둘은 공통점도 많다. 두 가족이 모두 힘들지만 그래도 부모가 모두 있고 아이들에게 관심이 없지 않다는 것이 무엇보다 가장 큰 공통점이다. 또 구로동에서 유명한 한 이단종교를 함께 믿고 있는 것도 공통점이다. 가리봉동에 대형 교회 건물을 짓고 수십 대의 버스로 사방에서 사람을 실어 나를 정도로 세가 만만치 않은 곳이다. 구로동에서는 혹시나 잘못 시비에 휘말릴까봐 큰소리로 왈가왈부하지도 않는 곳인데 두 가족이 모두 그곳을 열심히 다니고 있다.

파랑새에도 늘 그곳을 다니는 아이들이 있었다. 그런 가족들을 보면 안 그래도 먹고 살기 힘든 사람들이 어째서 공연한 데 등골이 빠지는가 늘 답답했다. 저 세상이 어떤지는 모르겠으나 살면서 별 볼 일 없던 사람들이 죽어서도 자리를 못 잡으면 어쩌나 싶어 괜히 말리고도 싶었다. 어째서 셈도 없이 몸 주고, 마음 주고, 돈 쓰고, 힘쓰고, 정성을 쓰는 것인지 선뜻 이해가 되지 않았기 때문이다. 그들이 믿고 있는 것이 거기 없는 게 분명한데 왜 그걸 모르는지, 어떻게 그걸 모를 수 있는지, 너무 답답해서 한심하고 분통이 터졌다.

하지만 나는 왜 화를 내는 것일까? 나도 뭐가 뭔지 절대적으로 다 안다고 말할 수 없는데, 그들이 다른 길을 택했다고 화를 낼 수 있는 것인지 잘 모르겠다. 다만 공연한 것을 믿어서 세상 사람들에게 따돌림 당하고 이단으로 배척당하는 것이 안타까울 뿐이라면, 이미 가난이나 무지 역시 이 시대에는 이단이나 별 다를 것이 없다. 게다가 공연한 것을 믿는 것 때문에 성질을 부리자면 어디 종교만 그러한가 말이다. 그러니 여유롭게 생각해 볼 일이다 싶다.

게다가 말대로 정말 신이 계시다면, 우리들이 어떤 이름과 몸짓, 어떤 마음으로 이 세상을 살아간들 그 미욱함과 두려움, 간절함을 알아주시지 않을까 기대하지 않을 수 없다. 아니 계시다면 모를까, 절대로 우리와 같은 편협함에 갇혀 계시리라 생각할 수는 없다. 그분이 아니

계시다면 우리는 당연히 그저 우리 몫의 삶을 살고 말 뿐이지만, 그분이 계신다 할지라도 그 또한 그저 우리 몫의 삶을 살도록 허락하지 않으시겠는가 하는 어리석은 결론에 도달할 뿐이다. 그 어떤 경우에도 그저 나누고 가르는 것은 우리의 일이지 그분의 일이 아닐 것이다. 따라서 빼앗기고 상처받은 것을 돌려주고 용서를 구하는 것도 우리의 몫이지 그분의 몫은 아닐 것 같다.

강씨와 양씨 형제들은 공부방을 다녀주겠다고 스스로 선언하고 실천하고 계시니, 나조차 이런 복잡한 생각을 해서라도 너희들이 뭘 믿든 무슨 상관이겠냐고 할 밖에 없다. 다만 양씨 형제들이 종교생활에서마저 일관되게 어른들 말을 잘 안 듣고 많이 빠지고 있다는 데 기뻐할 따름이다.

제발, 제발

두 형제들은 모두 순박한 여인을 제 어머니로 두었다. 자신도 굴러다니는 돌멩이와 다름없이 자라 먹고 사느라 바쁘고, 거칠게 구는 남편 눈치를 많이 보며 살아온 어미들이다. 그렇게 길든 엄마를 보고 자란 탓인지, 아니면 저희들에게 살뜰하게 못해주는 어미가 섭섭해서 그런 것인지 아이들은 한결같이 제 어머니께 존대를 알지 못했다. 듣기는 민망하나마 아이들이 그래도 한껏 어미 품에서 떼를 쓰고, 아무렇지도 않게 여길 만큼 어머니와 가까이는 자랐구나 싶기는 했다. 일단 엄마 말은 잘 안 듣고 보는 대신에 심하게 때리고 욕을 하는 제 아버지는 무서워하고 어려워하는 점도 비슷했다. 그렇게 꾸중과 매로 길들여진 아이들이 안타깝긴 했지만 그래도 그리 살 일만은 아니다 싶어 어머니께 존대를 하면 어떻겠는가 하고 한마디 했더니, 그나마 양씨 형제의 말투가 조금 고와졌다.

늘 함께 잘 어울리는 강씨와 양씨 형제는 심지어 연년생으로 태어난 것도 같았는데, 그중 첫째들은 막 차린 살림에 서투른 엄마의 보살핌을 제대로 받지 못해 그런지 비교적 둘째보다 못하다는 얘기를 들으며 자라온 것도 비슷했다. 첫째가 맞는다고 어떻게 둘째 속이 편하기만 했겠는가?

그러다보니 아이들이 언제나 슬슬 눈치를 보거나 주위 사람들을 전혀 신경쓰지 않는 모습이, 맞지만 않으면 장땡이니 맞을 때까지 저 하고 싶은 대로 하며 산다는 생각으로 꽉 들어차 있는 것 같다. 확실히 생각이 좀 부족한 듯 보이고, 뜻대로 되지 않는 일에는 마구 성질을 부리며 주먹질이나 발길질에 욕도 예사로 해댄다. 그런 모습을 보고 타이르기라도 할라치면 강씨 형은 "씨발, 나 이딴 장애인이나 다니는 데 안 다녀먹어" 하고 성질을 부리며 휙 돌아서고, 그나마 나은 양씨 형은 "예, 예" 하고 그저 건성으로만 넘기려 든다. 정 안되겠다 싶어 불러 세우면 강씨 형과 양씨 동생은 벌써 씩씩거리며 가방을 싸들고 집으로 가버린 지 오래다.

그래도 다음 날이면 어김없이 조금은 풀이 죽은 시늉을 하고 돌아오곤 한다. 다만 강씨 형이 나갈 적에는 꼭 동생을 불러서 둘이 나갔다 둘이 들어온다면, 양씨 동생은 혼자 그럴 적이 많은데, 그것은 양씨 형이 동생 말을 잘 안 들어주는 것도 있지만, 그보다는 시간만 나면 공부방 밖으로 놀러 나가기 바쁘니 일이 터질 때마다 그 자리에 없는 경우가 더 많아서라는 게 더 정확한 이유다. 그런 양씨 형은 밖에서 징징 울어대는 다른 아이들 원망을 물고 들어오는 것도 예사다. 그래도 저희들 말로는 좀 좋아졌다고 하니 한편에서는 애들 보기 힘겨운 엄마들이 어떻게 해서든 아이들을 공부방으로 돌려보내는 것이 아닌가 하는 생각도 해본다.

처음에는 "그래, 잘됐다. 이걸로 이제 그만이다" 하고 입을 앙 다물어보기도 하지만 진짜로 나가는 아이는 없어, 공연히 혼나고 싶지 않아 제 집으로 내빼는 것인 줄 교사들도 다 알게 되었다. 어쨌든 강씨나 양씨 형제 모두가 '제발' 소리를 입에 달고 살게 하는데, 매사가 좀 더 무르고 눈치가 없어 서툴고 어색한 짓을 더 많이 하는 강씨 형제는 제 아버지께도 역시 더 막무가내로 대하는 눈치다. 반면 조금 더 옹골찬 면이 있지만 자라는 동안 글자 익히기나 여러 가지 면에서 비교를 많이 당했던 양씨 형제는 제 아버지도 더 야멸차게 아이들 단속을 해왔던지 아버지 이야기만 나오면 경기 나는 시늉을 할 정도다.

어이구 참, 치사한 짓이다

한번은 공부방 초딩 남학생들이 거의 총출동된 불장난 사건이 발

생했다는 급보를 받았다. 놀라기도 하고 사건도 사건인지라 관련된 아이들을 모두 불러 모으다 보니 공부방 남자아이들이 거의 다 모이게 되었다. "보통 이렇게 심각한 경우에는 교사들이 세세한 이야기를 듣고, 부모님들께도 이런 일이 있어 위험하니 아이들에게 단단히 주의를 시켜 달라고 부탁을 하는 것이 순서인데 너희들 생각은 어떠냐"라고 말을 꺼내자마자, 양씨 형은 다 듣지도 않고 "선생님이 지금 우리 아버지한테 말해서 나 죽이려고 그러는 거잖아요" 하고 잔뜩 흥분해서는 울기 시작했다.

다리 사이로 고개를 처박고 자기는 이제 죽었다고 하는데, 그나마 조금 더 자랐다고 6학년 아이가 "선생님이 말하는 건 그게 아니잖아" 하고 말려준 덕에 겨우 말을 이을 수 있었다. 그 틈에 곧 자세를 바로 잡고, "선생님이 진짜 원하는 게 뭔지 모르겠니? 불장난은 진짜 위험한 일이고, 내가 원하는 건 너희들이 다시는 그런 짓을 안 하는 거야. 그런데 보통 파랑새는 약속을 하고도 잘 지키지 않는 경우가 많은데, 이번 일은 아주 중요해서 어떻게 하면 확실하게 다시는 불장난을 안 하겠다고 약속할 수 있을지 함께 생각해보고 싶어서 그래. 그리고 그게 꼭 필요한 일이 아니라면 굳이 이 일을 부모님들한테 말씀 드릴 필요는 없다고 생각하는데…" 하고 겨우 속내를 마저 털어놓을 수 있었다. 양씨 형은 금방 살 것 같은 얼굴을 하고는 다시는 그런 위험한 장난은 안 하겠다고 비장한 얼굴로 다짐 또 다짐이다.

물론 불을 보고 싶은 아이들 마음을 헤아리지 못할 바는 아니다. 하지만 다닥다닥 붙어 사는 구로동에서는 작은 불씨도 얼마든지 위험할 수 있는 것이고, 아이들끼리 "해봐, 해봐" 하고 부추기다 보면 나중에는 감당 못할 일이 되어버리는 경우가 부지기수여서 일단 단속을 하고 본 것이다. 안 그래도 학교에서 징계 받은 아이들이 사회봉사를 할 수 있도록 공부방을 열어 놓았더니, 왁자한 아이들이 와서 이런저런 사건을 일으켜 놓고 간 뒤라 더더욱 단도리가 필요했다.

새로 온 아이들에게 혹해서 연애를 한다, 담배를 함께 피웠다, 이런저런 소리까지 들리더니 양씨 동생은 급기야 제 충성심에 겨워 가게에서 담배를 훔쳐다 바치고, 1학년 꼬맹이는 제 할머니 라이터를 무시로 몰래 빼와서 이 사단이 일어난 것이다. 어쨌든 다행스러운 것은 모두가 무사히 '못된 짓'을 마치고, 어른들에게 적당히 꾸중도 듣고, 좋게 용서를 받고 다시는 그러지 않겠다고 결심을 한 듯한 얼굴빛을 하고 있다는 것이다. 그것으로 된 것 같은데, 아닐까?

하지만 모든 게 이리 단박에 좋게 끝나는 것은 아니다. 특히 괜히 남을 건드리고 괴롭히고 잘 놀다가 싸우는 문제 같은 것은 일종의 고질병이다. 강씨와 양씨 형제들은 모두 이 분야에서 특출난 활동을 보였는데, 특히 몸놀림이나 힘이 좋은 양씨 형제는 아무리 주의를 줘도 그때뿐이고, 툭하면 저보다 어린아이를 때리고 울리니 참 견딜 재간이 없다. 제가 울려놓고, 우는 아이를 보고 교사가 달려가기라도 하면 저를 어쩔까 싶은 마음에 그러는지 자기만 더 억울하게 혼나게 되었다고 오히려 큰 소리를 쳐대기 시작한다. 하도 다른 사람들을 때리고 괴롭혀서, 그러면 안 된다는 소리를 입에 달고 살다 보니 저절로 이름 앞에 '제발'이라는 호가 붙어 어느덧 '제발 양○○ 선생'이 되어버렸다. 좋게 하는 부탁에도 곧잘 "걔가 먼저 나대고 잘못해서 때린 건데 왜 나만 갖고 그러냐"고 도리어 언성을 높이는데 늘 듣던 소리라 이젠 새롭지도 않다. 타이르다 타이르다 안 되면 결국, 그럼 너도 잘못하면 맞아야 되겠느냐고, 네가 아버지한테 맞았던 것처럼 그래야 되겠느냐고 가슴을 후벼 파는 소리를 해야 조금 수굿해진다. 그래도 역시 그때뿐일 때가 태반이다.

이러다 용이 될지도 모르겠다

한날은 양씨 동생이 하루 종일 냅다 소리를 질러대고 다른 아이를 건드리고 푸드덕거리는 짓이 하도 지겨워서 "이젠 더 이상 안 되겠으니 그만 가보거라" 하고 말았다. 아이는 '에이, 설마' 하는 빛이 역력했지만 그땐 정말 '더 이상은 어렵겠다'는 생각뿐이었다. 다른 아이가 울고불고하는 것을 달래는 것도 더 이상은 성가시고, 그만큼 타일러도 소용이 없나 싶어서 어찌되었건 이젠 그만 보겠노라 충동적으로 마음을 정한 것이다.

순식간에 이렇게 성질을 부리고 나면 교사들도 그만 맥이 탁 풀린다. 이미 벌어진 일을 어쩌지 못하고 멍하게 된다. 하지만 이미 엎질러진 물이고, 내 그릇도 이것밖에는 안 된다 싶어 다시 마음을 추스르고는 이참에 양씨 형에게까지 갔다. "너도 알다시피 아무리 부탁을 해도 네 동생이 다른 아이들을 때리고 괴롭히는 짓을 그만두지 않으니 이젠 우리도 어쩔 수가 없구나. 너도 우리가 계속 부탁을 해온 줄은 잘 알 테고, 아무래도 안 되는 모양이니 너도 그리 알고 있거라" 하고 너도 각오하라고 에둘러 한 소리를 한 것이다. 아무 말 없이 놀기만 하던 양씨 형은 손에 쥐고 있던 것을 내려놓지도 않고 미간에 팔자 주름을 잡으며 "휴우!" 하고 한숨을 쉰다. 그러더니 조용히 한마디 한다.

"아니 뭔 놈의 공부방이 걸핏하면 맨날 애들 보고 나가라고만 하고 그래요? 우린 집에 가면 죽는단 말이에요!"

그 소리를 들으니 그 야무진 소리가 공연히 우습기도 하고, 기가 막히기도 하고, 부끄럽고 창피하기도 하고, 어이가 없기도 해서 잠시 멍했다. '뭔 놈의 공부방이 툭하면 애들 보고 나가라고 하고 그러냐'. 그래, 정말 도대체 뭔 놈의 공부방이 툭하면 그런 짓을 하는가 싶은 생각이 들기도 한다. 정말 하늘이 무너지는 것도 아니고 땅이 꺼지는 것도 아닌데 말이다. 날이면 날마다 똑같은 소리 좀 한다고 말라죽는 것도 아닌데 말이다. 백 번 해서 안 되면 천 번을 하고, 천 번을 해서도 안 되면 그냥 만 번 할 각오를 하면 될 것을…. 그 소리 좀 하는 게 어떻다고 어찌 툭하면 애들 보고 그만두라고 이리 치사한 소리나 하고 그러는가 말이다.

안 듣는 줄 알면, 못 듣는 줄 알면, 들을 때까지 해야 되는 것이 이치인데 말이다. 안 듣는 것 같아도 어느새 듣고 있는 것이니, 그냥 충분히 들을 때까지 힘들이지 말고 했어야 하는 건데 말이다. 지금 안 들어준다고 꼴딱거릴 일도 아닌데, 뭔 놈의 공부방이 그러냔 말이다.

우는 아이가 있으면 그 애를 먼저 달랠 일이지 하나마나한 소리로 때린 아이에게 "너 잘했어, 잘못했어?" 하고 따지는 게 먼저냐 말이다. 말이 되든 안 되든 저도 다 까닭이 있어 부아를 내고 있는데, 그 애를 붙잡고 어른 귀찮게 한 것부터 먼저 싹싹 빌라고 요구하는 것은 정녕 이치에 맞는 일이 아니다. 어이구 참, 치사한 짓이다.

치사한 짓 하다가 된통 한 방 맞았다. 양씨 형이 이리 의젓하게 이르니 양씨 동생을 다시 불러 사과를 안 할 도리가 없다. 라면을 먹다 말고 공연히 다시 불려 나온 양씨 동생은 이야기를 듣더니 살짝 수줍게 웃고 만다. 수줍어 할 사람은 바로 난데 말이다.

그 후로도 양씨 형제와 강씨 형제는 공부방을 날고 있다. 태샘은 두 형제에게 누가 맞지는 않을까, 공연히 또 성질을 부리다 치사한 짓이 들키지는 않을까 오늘도 설설 기고 있다. 밑바닥을 싹싹 훑으며 치사한 짓을 안 하려고 용을 쓰고 있다. 그러다 정말 용이 될지도 모르겠다.

공부방 교사로 산다는 것

태샘, 누구 왔어요!

공부방에 '누구'가 온다. 누구는 아무나일 수 있다. 이야기는 늘 그렇게 시작된다.

"태샘, 누구 왔어요!" 아이들 외침에 잠시 기다린다. 그런데 그 누구가 선뜻 공부방으로 들어오지 않는다면 심상치 않은 일이므로 바로 나가봐야 한다. 오늘은 젊은 아저씨가 화가 나서 밖에 서 있다. 놀이터에서 딸아이가 야구공을 주고받던 청소년들 공에 맞아 아이 엄마가 전화번호를 받아 놓았는데 집에 돌아와 전화를 해보니 없는 번호로 나온다는 것이다. 그런데 딸아이나 주변 사람들 이야기가 여기 공부방 아이들이라고 해서 왔다는 것이다. 금방 떠오르는 얼굴들이 있었다. 아까 밥 먹기 전에 골목길에서 야구공을 주고받던 중학생 녀석들인데 주변에서도 그런 것 같다고 확인을 해준다. 아이 아빠는 도대체 여기가 뭐하는 데냐고, 지역아동센터가 뭐고 정말 여기 아이들이 맞냐고, 왜 거짓 번호를 주고 갔냐고 말을 쏟아 놓는다. 정작 공에 맞은 딸아이는 눈가가 빨개져서도 배가 고프다고 칭얼거리며 항의 중인 부모를 졸라대고 있다. 걱정과 속상함과 어처구니없음에 잔뜩 흥분한 부모에게 연신 사과하면서 간단히 공부방에 대해 설명한 뒤 일단 식사를 하시고 응급실로 가자고 말하고 있는데 마침 문제의 녀석들이 나타났다. 잠시 당황한 티가 났으나 순순히 시인을 해서 아이 아빠와 이야기를 나누기 위해 공부방 안으로 자리를 옮겼다.

거짓 번호를 댄 아이는 이미 '죽을 죄를 지었습니다'는 표정으로 무릎을 꿇고 고개를 조아리고 있다. 그런데 정작 공으로 아이를 맞춘 녀석이 사단을 내고 말았다.

공을 던진 아이는 중학교 2학년인데, 공부방에 온 지 반 년쯤 되었다. 지난 여름 공부방 근처의 소아정신과 의사가 아이를 한 명 돌봐줄 수 있겠냐고 물어왔다. ADHD로 인한 심한 충동성과 비행성이 있어 작은 방화사건 후에 학교에서 치료를 의뢰해 병원을 다니는데, 아빠는 먼 지방에서 공장을 다니고 할머니가 아이를 돌보는데 어딘가 일상적으로 돌봐줄 곳이 필요해 연락을 했다는 것이다. 이 정도 사연이면 파랑새에 들어올 만하다 싶어 선뜻 허락하고 할머니를 먼저 찾아 뵈었다. 할머니가 워낙 고우시고 점잖게 말씀하셔서 그렇지, 아무리 내 손자라지만 정말 어처구니없고 형편없다는 식으로 분노와 우울, 피로감이 뒤섞여 힘들어하시는 모습이 역력했다.

그런데 다음날 공부방으로 찾아온 아이 모습은 아주 의외였다. 싱

굿거리는 얼굴에 아무하고나 말도 잘 붙이고 상냥하고 친근한 모습의 아이였기 때문이다. 다만 공부를 정말 싫어하고 놀기 좋아하는 아이일 뿐인데, 과한 장난과 충동성 때문에 할머니께서 지나치게 힘들어하시나 보다 하고 조금은 대수롭지 않게 넘어갔다.

그런데 어느 날 자원봉사자로 일하는 다니엘 삼촌 핸드폰과 공부방에서 새로 구입한 노트북이 없어졌다. 이런 일은 가끔씩 일어난다. 때로는 누나가 가져가서 집 안에 감춰둔 걸 동생이 가져와서 알게 되는 웃지 못할 일도 일어난다. 그런데 다니엘 삼촌 핸드폰이 없어진 것은 좀 이례적인 일이다. 다니엘은 정말 삼촌과 다름없어, 우리 아이들 중 누구도 그런 짓을 하지는 않을 것이기 때문이다. 그런데 다음날에는 새로 구입해 아이들이랑 교사들이 잘 쓰고 있는 노트북까지 없어지고 나니 공부방이 발칵 뒤집혔다.

많은 사람들이 새로 온 그 아이를 지목했다. 심지어 상담하러 오신 할머니도 아이가 좀 그렇다고 말씀하고 가셔서, 그 아이에게 직접 다니엘 삼촌이 깊이 실망하고 있다, 형편이 넉넉지 않은 가운데 큰 맘 먹고 구입해서 모두가 함께 쓰고 있는 노트북이니 혹시 가져갔으면 돌려주면 좋겠다고 간곡하게 부탁했지만, 진지한 표정으로 아니라고 하니 그저 돌려보낼 수밖에 없었다. 그런데 결국은 그 아이가 가져간 것으로 밝혀지고 말았다. 심지어는 자기 것이라던 핸드폰도 피시방에서 몰래 가져온 것이라는 사실마저 드러나게 되었다. 일단 사안이 커서 보호자인 할머니를 오시게 했지만 할머니는 저런 애는 정말 처음 봤다면서 당신은 이미 충분히 아이에게 주의를 주었으나 전혀 말을 듣지 않으니 죽이려면 죽이고 살리려면 살려라는 식이었다.

　이런 순간은 정말 곤혹스럽다. 할머니의 말씀이 괜히 어떤 의도를 가진 너스레로 느껴져 더 그렇다. 사실 할머님이 우리에게 하고 싶었던 말씀은 '미안하지만 현실적으로 돈이 없다. 아이가 정말 미워질 정도로 곤란스럽다. 도움을 받고 싶어서 온 곳인데 당황스럽다. 어떻게 사과하고 어떻게 감당해야 하나'가 아니었을까? 하지만 급한 마음 때문인지 그저 걱정과 아이에 대한 원망과 미움이 범벅인 얼굴이다.

　공부방 교사들의 내공이 엿보이는 순간은 바로 이런 때일 수 있다. 내가 아이였을 때 품었던 바람이 이 순간을 푸는 열쇠가 된다. 부족하고 서툰 게 많아 늘 혼나곤 했던 내게 필요했던 것은 너그럽게 찬찬히 일러주는 것과 잘 용서해 주는 것이었다. 이제 어른이 된 나는 아이들에게 실수는 용서될 수 있고 특히 아이들은 용서받을 수 있으니 걱정하지 말라는 말을 자주 한다. 물건을 훔친 그 아이에게도 "너무나 바보 같은 일이지만 실수이므로 용서하겠다, 하지만 어느 정도 네 책임은 다했으면 좋겠다"고 이야기했다.

　동시에 분노와 수치심과 실망감에 아이를 비난하는 할머니께 아이를 꾸짖는 것보다 먼저 우리 교사들의 마음을 달래주시라고 부탁드렸다. 이런 경우 자칫하면 상황이 꼬이기 쉽기 때문이다. 보호자와 아이 문제를 의논하고 싶어서 오시라 했는데 보호자가 지레 이를 비난으로 받아들이거나 더 흥분해서 아이를 나무라고 "난 이미 포기했으니까 네 멋대로 해라, 선생님도 마음대로 하시오" 하는 모습을 보이면 교사는 이게 뭔가 싶어 울컥 뜨거운 것이 치밀어 오른다. "그렇게 말씀하시면 안 되죠" 하고 첫 단추를 잘못 꿰면 처음에는 미안해하던 보호자도 "그럼 말을 안 듣는 걸 날더러 어쩌라는 거냐"고 오히려 역정을 내며 아예 아이를 데리고 가버리는 수도 있기 때문이다. 보호자들의 경우 너무 어려운 환경에서 살다 보니 남의 입장을 헤아려 차분히 이야기를 나누기가 어려워서 대화가 쉽게 풀리지 않는 경우가 많다.

할머니께 "잃어버린 물건이 무척 아깝지만 현실적으로 다 돌려받을 수 있을 것으로 생각하지 않는다. 하지만 이런 큰일을 아이 책임으로만 미루지 말고 할머니가 함께 노력하시는 모습을 보이면 교사들 마음을 푸는 데 훨씬 도움이 될 것 같다"고 말씀드렸다. 아이도 아이지만 우리도 놀라고 상처를 입었으니 위로가 필요하다는 솔직한 이야기도 조심스럽게 드렸다. 그 후에 다시 가져온 핸드폰을 경찰서에 돌려주며 약하지만 약간의 법적 책임을 지는 사태까지 가고 나서야 사건은 일단락되었다. 이처럼 그야말로 소위 '신입식'을 진하게 치르고 늘 노심초사하게 만드는 아이였다.

교사의 내공이란

그 아이가 오늘도 일을 내고 만 것인데, 늘 황당하고 난처한 건 어떤 순간에도 별 미안한 기색 없이 멀쩡한 아이의 태도다. 참 성질을 돋우는 뻔뻔함이다.

"아이가 공에 눈을 맞았으니 어쩔 거냐? 게다가 멀쩡히 거짓말을 하다니!" 하고 펄펄 뛰는 아이 아빠에게, 자기도 맞아 봐서 아는데 괜찮다며 한 일주일 정도 지나면 아무렇지도 않을 거라고 말해서 다들 입이 딱 벌어졌다. 쿨하고 자기만의 세계가 있는 아이라고 말하면 멋질지 모르지만, 그런 아이가 실제로 곁에 있으면 참 어렵다. 자, 이 상황에서 아이에게 어떤 태도를 취할 것인가?

노련하고 조심스러운 태도를 취할 수 있기까지 실은 너무도 많은 시행착오 과정이 있었다. 특히 열정적으로 대하면 아이나 보호자를 바람직한 방향으로 이끌 수 있을 것 같은 유혹은 정말 뿌리치기 힘들다. 아이들은 이런 열정덩어리 교사를 경계한다. 왜냐면 그들은 쉽게 단념하지 않을 뿐더러 심지어 아이들이 잘 따라오지 않는 걸 열정을 더 투입해야만 할 조짐으로 여겨 더 피곤하게 구는 경우가 십중팔구임을 아이들은 너무 잘 간파하고 있기 때문이다. 그래서 무의식중에 겉으로만 수긍해주는 척해서 어서 빨리 이 순간을 모면할 생각만 하게 된다. 이런 아이는 약간 미심쩍게 눈동자가 조금 뒤로 물러나 있는 듯 보이지만, 어쨌든 간간이 눈을 마주치고 신음처럼 때때로 "네" 혹은 "음, 그렇구나"를 연발하므로 마지막에 "이제 확실히 알았지?"라는 다짐을 받고는 상황이 종료된다. 약간 강박적인 성향을 지닌 교사는 확인을 위해 "내가 한 말이 뭐야? 다시 한번 말해봐." 이런 엄청난 질문을 해서 모든 걸 수포로 돌리고 처음부터 다시 시작하기도 하지만 말이다.

그런데 마치 모든 걸 투과시켜버리는 막처럼 시간이 지나면 괜찮을 거라고 꼬박꼬박 대답하는 아이의 태도에 우리는 당황했다. 그러면 정말 미안한 게 없는 거냐고 따져 물으니 금세 또 미안은 하단다. 그러면서 맞은 아이한테도 서너 번이나 사과를 했는데 괜찮다고 하기에 그런 줄 알고 갔다는 것이다. 특히 그 쿨한 태도로 '웬 흥분?' 식으로 나오면 모든 관습적 훈계와 관계에 의지한 호소도 힘을 잃고 만다.

공부방 활동가는 바로 이 순간에 교사로서의 내공을 시험당하게 된다. 공부방에서 가장 많이 다루는 교육적 텍스트는 인간의 희로애락이고 그중에서도 부정적 감정들이다. 공부방 아이들이나 그 부모들을 통해 가장 진하게 확인하게 되는 이 감정들 앞에서 심리학을 배운 바도 없고 전문 상담가도 물론 아니지만 나는 교사라는 이름으로 서 있다.

여러 가지 이유로 요즘 나는 프로그램*을 맡는 대신 주로 주변을 살피고 갈등 조정 역할을 하거나 학부모와 아이들의 이야기 상대가 되곤 한다. 그동안 나에게 어떤 내공이 어떻게 생겨났을까? 사실 '내공'이란 것이 나한테 진짜 있기나 한 건지도 모르겠지만, 공부방 활동을 하면서 스스로나 다른 교사들도 갖추었으면 하고 특별히 애쓴 한 가지는 있다. 공부방 활동가에게는 무엇보다 인간사에 대해 담담한 태도가 필요하다. 좋게 표현하자면 '인간과 삶에 대한 성숙한 시각을

---

* 파랑새 공부방은 수업 시간이 없다. 그러나 구조화된 교육 시간이 전혀 없는 것은 아니어서 이를 보통 프로그램 시간이라 한다. 프로그램은 공부방의 실무교사나 강사 혹은 자원봉사자에 의해 진행되고, 드물게는 아이들이 진행하는 경우도 있다. 보통 학습과 관련된 영역과 문화예술 활동이나 상담을 비롯한 기타 활동 영역으로 나뉘는데 파랑새는 초등생과 청소년을 위한 프로그램을 각각 하나씩 해서 보통 하루에 한두 개 정도의 프로그램을 진행한다.

갖는 것'이라고 할까?

공부방 활동을 하다 보면 정말 말도 안 되는 사건을 겪을 때가 많다. 오죽하면 옛말에 머리털 검은 짐승은 거두는 게 아니라는 말이 있겠는가? 그만큼 누군가를 돌보는 일은 힘들고 어렵다는 말일 게다. 초라함과 졸렬함, 어리석음과 야비함, 교활과 탐욕, 게으름과 변명, 무지와 공포, 편견과 선입관 등 인간의 온갖 밑바닥 감정들이 버젓이 활개치고 다니는 곳이 공부방이다. 때로는 선의나 너그러움을 교묘히 악용하고 자극하여 교사들을 옴짝달싹 못하게 얽어매는 경우도 있다. 공부방에서 거짓말은 흔해 빠진 것이다.

당연히 처음에는 너무 아팠다. 난도질 당해 너덜너덜해진 심장을 다시 가슴에 쓸어담는 것 같은 기분에 우울해지기도 했다. 몇 년을 부모 대신 돌봐도 이러저러한 섭섭함으로 원망이나 하고 말도 없이 떠나버리는 일이 생기면 배신감에 몸이 떨렸다. 눈만 뜨면 어떤 아이가 머리에서 떠나지 않는 나날들도 있었다. 미워하면 안 될 것 같은데 너무 밉고, 미워하는 그 생각이 또 너무 괴롭고 죄스러워 힘들었다.

이 상황을 버티고 살아갈 수 있는 힘을 얻는 방법은 사실 너무 뻔한 것들이었는데, 나의 뻔한 대처법 중 첫째는 책읽기다. 책은 많은 것들을 알려주었지만, 특히 '많은 것들이 당연하지 않음'을 알려주었다. 요즘은 독서치료라는 분야도 있던데, 아마도 스스로 책을 통해 그 비슷한 것을 경험했던 것 같다. 정말 도서관은 내게 병원이나 다름없었다. 뻔한 스토리지만 역경을 이기고 아름답게 성장하는 인간의 모습을 담은 이야기는 초등학교 때나 마흔이 지난 지금이나 나를 일으켜

세우는 원천이다. 계속 노력하고 싶다는 생각이 들게 하고, 어려움 속에서도 원칙을 지키고 스스로를 위해 나를 만들어가고 싶다는 생각이 드는 것은 책을 읽을 때다. 공부방의 다른 교사들과 공부모임을 하며 서로의 생각을 조금씩 맞추어가는 것도 내게는 매우 중요한 일이다.

그런 의미에서 인간이란 '말'로 이루어진 존재이다. 그러므로 공부방 교사로서 나는 아이들이 들어보지 못한 말, 생각하지 못한 말, 이면의 말, 아름다운 말, 뜻밖의 말을 나누는 사람이 되고 싶다. 가장 중요하게는 웃음을 주는 말을 하는 사람이고 싶다. 아이들이나 나나 무언가 필요한 말을 선택하고 쓰는 데 겁내지 않았으면 한다. 말은 우리의 가장 큰 위안거리다.

그래서 공을 던진 아이에게나 거짓말하는 아이들에게도 가능하면 "그러지 말라고 했지~"라는 말은 하지 않으려 애쓴다. 이 말은 강요당하는 기분이 들어 아이를 더 화나게 만든다. 대신 왜 그러한지, 무엇이 이해되지 않는지 혹은 너의 행동이 어떻게 느껴지는지 더 충실히 설명하는 방식을 선택한다. "네가 아이에게 했다고 하는 사과가 진심으로 느껴지지 않는다. 특히 거짓 연락처 때문에 더욱 그렇고, 아이를 그저 달래 보내려는 것같이 느껴진다. 부모님들도 나도 그렇게 어물쩍 넘어가려는 태도에 더 화가 난다. 그리고 사과보다는 네 경험을 핑계 대며 하는 변명에 더 화가 난다." 아이와 우리 사이에 그 순간 다시 합의가 이루어져야 하는 것이다. 이것은 과연 미안해할 일인가라는 기본에서부터 한참 이야기가 시작되어 적절한 책임이라는 것에서 끝난다. 공에 맞은 아이 부모는 공 던진 아이와 이야기를 나누어 보니 쉽게 말이 통하지 않아 매우 화가 나고 걱정스럽다며 한 달 동안 책을 읽고 독후감을 자기에게 보여주는 조건으로 아이들과 합의했다. 아이도 어른도 사실은 서로의 의사를 존중하며 살아본 경험이 별로 없다. 그러나 이곳은 별로 존중받을 일이 없는 사람들끼리 모여 서로를 존중하며 살아가려 하는 곳이기에 여기서만큼은 작고 큰 일에서 서로를 존중하며 함께 결정할 수 있도록 애를 쓰는 거다.

한판 굿을 치른 무당처럼

아이들의 보호자들은 세상살이에 상처도 많다. 늦은 밤 어서 자라고 재촉하던 엄마가 다음날 아침 사라져버리거나, 손주하고만 사시는 할머니들은 원치 않게 떠날 날을 생각하며 눈물짓는다. 그래서 우리는 서로에게 위안과 약속의 존재가 되기를 바란다. 교사들은 아이들에게 실수해도 괜찮다고 다시 한 번 해보자고 말해줌으로써 위안의 존재가 되고, 기다림으로 약속의 존재가 된다. 교사들은 서로의 결정에 의지하고 서로를 도움으로써 서로에게 위안이 된다. 외로운 아이들은 단짝이 되어 위안을 나눈다. 별 말이나 일은 없다. 하지만 서로가 조금씩 더 알아가면서, 조금씩 더 도와가면서, 조금씩 더 서로에 기대면서, 그렇게 세월을 보내며 그 속에서 아이들도 공부방 교사도 자란다. 화내지 않고 미워하지 않으려 노력하다가, 노력하지 않아도 화가 안 나고 밉지도 않아지는 그런 교사들로 자란다. 같이 가난하고 같이 외롭고 같이 초라한 사이에 이런저런 못난 것들까지 서로 알게 되면 하지 못할 이야기는 별로 없게 된다.

한참의 설왕설래와 할머니까지 오시는 사태가 벌어지자 아이가 비로소 괴로워하기 시작했다. 그전까지는 나와 맞은 아이 부모, 할머니만이 빠져서 허우적거리던 그 괴로움의 늪을 멀건이 바라보기만 하던 아이의 태도가 조금씩 허물어져 우리 속으로 들어온다. 그래도 이 아이는 쉽사리 '잘못했다'는 단순한 말 한마디로 이 순간을 모면하려 하지 않는다. 그래서 또다시 "자신의 불확실한 경험을 가지고 괜찮다고 우긴 것과 전화번호를 거짓으로 말해서 파랑새 전체의 명예를 훼손한 것은 잘못이고, 때로는 지나치게 쿨한 것이 다른 사람들을 어렵게 만들고 상처를 주기도 한다"는 막판 꺾기가 들어갔다.

순순한 표정이 되어 말을 듣고 있던 아이의 눈에서 말없는 눈물방울이 떨어진다. 이런 순간 약자인 아이들은 늘 삼켜 버린 말이 남아 있기 마련이다. 아이에게 조곤조곤 잘못을 일러주고 있는데 뜻밖에 '엄마' 이야기를 꺼낸다. 자기는 엄마 얼굴도 이름도 모르는데다 할머니는 죽은 고모의 묘소만 찾고 엄마한테는 가보지도 않는다며 왈칵 눈물을 쏟아낸다.

고통 속에서 성장을 논하기도 하지만 사실 보통 우리는 그저 외로운, 성장이고 뭐고 다 귀찮은 나약한 인간이기도 하다. 볼 수 없는 사람이 보고 싶은 것은 정말 미칠 것 같은 일이다. 그런 그리움을 품고 사는 것은 가슴을 갈가리 찢어 놓는 짐승 한 마리를 품고 사는 것과 같다. 그렇게 힘겹게 이야기를 꺼낸 아이에게 어미로서 내 이야기를 한다. 만약 내가 죽는다면 혼이라도 남겨 자식들 곁을 지키고 싶다, 내게 육신이 있어 자식을 직접 보살필 수 있으니까 덜하지만 뻔히 보면서 돌볼 수도 없는 넋만 있다면 안타까운 마음에 미칠 지경이 될 거라고 했다. 네게도 만질 수 있는 엄마가 없을 뿐이지 아예 엄마가 없는 게 아니라고, 어쩌면 훨씬 더 안타깝게 너를 지켜보며 네 주위를 맴돌고 있는 엄마가 있을 거라고 위로 아닌 위로를 건넨다. 아이는 털어놓지 못하던 이야기를 털어내며 마음결을 정리한다. 겉보기에 분명 못났으면서도 자기들한테만 큰소리치고 잘난 듯이 구는 그 어른들이 한 세상살이에 얼마나 바들바들 떨고 있는가를 어렴풋이 느끼며 아이는 '댁들도 그렇구나' 하고 바람이 빠지는 눈치다.

이렇게 한바탕 굿을 하고 나면 정말 삭신이 쑤셔온다. 마치 한판 푸닥거리를 마친 무당처럼 그렇게 바람 한 자락이 휑하니 불고 간다. 다음 바람이 불 때까지 나는 그저 시시덕거리고 있을 것이다.

나는 공부방 교사다.

나는 너의 사랑을 질투한다

이제 아무 데도 못 가나 보다

길을 건너는데 아는 얼굴이 보인다. 파랑새 아이들이 여럿 다니는 소아정신과 의사 선생님이다. 아이들 때문에 일부러 가서도 볼 참인데, 이렇게 만나니 반가운 마음에 바삐 이야기를 건네본다. 그중 한 가지가 어린이집이나 유치원에서 은아를 받아주지 않아서 그냥 공부방만 다니고 있다는 하소연이다. 그런데 그 말을 듣자마자 의사 선생님이 말도 말라며 고개를 절레절레한다. 이야기인즉 무상보육 시행 이후 어린이집 등에 대기자가 많아지자 조금 힘든 아이를 맡지 않으려는 곳들이 생겨서, 병원에 다니는 아이들 중에 일 년도 넘게 다닌 어린이집이나 유치원에서 쫓겨나다시피 하는 아이들이 생겨나고 있다고 오히려 속상해서 어쩔 줄 몰라 하신다. 이야기를 듣고 보니 은아 생각에 더 한숨만 나올 뿐이다.

은아가 어린이집에서 쫓겨나온 지도 벌써 몇 달째다. 그때는 별 것 아닌 일로 생각했다. 금방 다른 곳에 다니면 되지 하고 말았다. 오히려 이참에 잠시 상처받은 아이 마음이나 위로하고 여럿이 함께 살기에 힘든 행동이나 좀 가다듬어서 다른 곳에 보내는 것도 나쁘지 않겠다고 여유를 부리기도 했다. 그런데 결국 이렇게 하염없이 시간이 가고 있는 것이다.

방문한 어린이집들마다 보육 포털 사이트 대기자 명단에 올려놓으라며 "연락드릴게요"라는 말만 연방 하더니 감감 무소식이다. 뻔히 무슨 짓을 하는지 알지만 자리가 없다는 말에 어쩌지도 못하고 돌아선다. 두어 명 자리가 있다고 표시는 해 놓고서 왜 은아네만 연락이 없는지 답답한 마음에 직접 방문도 해보고, 내 연락처도 남겨 놓았지만 그마저도 아무 소용이 없다. 이제는 시간이 너무 흘러서 어린이집을 보낼 수 있을지 자신이 없다.

어린아이가 참고 견디기 힘들다

은아를 보면서 새삼 '아이 보는 게 힘들구나' 하는 생각이 들었다. 대개 공부방에 들어오는 아이들은 어떻게 어린 시절을 보냈든 학교 물을 먹고 온 터여서 그래도 어딘가 길이 들어 있다. 그런데 날것처럼 펄펄 뛰는 은아를 보고나니 마치 늦둥이를 둔 엄마마냥 절절매게 된 것이다.

아마도 많은 아이들의 어린 시절은 힘든 것일 터이다. 말이 없던 아이들도 입이 터지면 사람 가슴을 서늘하게 하는 이야기 한 자락쯤은 품고 사는 것이 공부방 아이들이다. 그런 이야기를 듣고 나면 지금 이렇게 어렵게 구는 아이들 모습이 이해도 되고, 그 시절을 잘 배려하지 못한 어른들이 원망스럽기도 하고 안타깝기도 했다. 그러니 은아를 맞아들이면서 나는 뭔가 좀 다를 수 있지 않을까 하는 오만한 생각을 했던 것도 사실이다. 하지만 금세 그런 오만은 시뻘겋게 달아오른 얼굴 속에서 녹아내렸다.

은아가 제일 힘들게 구는 게 뭐냐고 묻는다면 대답할 말이 시원찮다. 뭐가 힘들까? 다른 아이들처럼 은아도 막 뛰어다니고 말을 안 듣는데 그게 힘들다고 해야 할까? 물론 그렇다. 하지만 놀고 싶고 뛰고 싶어서 그러는데 놀거나 뛰지 말아야 하는 것은 아이 사정이 아니다. 물건을 막 함부로 꺼내고 아무 것이나 말도 없이 집어가고 제 것이라고 우기는 문제도 있다. 다른 아이들이 기겁을 하는 문제다.

몇 번 그런 일이 반복되다 보니 언니나 오빠들은 물건이 없어지기기만 하면 은아에게 첫 번째로 눈을 흘긴다. 누가 의심하는 말을 꺼낼라치면 이상하게 즉시 "나도 봤어" 하는 목격자가 딱 등장한다. 둘이 합심해 은아를 추궁하니 은아는 "난 안 그랬어" 하고 울면서 억울하다고 하지만 별 소용이 없다. 거기에 교사들까지 조금 냉담하다. 사실 은아가 서랍을 함부로 열어 이것저것 뒤져가는 것을 교사들도 본 참이어서 '그런 아이라면…' 하는 생각 꼬리가 교사들에게도 있는 탓이다. 그랬던 아이가 "이번만은 안 그랬다"고 하는 말을 믿어야 하나 하는 생각을 떨치기 어려운 눈치다.

또 뭐가 있을까? 공부를 통 안 하려 드는 것도 곤란한 문제다. 내년이면 학교를 가야 하는데 은아는 열까지 수를 세는 것도 잘 못한다. 그러니 한글을 깨치는 일은 언감생심이다. 은아는 왜 이리 되었을까? 아마도 엄마 때문이라고 해야 할 것이다. 하지만 은아 엄마를 비난할 수만은 없다. 그 엄마도 또 그 엄마 때문이었고, 은아 엄마의 엄마가 왜 그랬는지는 어렴풋이밖에 알지 못한다. 이렇게 인연의 끝을 찾아 오르락내리락하다 보면 결국 이런 탓을 해서 무엇 하나 하는 생각이 들게 될 뿐이다.

딱 말하자면 은아 엄마는 은아가 아직 젖먹이일 무렵 집을 뛰쳐나갔다. 은아는 양육시설로 보내졌고 거기서도 말 안 듣고 떼쓰고 오줌도 못 가리던 아이는 자주 방에 혼자 남는 벌을 받기도 했다고 한다. 같이 보내졌던 오빠는 붙임성이 좋아 그럭저럭 잘 지낸 것과 영 딴판인 것은 아무래도 은아 개인의 특성이 큰 탓인 듯 싶다. 어쩌면 너무 어린 시절에 버려진 탓일지 모른다. 그런 아이에게 세상이 뭐라 할 자격은 아무에게도 없는 것이다. 그 누구도 말이다. 그럼에도 은아는 힘든 아이다.

아무 때고 놀아 달라고 떼쓰는 것도 참 힘든 일이다. 집에 갈 때도 같이 가자고 떼를 쓰고, 아무 때나 놀이터에 가자고 조르거나 회의 자리에도 따라가겠다고 졸라대는 것이 참 힘들다. 아이들이 놀아야 한다는 것은 잘 안다. 그렇지만 학교를 다니는 아이들은 저희들끼리 잘

논다. 물론 교사들이 상대해 줄 때도 있지만 행정 업무가 많은 공부방은 그러기가 쉽지 않다. 또 언젠가부터 지역아동센터가 저소득 가정아이들의 학습이나 문화 결손을 채운다는 명목으로 이것저것 프로그램들을 들여오기 시작하면서 교사들은 아이들의 프로그램 매니저 역할을 하느라 더 많은 시간을 보내고 있는 것도 사실이다. 강사를 섭외하고, 프로그램 일지를 적고, 아이들에게 연락하고, 조용히 시키고, 전화 받고, 서류 작성하고, 사진 찍고, 메일 보내느라 기운을 다 쓰고 나면 놀이터에 가서 아이들과 놀 시간도 여유도 잘 나지 않는다.

다른 아이들은 그래도 "미안해, 선생님이 지금은 좀 곤란해요" 하면 알아듣고 물러나는데 은아는 계속 조른다. 눈을 반짝거리며 "우리지금 놀이터에 가자요. 같이 놀자요" 소리를 천연덕스럽게 한다. "놀자"는 소리에 얼마나 가슴이 쿵 떨어지는지도 모르고 말이다. 게다가 다른 아이들을 다 팽개치고 걸어서 30분은 족히 넘을 거리에 있는 공원 놀이터에 가서 놀자니 말이다. 지금은 곤란하다, 미안하다, 다음에 가자는 말을 연신 하는 것이 너무 힘들다. 말을 들어주면 나를 더 좋아할 것 같아서 그렇게 하고 싶은데, 육신은 무겁고 할 일은 많고 아이들은 득시글거리는데 이 모든 걸 다 팽개치고 저랑 놀러나 가자니.

어린아이가 사람 얼굴을 시뻘겋게 만든다

이렇게 어린아이는 참고 견디기가 더 힘들었다. 어린아이일수록 잘

봐야 한다고 생각해왔던 나인데, 아이가 힘들었다. 나도 사람 말을 잘 안 듣는 사람이니 나를 잘 아는 이들은 내가 이렇게 당하고 산다는 이야기를 들으면 참 고소해할 것 같다. 특히 친정엄마가 그러실 것이다. 하지만 이런저런 일을 미주알고주알 털어놓아 봤자 은아가 정말 무얼 갖고 사람을 힘들게 하는지를 속 시원하게 밝혀내기는 쉽지 않을 것 같다. 사람 속을 환장하게 만드는 그 일을 말이다.

은아를 보고 있노라면 '확!'이란 말이 떠오를 때가 있다. 아이들이나 나나 진저리를 치는 말이다. 무언가 뒤통수에서부터 치밀어 올라 눈알에 힘이 들어가고 눈자위가 팽팽히 당겨지며 콧구멍으로 씩씩거리는 숨소리를 내지를 때 가슴에서 입으로 삐져나오는 말이다. 인간이 아닌 짐승의 상태로, 어린 것이 눈에 보이지 않고 세상천지가 욕망과 상처, 두려움과 분노만으로 가득 찬 것 같을 때 내지르는 말이다. 하고 싶지 않은 말이고, 하지 말아야 하는 말이나 참 참기 힘든 말이다. 얼굴이 시뻘겋게 되어도 참기 힘든 말이다. 그것은 "확!" 하고 나를 엄습하기 때문이다.

은아가 견디기 힘든 것은 나를 그렇게 몰아가기 때문이다. 어떻게 그 작은 아이가 그런 짓을 하는지 모르겠다. 그냥 말을 안 들어서 힘든 것과는 차원이 다른 어떤 짓을 내게 한다. 난 사실 그것 때문에 주먹을 꽉 쥐고 얼굴을 숙일 때가 있다. 정말 은아가 사람을, 아니 나를 힘들게 하는 일이 무엇일까를 더듬어 가보자. 무엇이 나올지 알 수 없어 두려우니 좀 부드러운 일화에서 시작하고 싶다.

그 날은 은아랑 단 둘이 책상에서 무언가를 하고 있던 날이었다. 비교적 조곤조곤 이야기도 들어주며 뭔가를 하고 있는데 뜻밖에 손님이 오셨다. 아이랑 보내는 한가로운 한 때가 보기 좋았던지 손님도 환한 미소를 지으며 은아에게 말을 걸었다. 몇 마디 말을 주고받더니 은아는 싹 변심을 하고는 "선생님이 해주라요" 하면서 나를 무참히 배신했다.

　이런 말을 하면 뭘 그리 소심하게 구느냐 하는 말이 뒤따라 올 것이 분명하다. 아이들도 눈이 있어서 예쁜 사람을 보면 흔히 그런다, 아이들이 어른들을 자기 마음대로 휘두르려고 그렇게 하는 것이니 그럴 때는 차분한 태도를 보이는 것이 중요하다 등등 여러 말들이 어지러이 내 마음 속을 스쳐 지나갔다. 그렇다. 남을 통제하려 들고 특히 그것이 이렇게 빤히 눈에 보이는 식으로 진행되면 누구나 마음이 불편해지기 마련이다. 아이들은 친구 사이에서도 곧잘 이런 짓을 하는데 그러면 버림 받은 아이는 어쩔 줄을 몰라 한다. 단수가 높은 아이일수록 그런 통제 과정이 은밀하여 그물에 걸린 아이는 제가 걸린 줄도 모르고 허우적대기 일쑤다. 은아가 이렇게 빤히 보이게 행동하는 것은 그나마 아직 어리고 순진하기에 제 하는 양을 다 보여주기 때문이다.

　그러니 나도 그 자리에서 손바닥을 탈탈 털며 "그래, 이제 은아는 이 선생님이 좋아졌구나. 그러면 선생님은 가서 다른 일이나 봐야겠다. 은아가 이제 필요 없다고 하니 섭섭하지만 어쩔 수 없네" 하고 의연히 나가면 될 일이다. 그런데 뭔가 틱하고 이물질이 걸려 그날은 그러질 못했다. 그 이물질은 부끄러움과 분노였다.

그 손님은 구로동의 지역아동센터들을 돌아보며 도움을 주는 지역사회복지사였다. 여기저기를 돌아다니니 비교를 할 수도 있겠다는 생각을 은연 중 갖고 있던 참이었다. 그러니 그 앞에서 망신을 당하고 싶지 않다는 생각이 불쑥 들었던 모양이다. 이미 이물질이 걸려 뻑뻑거리는 마음을 추스르지도 못한 채 엉거주춤 앉아 있는데, 은아는 얄팍한 궁둥이를 치켜들더니 그 선생님 옆으로 자리까지 딱 옮겨 앉는 것이다. '저러고도 뭔 일이 있으면 또 나한테 와서 해 달라고 하겠지, 참 염치도 없다'는 어마어마한 생각을 하고 있는데, 둘은 서로 웃는 얼굴을 갖다 대고 손을 마주잡고 난리도 아니다. 그래도 지역사회복지사 선생님은 경험이 많은 분이라 내 마음을 알아차리셨는지 연신 은아 마음을 내게로 돌려놓으려 애를 쓰는데 은아는 아주 보란 듯이 굴고 있다. 이 아이가 내 염장을 지르고 나를 활활 타는 질투의 불길 속으로 내다버린 것이다. 버림받은 사랑에 울부짖지 말고 그때 자리를 훌훌 털고 일어났어야 했는데, 나는 그만 둘이 하는 꼴을 고스란히 두 눈으로 다 보고 말았던 것이다.

　아, 이런 거였구나. 질투를 하게 해서라도 나를 제 옆에 꽉 붙들어 매두려는 아이의 마음이 나는 너무 힘들다. 어떻게 아이가 이런 짓을 하는가 말이다. 이 세상에 나보다 더 좋은 사람은 없다는 듯이 밥을 먹어도 꼭 옆자리에 앉으라 성화를 부리고, 어떻게 해서든 집에 가도 함께 가려고 난리를 부리고, 화장실을 가면서도 밖에 나가지 말라고 등쌀을 대면서 나를 세상에 둘도 없는 사람처럼 만들어 놓더니 말이다. 그래 놓고 이렇게 가벼이 버리는 것이다.

더한 일도 있었다. 그렇게 염장을 지르고는 선생님을 바래다 줄 겸 나온 길이었다. 그 선생님을 따라 가겠다고 밖에 나와서도 실랑이를 벌이다 결국 안 될 것이 뻔해 보이자 이번에는 아무 일도 없었다는 듯이 내 손을 잡는 것이다. '허참, 나는 버렸다 주웠다 그렇게 쉬운 사람이라는 말인가' 하고 내심 성질이 났다. 슬그머니 쥔 손을 놓았더니 그새 다가와서는 아무 일도 없었다는 듯이 또 손을 잡는다. 아무도 없을 것 같으니까 말이다. 겨우 아무도 없는 것보다는 나은 사람이 되어 아이에게 손을 잡히고 보니 나는 이미 완전히 삐져버렸다.

마치 농간에 놀아난 기분이 들었다. 마치 아이들이 해서는 안 될 못된 짓이라도 한 양 은아가 곱게 보이지 않았다. 내 마음의 저 밑바닥에서 지펴진 불길이 일렁이는 마음의 벽을 비출 때 그 흉측함에 몸서리가 쳐졌다. 나는 고상하게 아무에게도, 심지어 제 어미에게도 제대로 사랑받지 못하는 이 어린아이를 잘 보살펴주고 그로써 잔뜩 칭송을 들을 기대에 부풀었는데, 어느새 이상한 것들에 사로잡혀 옴짝달싹도 못하는 처지가 되고 말았다. 괜히 요망하다는 말이 마음을 맴돌았다.

나는 그냥 너의 사랑을 받고 싶다

사랑을 주는 처지가 아니라 사랑을 받아야 하는 처지에 놓이고 보니 그 기분이 어떤 것인지 잘 알 것 같다. 미치고 환장할 노릇이다. 그

동안 어른이라고, 공부방 선생님이라고 아이들이 다 내 마음만 받고 싶어 한다고 편히 생각하고 지내왔는데 은아가 오면서 모든 게 무너져 내린 것이다. 다른 아이들도 조금씩은 그럴 터이지만 그래도 대부분은 내가 무던하게 대하면 저희들도 무던하게 대해주니 서로 무디게 지냈던 것이다.

그런데 은아가 와서 확 사랑의 불을 지펴 놓은 것이다. 난 누가 좋네, 누가 싫네 이런 말은 잘 안 하고 살았는데 하루에도 열두 번씩 변하는 그 말에 안달을 하고 살게 된 것이다. 저희들끼리 하는 것이야 괜찮다. 공부방에서도 커플이 탄생하면 좋은 일이라 축하해주고, 잘해보라 격려도 해주고, 청소년 아이들은 더 신경 쓰고 관심도 가져주고 한다. 그 어디에서도 우리 교사들만은 사랑의 치외법권에서 살아왔던 것이다.

최근에는 우리 공부방 아이들과 나들이를 다녀왔던 다른 공부방 선생님에게까지 한 소리를 들었다. 은아가 쫄래쫄래 따라다니며 자꾸만 손을 잡으려 하는데 본인은 귀찮아 죽을 뻔 했다는 말씀이 내 귀에는 딱 자랑처럼 들렸다. 거기에다 "은아가 태샘이랑 이혼을 해서 더 이상 좋아하지 않는대요. 이제는 은숙샘을 제일 좋아한다고 그러더라구요" 하는 말을 보탬으로써 그분은 완승을 거두셨다.

좀 바빠서 그랬다. 이것저것 할 일이 많고 부르는 곳이 많아 은아랑 충분히 시간을 보내지 못한 사이 섭섭한 마음을 은아는 그렇게 달랬는가 보다 싶었다. 그래도 이혼을 했다는 말은 깜찍하게 내 마음을 울렸다.

은아에게 이혼을 당하고 보니 오히려 홀가분하다. 이제는 별 부담 없이 은아를 사랑할 수 있게 될 것 같다. 괜히 눈치 볼 일도 없어지고, 은아 마음을 얻기 위해 안달할 필요도 없을 것 같다. 내가 없으면 어쩌나 하고 안달할 일이 없는 게 가장 속 편한 일이다. 축하인지 위로인지 알 수 없는 말로 "와, 은숙샘 축하해요. 은아가 인제 샘을 제일 좋아한대" 하고 우리는 히히덕거렸다.

사실 생각해보면 은숙샘이 가장 고맙다. 내가 허전한 마음을 달래기 위해 은아에게 매달리고 있을 때 그녀는 묵묵히 흔들리지 않고 자리를 잡아주었다. 그녀의 그런 안정감이 결국 은아에게도 가 닿은 것이다. 동분서주하는 나를 대신해 한결같은 모습으로 곁을 지켜준 은숙샘을 은아도 알아차린 것이다. 나는 얄팍하게 나냐 저 사람이냐 선택을 강요하고 그 선택에서 내쳐졌을 때는 둘이 잘해봐라 하고 삐지고, 나만 은아에게 뭐라도 되는 것처럼 요란스럽게 구는 동안 그녀는 어른다움을 잃지 않고 있었다.

사랑이 너무 고픈 사람들은 이렇게도 하는가 보다. 그 조그마한 아이가 내미는 것도 이렇게 허겁지겁 받아먹어야 할 정도로 고파 있었나 보다 하고 스스로를 되돌아보았다. 무언가 순리는 아니다. 어찌 보면 '감히 은아 네가 어떻게 우리를 선택할 수 있어. 그런 건 우리만 할 수 있는 거야' 하는 생각이 밑바탕에 있었는지도 모른다. 실은 그 아이의 사랑을 받고 싶었으면서, 그 아이에게 관심과 존중을 받고 싶었으면서 말이다. 실은 사랑을 받고 싶어서 공부방을 하면서 말이다.

다시 한 번 무언가를 떨쳐버리기 위해 진저리를 쳐본다. 그리고 나

지막이 되뇌어본다. 사랑받고 싶은가? 그러면 잘할 일이다. 진심으로
잘할 일이다.

ADHD를 둘러싼 슬픈 속내들

틈

아이 엄마가 '우리 아이가 달라졌어요'란 텔레비전 프로그램에 출연 신청을 해보면 어떨까 하고 물어왔다. 벌써 몇 번째 하는 이야기다. 그런 집안 꼴로 텔레비전에 나가겠다고? 얼마나 힘들면 저런 생각을 할까 싶으면서도 그 용기가 놀랍다. 아이는 이제 약도 끊었고 심리치료도 중단한 상태다. 지금은 다시 지원을 받기 전의 공백기다. '우리 아이가 달라졌어요'는 그 끝에 나온 궁리다. '우리 아이는 달라져야 한다'는 엄마의 강렬한 소망이 느껴진다.

아이 이름은 은아*다. 파랑새의 열 명이 넘는 ADHD(주의력결핍과 잉행동장애) 약 복용 경력자들 중 한 명이다. 태어난 지 서너 달 만에

---

* 이름은 가명이다. 만약 가명이 아닌 별명을 붙인다면 '어쩌라구'로 하고 싶었다.

오빠와 함께 보육원에 맡겨졌다가 5년도 훌쩍 넘은 어느 날 갑자기 부모님과 다시 살게 된 드문 운명의 소유자다. 아직 취학 전인 은아는 오빠가 공부방을 다니게 되면서 만났다.

지금도 그렇지만 은아네 집은 종종 사람을 놀래킨다. 은아 오빠 때문에 처음 공부방을 찾아온 은아 엄마만 해도 그랬다. 공부방 아이들 모두가 대놓고 엄마 맞냐고, 혹시 누나 아니냐고 물을 만큼 도무지 엄마 같지 않았다. 담배 냄새를 풀풀 풍기며 어색한 모습으로 두리번거리며 공부방으로 들어선 은아 엄마는 딱 동네의 노는 언니 모습이었다. 은아 오빠도 그랬다. 그저 멋대로 저 하고 싶은 대로 떼쓰고, 그 정도도 너무 심했다.

그러니 은아는 생각도 못할 지경이었다. 은아네가 지역사회의 도움으로 공부방 가까이 이사를 오고 나서야 길에서 서성거리는 은아와 자주 마주칠 수 있었다. 한 번씩 보면 어리지만 맹랑함과 정신사나움이 가득해 보였다.

파랑새가 은아를 돌보게 된 것은 동네의 여러 기관들이 모였던 회의 자리에서 내린 결정 때문이었다.* 당시 가출했던 은아 엄마가 아빠에게 연락해 두 사람이 다시 만나 살게 되면서 보육원에 있던 아이들을 데려와 친구 부부의 단칸방에서 함께 지내고 있었다. 그 와중에 은

---

* 은아 오빠가 다니던 초등학교는 저소득 가정들이 밀집된 지역이어서, 교육격차가 크게 벌어질 우려가 있는 빈곤 가정의 학생들을 교육청에서 지원하는 교육복지투자우선지원사업(흔히 줄여서 교복투 사업이라 부른다) 대상이었다. 그래서 학교에서 지역사회교육전문가란 이름의 사회복지사들이 아이들을 돕고 있었는데, 은아 오빠의 잦은 지각으로 가정방문을 하게 되면서 은아네 문제가 지역사회로까지 알려지게 되었다.

아 엄마가 셋째까지 임신을 했던 것이다. 그 자리에 모인 사람들은 은아 부모가 아이들을 키우는 것에 매우 회의적이었다. 방임과 체벌 같은, 아동학대라 할 만한 일까지 종종 벌어지는 조짐이 보여서 모두가 걱정을 하고 있었다. 특히 은아는 나이도 어리고 배변 문제 등으로 엄마와 갈등도 많아서 오빠보다 더 보호와 관찰이 필요한 상황이었다. 은아를 조금이라도 더 보호할 수 있도록 유치원이 끝나면 오빠가 다니는 파랑새에서 아이를 좀더 돌보면 좋겠다는 이야기가 나왔다. 그렇게 은아는 어린 나이에 우리에게 오게 되었다.

은아가 파랑새에 왔던 첫날을 잊지 못한다. 꺅꺅거리며 여기저기를 마구 뛰어다니면서 아무거나 끄집어내는 통에 정신을 차릴 수가 없었다. 처음에는 저도 오빠가 다니는 파랑새에 다니고 싶어 했다는 엄마 말만 믿고 그냥 좋아서 저런가 보다 했다. 처음이라 그러려니 하면서, 오후에 유치원에서 돌아오면 조금 놀다가 저녁 먹고 집으로 돌아갈 테니 그 정도는 별것 아니라고 생각했다. 절대 그렇지 않을 것을 그때는 알지 못했다.

그 후 얼마 되지 않아 갑자기 은아가 유치원을 그만두었다. 은아 엄마는 아무렇지도 않은 일인 양 소식을 전했다. 유치원에서 은아가 교사들 서랍을 함부로 열고 물건을 집어오는 등 이런저런 말썽이 끊이지 않은 줄은 듣고 있었는데, 갑자기 그만두었다니 덜컥 불안한 마음이 들기도 했다. 곧 은아는 인근 어린이집으로 옮겨 다니게 되었다. 마침 어린이집이 공부방 근처라 더 자주 은아의 생활을 살펴볼 수 있었다. 은아는 어린이집을 좋아하는 눈치였지만 역시 그곳에서도 적응은 잘 못하고 있었다. 무언가에 집중하는 것을 어려워하고, 늘 부산하며, 다른 아이들 특히 자기보다 어린 아이들을 욕하거나 때리는 일도 잦아서 문제가 되는 눈치였다. 남의 물건에 손을 대고 여기저기 뒤지는 것도 변함없었고, 이것저것 부수는 통에 결국 또 어린이집에서 나가 달라는 요청을 받았다.

물론 공부방에서도 다르지 않았지만 또래가 있고 부모들의 눈치를 더 봐야 하는 어린이집은 더 곤란했던 모양이다. 담임교사는 안타까워했지만 힘에 부치는 티가 역력했다. 은아와 은아 엄마는 아쉬워했고 상처를 받았지만 어쩔 수 없었다. 그 뒤 은아는 초등학교를 입학하기까지 반 년 가까이 오로지 공부방만 다니게 되었다. 점심시간이 지나도록 늦잠을 자다 밥도 안 먹고 공부방에 왔다. 때로는 엄마가 자는데 말도 없이 저 혼자 오는 날도 있었다. 들어오면 먹을 것부터 찾고 보는 공부방 생활이 시작된 것이다.

원래도 그랬지만 은아가 오고 나서 공부방은 더 속도를 내어 무너지기 시작했다. 은아는 물건을 뒤지고 또 뒤졌다. 은아가 조용한 시간은 말없이 무언가를 끄집어낼 때뿐이라고 해도 과언이 아닐 정도였다. 누가 보는 앞에서도 빤히 물건을 집어가고 어느 틈에 가방이나 서랍을 뒤졌다. 공부방 아이들조차 대놓고 몹쓸 아이나 못난 아이 취급을 했다. 특히 은아보다 두 살이 많은 친오빠마저 은아를 대놓고 미워했다. 밤마다 오줌을 싼다는 이유 때문이다.

예쁘장하게 생겼지만 정신 사납고 말투 사납고 행동거지 번잡한 은아를 보고 있으면 절로 한숨이 났다. 그러면 눈치가 빤한 은아는

"왜 짜증을 내는데요?" 하고 제가 오히려 성질을 부린다. 혼찌검이 나서 주눅이라도 들지 않으면 도통 잠시도 차분해지질 못하는 은아는 사람들의 눈길이 탐조등 빛이라도 되는 양 눈길이 닿지 않는 곳을 향해 하루 종일 공부방 여기저기를 뛰어다녔다. 아무리 생각해도 부모를 설득해서 다시 어린이집을 보내는 길밖에 없을 듯 싶었다. 부모를 설득하는 한편 다시 보낼 어린이집을 백방으로 수소문했지만 막 무상보육이 시작되던 차여서 그런지 그마저도 쉽지가 않았다.

그래도 알아보자며 겨우 은아 엄마를 설득해 여기저기 자리가 있다는 어린이집을 찾아다녔다. 하지만 정말 자리가 없어서 그런지 아니면 옮겨오겠다는 아이를 꺼림칙하게 여겨서 그런지 결국 아무 데서도 연락이 없었다. 은아 오빠가 다니던 소아정신과 주치의에게 이 이야기를 했더니, 은아만이 아니라 다른 아이들도 수 년씩 다니던 어린이집에서 쫓겨나오고 있다고 한다. 봐야 할 아이들이 넘쳐나는데 한 번에 서너 아이 몫을 하는 아이를 참아낼 곳이 그리 많지 않다는 것이다. 그렇게 결국 은아는 다시 우리 차지가 되었다.

그 후 은아도 오빠가 다니던 병원에서 같은 진단을 받게 되었다. 주의집중과 부적절한 행동도 문제지만, 초등학교 입학이 코앞인데 열까지 숫자도 제대로 셀 줄도 모르는 은아의 상태를 염려해서 이루어진 검사였다. 검사 결과 은아는 지능이 낮고, 충동성은 매우 높으며, 심리적 불안감이 상당하다고 나왔다. 은아에게는 채워야 할 큰 틈이 있는데 그 틈은 너무 커서 도저히 채워지지 않을 것만 같았다.

흠

처음 은아네 집을 보고는 꽤나 놀랐다. 좁은 단칸방에 은아네 식구들이 사는 모습은 그저 가난과는 또 달랐다. 아이들이 셋씩 있다 치더라도 돌도 안 된 아이와 젊은 엄마가 있는 집인데 집안 꼴은 말로 형용할 수가 없을 만큼 어지러웠다. 방안에는 쓰고 버린 기저귀가 둘둘 말려 여기저기 뒹굴고, 물건인지 쓰레기인지 모를 것들이 곳곳에 처박혀 있었다. 벽에는 빨아 놓은 옷인지 벗어 놓은 옷인지 얻어다 놓은 옷인지 모를 옷가지들과 가재도구들이 산더미를 이루고 있었다. 꼬질꼬질한 이불들이 몇 채씩 쌓여 두터운 바닥층을 이루고 있고 그 밑에는 사방으로 바퀴벌레들이 기어 다니고 있었다.

그런 집안에서도 은아 자리는 따로 있었다. 부모님과 막내동생과 오빠가 나란히 누워 자는데 그중 오빠 발치가 은아의 잠자리였다. 이렇게 따로 자야 하는 건 은아가 밤마다 오줌을 싸기 때문이다. 하루도 거르지 않고, 때로는 하룻밤에 서너 번씩 오줌을 싼다고 한다. 하도 오줌을 싸대니 이불이고 뭐고 감당을 할 수가 없다는 것이다. 그래서 겨울에도 오줌에 찌든 홑이불 하나를 둘둘 말고 자기도 하고, 요 대신 나들이용 돗자리를 깔고 있기도 했다.

집에서 보는 은아는 달랐다. 공부방에서 보이던 앙칼지고 산만한 모습은 간 데 없고, 잔뜩 주눅 들고 기가 죽어 있었다. 마치 집에서 혼자 자라는 아이 같았다. 그럴 때 보면 은아는 산만하기보다 '야만적이고 본능적'인 것 같았다. 어쩌면 그래서 은아는 그런 사냥꾼의 기질이 필요했을지도 모르겠다. 누가 먹는지, 누가 때리는지, 누가 어디로 가는지 정신을 바짝 차리고 있지 않으면 빼앗기거나, 홀로 남겨지거나, 얻어맞고, 위험해질지도 모른다는 생각에 모든 감각을 살아남는 데 집중해야만 했는지도 모른다. 너무 많은 것들이 그냥 주어지는 아이들이 무기력 속에서 허우적대는 것처럼, 아무것도 주어지지 않은 아이는 필사적으로 살 방도를 찾아 두리번거릴 수밖에 없는지도 모른다.

어째서 가난한 아이들에게 표면적으로 ADHD와 같은 특성들이 더 많이 발견되는지 이해가 되는 대목이다. 더 험하게 사는 아이들, 더 억울한 아이들, 스스로 삶을 일구어가야 하는 아이들은 더 바지런히 움직여야 하는 것이다. 그러니 그것을 '병'이라 부르는 것은 부당하다. 그것은 일종의 삶에서 요청받는 무엇일 따름이다. 특히 은아에게는 말이다.

사실 이는 은아 세대에 와서 갑작스레 생긴 현상은 아니다. 은아의 부모, 아니 조부모나 그 윗세대로부터 시작되는 이야기이다. 은아 엄마의 친엄마도 가출을 했다고 한다. 어려서부터 알콜중독에 폭력을 일삼던 아버지는 아내가 가출한 뒤로는 가족도 견디기 힘들 정도가 됐다. 피치 못할 일들을 겪으면서 은아 엄마는 고등학교를 자퇴하긴 했지만, 내심으로는 누구라도 잡아주었으면 하고 바랐다고 했다. 결국 도저히 견딜 수 없는 지경에 너무 무서워서 은아 엄마 자신도 가출을 했다는 것이다. 반면 은아 아빠는 엄마 밑에서 자랐다. 여러 남자들이 잠시 엄마 곁을 머물다 떠났다. 그래서 아이는 엄마가 키우는 것이란 생각을 자연스럽게 하게 되었다고 한다. 중학교도 제대로 마치지 못한 그는 몸으로 살며 깨친 것들만을 믿었다. 그렇게 어리고 외로운 둘이 만나 갑자기 부모가 되었고 뒷일을 감당 못한 은아 엄마는 또 아이들을 두고 떠났던 것이다.

지금은 덜하지만 은아네 아이들을 안아보면 한결같이 아이들에게 담배 냄새가 났다. 심지어 젖먹이를 안아도 훅하고 담배 찌든 내가 난다. 다른 아이들이 향긋한 베이비로션 향기를 풍기며 '나 귀엽죠? 나 사랑스럽죠?' 할 때, 은아네 아이들은 '나, 인생 고달프겠죠? 나, 막 살 것 같죠?' 하고 냄새로 말한다. 그러면 갑자기 아이들 얼굴에 제 엄마와 아빠의 얼굴이 겹쳐 떠오른다.

이 이야기 어디에서도 은아가 태어나 살아가기에 평안한 틈을 찾기 어렵다. 가족을 간절히 바랐지만 가족을 이루기에는 힘이 부치는 그들이었다. 그런 틈바구니에 태어난 은아가 자기 속내를 말할 수 있었다면 아마도 그 첫마디는 "망했다!"였을지 모른다. 태어나고, 맡겨지고, 돌아오고, 여기저기 끌려다니며 생긴 흠들이 은아의 구석구석에 남아 있다.

그런 은아가 ADHD라는 것이다. 가난한 집의 아빠들은 알콜중독으로, 가난한 집의 엄마들은 우울로, 가난한 집의 아이들은 ADHD로 '병' 자리를 찾아든다. 가난은 이렇게 병이 되어서까지 확실한 쓰임새를 이룬다. 가난은 이제 전문가들이 붙지 않으면 극복해내지 못할, 점점 거대하고 심오한 무엇이 되어가고 있다.

금

은아는 누구보다 많은 양의 약을 먹고 있었다. 대개는 아침에만 먹는데 은아는 아침저녁으로 약을 먹었다. 아이는 약을 먹고는, 책을 들고 공부하는 시늉을 해서 제 엄마를 놀라게 했다. 은아네 집은 기초생활수급 가정이어서 약간의 약값 정도면 진료가 가능하다. 은아에게 필요한 인지치료나 놀이치료는 다른 서비스로 지원된다.

은아나 오빠 모두 나름대로 약효를 본 축에 든다. 그래서 은아 엄마도 병원 챙기는 일이나 약을 먹이는 일에 나름 정성을 들였다. 약을 먹으면 은아는 달라지는 정도가 아니었다. 마치 요정 팅커벨이 몸을 질질 끄는 좀비로 변하는 듯한 극적인 변화를 보였다. 억척스럽게 안아 달라고 떼를 쓰고 뭐 하나 집어갈 게 없나 두리번거리던 아이가 약을 먹으면 흘러내리는 몸뚱이를 의자에 걸치고는 추위에 언 듯 가만히 앉아 있었다. 잘 알지도 못하면서 무언가를 가르쳐주려고 하면 손을 탁 치던 버릇없는 짓도 약만 먹으면 사라졌다.

그렇게 주저앉은 아이의 표정은 섬뜩했다. 앞으로 몇십 년의 시간을 살아내야 할 이 세상이 이미 너무도 공허하다는 것을 알아차린 눈빛이었다. 살기도 전에 살아봐야 무슨 소용일까를 생각하는 눈빛이다. 어둠 속 어딘가를 헤매며 지펴지지 않는 불길을 응시하고 있는 듯한 은아의 표정을 보고 있노라면 "나더러 어쩌라는 말이냐?" 하는 공허한 분노가 느껴진다.

은아 오빠는 뜻밖에도 책을 좋아한다. 글씨를 쓰고 학습지를 푸는 것은 끔찍하게 싫어하지만 그림책을 읽어주겠다고 하면 언제나 대환영이다. 3학년이 된 지금도 무르팍에 앉아 제 두 팔로 그림책을 들고 있는 내 팔을 휘감다시피 하고, 더 다정한 목소리로 책을 읽으라고 조른다. 제게 필요한 것이 무엇인지를 알고 요구하고 있는 것이다. 은아 오빠는 말하자면 그림책 읽어주기를 통해 정서와 인지 두 측면에서 모두 어루만져지고 있는 셈이다. 반면 은아는 하루에도 몇 번씩 안아 달라고 보채 안아 올리면 언제나 '놀이터 가자, 흙놀이 하자, 소꿉놀이 하자'고 조른다. 누군가 함께 놀아주고 안아주고 사랑해주기를 원하는 은아는 사랑 대신 약을 받았던 것이다. 은아가 먹고 있는 약은 미국에서는 마약성 약물로 분류된 것이다. 마약이란 환각을 일으키는 것이다. 아마 은아가 가장 느끼고 싶은 환각은 '나는 사랑받고 있으며, 세상 속에서 안전하며, 행복하다'가 아닐까.

그런 아이가 엄마 눈에도 너무 안됐는지 하루는 아이들에게 약을 먹이지 않겠다고 했다. 오빠도 나름 좋아졌고, 은아가 까무러지는 것도 안쓰럽다는 것이다. 그러지 말라고 할 수는 없었다. 공부방에서는 아이들을 주로 오후에 만나는데, 그 무렵은 ADHD 약효가 떨어지고 있는 중이어서 그런지 그저 만사에 심드렁하게 보일 때가 많다. 주의를 기울이는 시간이 조금 늘었고, 조금 고분고분해 보이기도 하지만 그뿐이다. 약을 먹는다고 더 나은 행동이나 더 적절한 태도를 저절로 알게 되지는 않는다. 더욱이 약을 조절한다고는 하지만 확실한 쪽은 약효보다 부작용이다. 은아 엄마가 '우리 아이가 달라졌어요'란 프로그램에 나가고 싶다고 한 것도 그런 맥락에서다. 아이 기운을 빼지 않고 어떻게 아이들을 다룰 수 있는지 구체적인 방법을 배우고 싶은데 어떻게 신청을 해야 할지 모르겠고, 자기 같은 사람들은 왠지 안 받아 줄 것 같아서 망설여진다고 한다.

텔레비전 프로그램에 나가면 은아가 정신을 차려서 확 달라질지도 모른다는 기대감이 조금 어처구니가 없다 싶기도 하고, 자신을 바꾸고 싶은 마음은 별로 없으면서 아이들은 당장 바뀌어야 한다는 요구가 너무하다 싶기도 하지만, 아무 대책 없이 약만 끊으려니 불안해지는 그 마음이 이해가 되기도 한다. 그래도 기적은 꾸준한 노력 없이는 찾아오지 않는다. 텔레비전이 아니라 그 무엇도 그런 기적을 행할 수는 없는 노릇이다. 그렇다고 그 모든 걸 은아 엄마의 몫으로 돌리는 것도 말이 안 된다.

상황이 이러한데도 이 아이들의 일은 당사자와 그 가족들에게 맡겨진다. 물론 은아가 놀이치료와 인지치료를 받는 것도 사회가 그냥 내버려두고 있는 건 아니라는 일종의 증거이긴 하다. 보건복지부에서 제공하는 사회 서비스니 말이다. 심리적인 어려움을 가진 아동들을 위해 고안된 공적 서비스로 보통 회당 수만 원씩 비용이 들어 정부 지원이 없으면 은아는 이용이 거의 불가능하다. 의사의 진단서나 임상심리사 또는 청소년 상담사가 발부한 소견서를 첨부하거나 지역 정신건강증진센터의 사례관리 대상자로 선정되면 신청을 할 수 있다. 지난해에는 '문제행동 조기 개입 서비스'란 거창한 이름으로 소득에 따라 산정된 일정 비율의 금액을 바우처 방식으로 지원하다가 2013년에는 '심리정서 지원 서비스'로 명칭이 바뀌었다. 기초생활수급 가정에서는 거의 10분의 1 비용으로 이용할 수 있다.

그러나 이런 서비스를 이용하는 것도 역시 만만한 일이 아니다. 최근에는 서비스를 이용하려는 대상자가 많이 늘어 예산이 부담되자 서비스 이용자의 의무를 강화하는 방향으로 지원구조가 바뀌고 있다. 기간도 12개월로, 1회에 한해 재판정과 재신청 절차를 걸쳐 연장할 수 있도록 했다. 서비스 이용을 태만히 할 경우 강제로 종료될 수도 있다.

하지만 '문제행동 조기 개입 서비스'라는 이름으로 이 서비스를 고안했을 때 무엇을 생각하며 만들었는지를 생각해볼 필요가 있다. 뭔가 문제 되는 행동을 하는 아이에게 치료적 개입을 해서 문제를 개선해보겠다는 것인데, 그런 아이들이 병원이나 치료소를 꼬박꼬박 다니는 일 자체가 어려울 수도 있다는 생각은 어째서 하지 못하는지 모르겠다. 특히 이 아이들은 알려진 것처럼 충동성이 높아 언제 어떻게 나올지 알 수 없는 것이 보통이다. 그런 아이들이 매주 학교가 끝나고 예약된 진료시간에 맞추어 꼬박꼬박 병원이나 치료소를 다닐 수 있을 거라고 기대하는 것 자체가 앞뒤가 안 맞는 것 아닌가?

병

은아는 나에게 언제나 버거웠다. 하기 힘든 숙제 같았다. ADHD도 마찬가지다. 은아를 지켜보며 우리에게 ADHD가 무엇인지, 혹은 무엇이기를 바라는지 혼란스러웠다.

현재 대한민국 사회에서 부모들이 자식에게 바라는 것은 극심한 경쟁에서도 살아남을 수 있는 최강의 상품성을 지닌 아이들이다. 당연히 그래야 할 내 자식에게 뭔가 문제가 있는 듯하면 가슴이 덜컥한다. 한시도 쉬지 말고 경쟁력을 쌓아도 모자랄 판에 아무데나 필이 꽂히는 대로 시간을 보내고, 그냥 멍하니 있거나 정신없이 나대니, 부모들에겐 거의 악몽이다. 어떻게든 무엇이든 조치를 취해서 고쳐보려 하는데, 거기다 대고 전문가는 바로 그게 ADHD라는 병 때문이라고 한다. 병이라니! 게다가 약도 있다니!

아이의 그런 행동은 가정생활이라는 아름다운 꿈을 산산조각 낸다. 최근 젊은 부모의 경우 아이들이 자라는 것을 곁에서 볼 기회가 적어 실제를 상상하기란 쉬운 일이 아니다. 기껏 조카들이 자라는 것을 힐끗 본 것이 전부나 다름없는 어른들이 부모가 된다. 그나마 영화나 드라마가 본이 되긴 한다. 그래서 깜찍하고 귀여운 모습으로, 때로는 어른보다 더 어른스러운 말도 척척 하는 아이들과 행복하게 사는 게 보통 가정생활일 거라는 착각에 빠져 있다. 그럴 줄 알았는데… 근데… 내 아이가 하는 짓마다 타박을 듣는 정신없는 아이라니 믿을 수가 없는 것이다. 공부는 물론, 심지어 남들은 아무것도 아닌 먹고 자는 일마저 난리를 쳐야 하는 상황이 계속되면 이건 뭐가 잘못되어도 크게 잘못된 것이 분명하다고 느껴진다. 그때 ADHD의 등장은 역설적이게도 반가울 수 있다. 무언가 잘못된 그것이 일종의 병이라니! 아이가 원래 그런 것도 아니고, 또 누구 잘못도 아니고, 게다가 치료하면 좋아질 수 있는 병이라니, 차라리 다행이다 싶을 수 있다. 더욱이 병에 걸렸으니 가엾은 마음도 든다. 그동안은 하도 말을 안 듣고 힘들게 굴어서 미운 마음이 굴뚝같았는데, 전문가가 "부모님이 그러시면 안 됩니다. 아이도 일부러 그러는 게 아닙니다"란 식으로 말을 해주니 어떻게 생각해야 할지도 희미하게 보이는 것 같다. 일부러 저러는 것이 아니고 병에 걸려 저런 것이니, 우리 아이와 나는 이해받아야 마땅하다고 느껴진다. 마음 한구석이 편해진다.

아이를 위해 최선을 다해야겠다고 결심한 부모들은 약뿐 아니라 병에 좋다는 모든 조치를 동원한다. 돈이 문제가 아니다. 병은 고치면 되는 거니까. 이제 낫기만 하면, 귀엽고 건강하고 똑똑하고 예의바르면서도 살짝 개구지고, 또 조금은 어른스러운 구석도 있는 매력적인 아이로 되돌아올지도 모른다.

한편 가난한 부모들도 속내는 ADHD라는 병이 반갑다. 정황은 이렇다. 학교나 공부방에서 아이가 도저히 감당이 안 된다고 부모를 부르면, 절대 그럴 리가 없다며 "우리 아이가 그렇다구요?" 하고 놀라는 경우는 별로 없다. 오히려 여태 아무 소리가 없이 잘 지내는 게 이상했다는 식으로 담담한 경우가 더 많다. 교사가 뭔 말을 시작도 하기 전에 얘가 왜 이 모양인지 모르겠다는 하소연을 먼저 쏟아내기도 한다. 소리를 질러도 안 되고, 때려도 안 되고, 내쫓아도 안 되니 어찌해야 좋을지 모르겠다며. 제 엄마의 이야기를 옆에서 듣고 있던 아이는 그런 소리를 일러바친다고 집에서 제 아버지가 엄마를 쥐어박을 때 하는 것처럼 헛소리를 차며 오히려 눈을 부라린다.

이런 상황이나 부모의 반응이 은근히 겁이 나고 걱정스럽기 시작한다. 이러려고 부른 게 아니었는데 하는 생각을 할 새도 없이 이미 엄마는 다 필요없고, 다 소용없다고 난리를 부리고 있다. 겨우 엄마를 달래서 아이가 그러니 집에서도 좀 노력을 해주시고 우리도 어떻게 좀 전문적인 도움을 받을 수 있을지 알아보겠다고 이야기의 가닥을 잡게 된다. 도움이 필요한 사람은 오히려 지금 눈앞의 부모라는 사실이 명확해지는 순간이다.

그럴 때 아이를 데려간 전문가에게 ADHD란 말을 듣게 된다. 부모가 어떤 사람인지, 아이가 어떤 삶을 살았는지보다 아이가 수행한 검사에 더 관심이 많은 전문가는 다분히 ADHD적인 경향이 있다고 선언한다. 그러면서 약물치료와 다른 심리치료를 병행하는 것이 중요하니 병원을 빠지지 말고 잘 다니고 약도 잘 먹으라고 하며 우리를 얼른 내보낸다.

아이가 나쁜 게 아니고 무언가 잘못된 데가 있으니, 약 먹고 이런저런 노력을 하면 좋아질 수도 있다고 하니, 도리어 희망이 보인다. 사정없이 얽힌 실타래를 단칼에 잘라내듯 ADHD란 말이 반가워지는 순간이다. 집이 문제가 있고 아이도 문제가 있다는 건 다 알지만, 그보다는 신경전달물질의 활성화에 문제가 있어 그렇다는 말은 아무에게도 책임을 묻지 않고 전문적인 것처럼 들리니 더욱 믿음직스럽다. 참으로 혹하고 싶은 말이다.

부모나 교사, 사회 모두가 감당하지 못하는 이 '무엇'은 병으로 화化하는 편이 더 나은지도 모르겠다. 집과 동네를 고쳐주기보다, 교육

시스템을 바꾸기보다, 극심한 경쟁에 시달리는 사회를 개선하기보다는 한 알의 알약이 더 현실적인 해결책이다. 아이들만 먹어준다면 말이다. 아이들이 이런 독한 약을 먹고 나아지기를 고대하는 것이 더 현실적인 바람이다.

사실 이런 음모는 새로운 것도 아니다. 우리는 오래 전부터 이해할 수 없는 많은 것들을 질병이나 범죄 혹은 무의식 등등의 이름을 붙여 저 멀리로 밀어넣고 숨겨왔다. 전문가들이 하는 일들 중 하나는 이런 음모에 정당성을 찾아주는 일이기도 했다. 이해할 수도 없고 용납될 수도 없지만 곁에 존재하는 것들을 다루어야 했던 고통은 인류에게 오래된 것이다. 그런 과정에서 어리고 가난하고 힘없고 배척받는 이들은 언제나 희생자가 되어왔다.

이처럼 금을 긋는 일은 우리가 언제나 해왔던 일이다. 알 수 없는 것들을 금을 그어 꼬리를 붙이고, 우리들 사이에 금을 그어 그들에게 그 꼬리표를 붙인다. 은아는 어리고, 가난하고, 버림받았었고, 학대당했고, ADHD라는 심리적이고 행동적인 문제를 지녔다고 하는 겹겹의 금 안에 사로잡혀 있다. 이 금들을 다 넘어올 수나 있을까 싶을 만큼 많은 금들이 그어진 저 어디쯤의 땅에서 철없는 어린 것은 환하게 웃고 있다.

ADHD든 무엇이든, 꼬리표가 달렸든 어쨌든 아이들이 가족이나 친구, 주위 사람들과 좀더 잘 지내고 행복해졌으면 좋겠다. 부모나 교사, 그리고 아이를 둘러싼 환경은 그대로 둔 채 아이가 독한 약을 먹는다고 될 일이 아니다. 내가 생각했던 아이, 바라던 아이는 결코 그런 아이가 아니라면서, 외모를 성형하듯 공부와 스펙을 쌓듯 아이의 심리적 에너지마저 관리하고 싶은 것이 ADHD를 둘러싼 일련의 시류 속에 숨어 있는 어른들의 욕망이 아닐까.

ADHD와 관련한 이런저런 논란의 중심에 자주 등장하는 말로 '자존감'이 있다. 자주 실수하고 자주 실패하여 남들이 싫어하는 아이가 되면 회복되지 않을 만큼 자존감에 손상을 입어서 아예 쓸모없는 아이가 되어버릴까봐 걱정스럽다는 투로 등장하는 말이다. 그래서 아이들이 쓸데없는 실수를 하지 않도록 도와줘야 하지 않겠는가 하는 맥락에서 나오는 말이다.

하지만 자존감은 스스로 괜찮은 사람이라고 느낄 때 생긴다. 못나고 잘나고의 문제가 아니라 내가 나인 것이 괜찮은 것이 자존감이다. 약을 먹거나 다른 무엇으로 조절되어 남에게 맞출 줄 아는 사람이 되어야 자존감이 커지는 것이 아니다. 정도를 벗어나지만 않으면 누구든 자기답게 살아도 아무도 문제 삼지 않아야 자존감을 가지고 살 수 있다. 모난 돌은 쓸모 없는 거라며 정으로 두들겨 대는 세상에서 스스로에게 안정감을 느끼며 살 수 있는 사람은 별로 없다. 그러니 ADHD 문제는 매우 사회적인, 우리 모두의 문제다. 아이들이 스스로를 괴물로 여기며 홀로 울도록 하지 말자. 그들은 천금 같은 우리의 아이들이다.

업사이클링 중인 아이들

'정말 네가…'

요즘 공부방에 일찍 간다. 예전과 달리 넓고 한결 쾌적해진 환경에, 아침에 눈만 뜨면 공부방에 가고 싶어 궁뎅이가 들썩인다. 너무 커서 휑한 느낌을 지우려고 업사이클링에 조금 심취하다 보니 집구석은 개판인데 공부방에는 인형 옷을 만들어 놓고, 버려진 화분들을 입양해 (?) 키우며 난리를 치고 있다. (업사이클링은 기본적으로 재활용의 의미를 깔고 있지만 단순한 재활용의 의미를 넘어서 아름다운 쓸모를 추구하는 것으로 알고 있다. 내 경우에는 버려진 폐품들로 이런저런 소품거리를 만드는 것이 드문 취미다. 다만 잘 만들 줄 모르고 목수가 연장 나무란다고 기자재가 없어 맘껏 못하는 것이 늘 안타까울 뿐이다.)

하지만 이것만이 내가 공부방에 일찍 나가는 이유의 전부는 아니다. 숨겨진 다른 이유는 아침에 학교를 안 가고 공부방에 오는 아이들이 생겼기 때문이다. 한 달 전쯤 평소 잘 알고 지내던 인근 중학교 선생님께 전화를 받은 것이 일의 시작이었다. 그분은 그야말로 '부드럽고 인자하신 선생님'의 표본으로 정말 아이들을 사랑하는 분인데, 인근 중학교로 전근을 가서 학생주임을 맡으셨다. 정말 그 '학주!' 말이다. 하지만 학주를 맡았다는 소식의 충격만큼 학주 일을 해나가시는 모습도 충격적이었다. 아주 인자하고 자애로운 학주, 사랑스러운 학생주임이 되셨기 때문이다. 그 선생님께서 전화를 하셔서는, 옛말로 치면 정학을 받아야 하는 아이들이 있어 사회봉사를 해야 하는데 공부방에서 좀 지낼 수 있도록 해주면 좋겠다고 부탁을 하신 것이다. 그 선생님의 부탁이 있기도 했고, 무엇보다 정학을 먹을 정도로 '포스'가 쎈 아이들은 어떨까 하는 순전한 호기심에 선선히 응했다.

그렇게 오는 아이들의 잘못은 다양하지만, 흡연이나 다른 친구들을 괴롭힌 것 등등의 사소한 교칙 위반이 대부분이다. 때로는 죄명이 무시무시해서 속으로 발발 떨며 아이를 맞이하는 경우도 있는데, 막상 만나보면 말간 얼굴을 한 아이들이 대부분이어서 '정말 네가…' 하고 입이 다물어지지 않는 경우도 많다.

정말 '괜찮은' 아이들

첫 아이는 '폭행 가해자'였다. 실수로 때렸는데 친구 코가 그냥 부러졌다는 말이 절로 믿길 정도로 순해 보이는 아주 키가 큰 아이였다.

또 한 여학생 언니는 수업시간에 휴대폰을 압수하려는 교사에게 걸쭉하게 욕을 하고 후배들 삥을 뜯는 등 소소한 전력이 있다고 해서 잔뜩 겁을 먹었는데, 그냥 매사가 귀찮은 언니였을 뿐이다. 그래서인지 그 언니는 우리도 무척 귀찮아했다는 기억만이 남는다.

또 한 아이는 너무 심하게 좋은 일을 하다가 문제가 된 경우였는데, 그 학주 선생님께서 부끄럽게도 진짜 좋은 일을 하는 사람들을 보여주겠다고 우리에게 보내신 경우였다. 공부를 꽤 잘하는 학생이었는데, 친구가 학업 문제로 고민하며 자기도 열등반을 벗어나보고 싶다고 매달리는 것을 차마 못 본 체할 수 없어 시험 시간에 정답을 몰래 알려주었던 것이다. 또 한 명의 공모자로 번뇌를 거듭하던, 성직자의 아들이기도 한 급우로 인해 이미 1교시에 사건의 전모가 다 밝혀져 경고조치를 당했는데, 이 친구는 그럼에도 불굴의 의지를 발휘하여 2, 3교시에도 굳건히 돕기를 그만두지 않았던 갸륵한 심성의 소유자였다. 그 친구는 서글서글한 외모와 스마트한 지성의 소유자로 사랑의 마음으로 사회봉사에 임해 공부방 여중생들의 가슴을 분홍빛으로, 분홍빛으로만 물들이다 갔다.

그렇게 모두가 가고 지금은 세련된 스모키 화장을 뽐내는 언니가 와 있다. 완벽한 메이크업 베이스, 피부 톤에 걸맞는 허연 파운데이션을 꼼꼼히 바르고, 눈 위 아래에 포스 있는 아이라인을 살짝 올려 그리고, 옅은 립스틱으로 마무리를 한, 늘 깔끔한 외양을 자랑하는 언니다. 후배들에게 삥을 뜯으려 했으나 간덩이가 부은 후배들이 교사에게 직발로 가서 이르는 바람에 가엾게도 그마저 실패한 불운의 주인

공이다. 그래서 사회봉사를 하는 그 순간에도 자신이 정말 벌 받을 만한 자격이 있는가를 놓고 심각하게 고민을 하고 계신다.

그렇게 공부방에는 새로운 아이들이 다녀가게 되었다. 한 명씩, 한 명씩 차분한 모습으로 다녀가는 이들을 겪으면서 공부방 교사들의 평은 비교적 '괜찮은 아이들'이라는 것이다. '생각만큼 나쁘지 않네' 정도가 아니라 '정말 괜찮은 아이들'이어서 사회봉사가 끝나고 학교에 아이들을 빼앗겨야 하는 순간이 오면 무척 섭섭하기까지 한 묘한 감정을 느끼게 된다는 것이다.

그렇다고 아이들이 큰 변화를 겪는 것은 물론 아니다. 일주일 남짓한 사이에 생각이나 행동이 바뀐다는 것은 상상할 수 없는 일이다. 어쩌면 비교적 겁을 내며 아이들을 받아들였던 터라 다루기도 살살, 말도 조심조심하며 그 친구들과 큰 마찰 없이 지내다 보니 나온 평이 아닌가 싶다.

학교에서는 무슨 생각으로 그런 친구들을 지역아동센터로 보내는지는 모르겠지만, 한 가지 분명한 것은 개과천선은 절대 일어나지 않는다는 것이다. 그럼에도 자기 잘못을 알고 최소한 다시 돌아오는 일은 없도록 해야겠다는 생각으로 아이들에게 빌다시피 다시는 그러지 말라고 신신당부를 해서 보낸다. 그러니 학교가 생각하는 것처럼 사실 그렇게 '봉사활동'을 하지는 않는다. 보통은 좀 쉬고, 실컷 심심해하고, 가끔 재밌게 놀고, 지독하게 말 안 듣는 공부방 아이들과 함께 있으면서 정말 심하다는 하소연을 늘어놓는 사이에 시간이 다 가버리는 것이다. 돌려보내고 나면 그 공부방 절대 가지 말라고 고개를 흔드는 아이들도 있지만, 때로는 꼭 다시 오고 싶다고 갑자기 열혈팬이 되는 수도 있다.

이런 친구들이 오가는 공부방들이 몇 군데 있다. 교사들의 내공이 훌륭한 곳에서는 나름대로 108배도 하게 하고 아이들에게 새로운 순간을 맞이하게 하기도 한다는데, 아직 우리는 그런 면에서 서툴다. 보통 3시 무렵이면 학원을 가야 한다며 학교보다 학원을 더 챙기는 탓에 전날 몇 시에 공부방이 끝나더라도 다음날 늦어도 10시까지는 공부방에 나와서 이 친구들과 함께 생활해야 하는 것을 힘겨워하는 그렇고 그런 수준이다.

그중 어떤 아이도 공부, 아니 최소한의 학습조차 학교에서 한다는 아이는 없는 것 같다. 학교는 철저히 평가만 담당하는 기구로 전락한 지 오래고, 평가 준비에 필요한 학원을 가기 전까지 아이들은 학교에서 친구들과 놀며 무료하고 무의미한 시간을 보내는 것처럼 보인다. 대부분은 소소한 즐거움도 찾고 의미도 발견하며 그럭저럭 견디고 있지만, 이들처럼 담배나 후배 얼러대는 데 재미를 붙인 아이들에게 학교는 또 다른 의미에서 스릴 만점의 장소가 되기도 하는 것 같다.

업사이클링을 한다는 것

아이들이 두려운 것은, 예전에 어떤 아이에게도 고백한 적이 있지만 그 아이를 어찌할 방도가 없기 때문이다. 연락도 없이 약속한 시간에 나타나지도 않고 뒤늦게 와서는 한 소리 듣는데 잔뜩 짜증이 난다는 투로 눈을 옆으로 째리며 고개를 외로 꼬고, 한 손으로 턱을 괴고는 삐딱이 앉아서 "아, 왜요?"라든지 막무가내로 "싫어요"를 연발하는 사람 앞에 할 수 있는 일이란 없기 때문이다. 그런 순간은 나같이 욱하기를 잘 하거나 툭하면 '너를 고쳐주겠어'라는 식의 쓸데없는 인성(人性) 전문 엔지니어링 기사 같은 마음을 곧잘 먹는 사람들은 특히 극도로 차분할 수 있어야 한다. 겉모습에 현혹되어 화를 내면 안된다. 정 건디기 힘들면 내 눈에 비친 상대방의 모습을 묘사하면서 그 때문에 심하게 무시당하는 기분이 들어 자신이 많이 상처받고 있다는 것을 알려주는 데 집중하는 편이 낫다. 한 번은 우리의 스모키 언니가 매우 강렬한 신체언어를 발산해서, 그런 태도에 대해 사과를 했으면 좋겠다고 하고 서로 간에 좀 시간을 벌어 기분을 가라앉힌 다음, 다음 날 자세 하나하나를 보여주면서 '몸이 하는 말'도 있다는 것과 그로 인해 타인이 상처를 받을 수 있다는 사실을 이야기하면서 그 타인이 전날에는 바로 나여서 무척 힘들었다고 말했다.

이렇게 가능하면 아이들과 절대 대결 구도를 만들지 않는 것이 나의 원칙이다. 이것은 대단한 교육철학이라도 있어 하는 것은 아니다. 실은 나라는 인간의 밑바닥을 알기에 하는 말이라는 것이 더 맞는 표현일 것 같다. 남한테 지기 싫어하고, 애들한테 꼭 잘난 척 하고 싶어 하는 사람이 나여서, 대결 구도가 되면 어떤 꼬투리를 잡아서라도 꼭 그 아이한테 할 소리 못할 소리를 다 해가며 '봐라, 이러니 너도 네가 나쁜 애라는 것을 인정하겠지? 그리고 내가 진짜 애쓰고 있으니 난 괜찮은 사람이지?' 하면서 인정받고 싶어 하는 더러운 근성이 있기 때문이다.

물론 아이들 중에는 공연히 뻗대는 아이들도 있어 모든 일이 생각대로 풀리는 것은 아니다. 어떤 때는 생각과 달리 '너랑 다투기 싫고 그럴 필요도 없지만 어쨌든 우리는 다투었고 그런 다툼에서 네가 이겼다, 다툴 수밖에 없었던 이유가 있었고 잘잘못을 따질 일이 있었는데, 일부는 내게도 잘못한 점이 있어 네가 이긴 것 같다, 내게 조금 시간을 주면 잘못한 부분을 생각해보고 진심으로 잘못이 느껴지면 사과하겠다' 하고 솔직히 다툼을 인정해야 하는 아이를 만나기도 한다. 그런 순간 내가 할 수 있는 일은, 그 친구가 알 것 같았는데 실은 잘 모르는 사소한 일들과 사정을 잘 모를 수도 있는 일들을 함께 찾아내고 같이 생각해볼 시간을 갖는 것이다.

지금 사회봉사를 오는 아이들은 대부분의 시간을 공부방에서 무료하게 있으면서 청소 일 정도를 돕고 있다. 그 아이가 나쁜 짓을 했으니 벌을 주기 위해 일을 시키고 싶지는 않은 것이 우리 마음이다. 오히려 공부방에는 할 일이 수두룩한데 교사 수는 적다 보니 저절로 이것저것을 부탁하게 되고, 점심시간이 지나면 1학년 꼬맹이들이 몰려와서 또 사람을 괴롭히는 힘든 일상을 함께하고 있다. 가끔 우리는 짝이 되어 함께 일한다는 느낌이 들기도 한다. 이 모든 경험들이 자신을 업사이클링 하는 데 도움이 되기를 바라는 마음으로 함께 시간을 보낸다. 학교에서 일어난 사건과 그 기억을 공부방에서 차분한 마음으로 되돌아보고 잘 가다듬어 이 시간이 의미 있게 자리매김될 수 있기를 바란다.

아이들을 만나보면서 그저 호기심으로만 이 아이들을 맞이했던 첫 순간이 나라는 사람의 한계를 여실히 보여주는 것 같아 부끄럽기 그지없다. 그리고 언제나 돌출적인 결정을 부드러운 물결처럼 함께 잘 풀어가는 공부방 동료 교사들에게 감사할 따름이다. 사회봉사가 끝나고 학교에서는 '구로파랑새는 너무 힘드니 절대 가지 마라'는 소문이 슬금슬금 퍼지고 있다고 한다. 그냥 한 동네 사람들이니 아이들에게 무관심해지고 싶지 않은 마음에서 시작한 일인데 다시금 악명을 떨치고 있다니 조금은 씁쓸하다. 마음과 달리 뭘 잘 몰라 서툰 탓이 큰 때문이리라.

그래도 아이들의 인생에서 짧은 순간이지만 그저 버려지는 시간이 아닌 무언가 아름다운 시간으로 탈바꿈시키는 데 작은 힘을 보태고 싶은 마음이 간절하다. 새로 오는 친구들을 맞는 일은 늘 긴장되지만 그래도 함께하고 싶다. 그래서 인생을 함께 업사이클링하고 싶다. 우리도 같이….

폐 끼치고 남의 삶에 개입하기

폐 끼치지 않고 살아가는 것은 바람직할까

공부방에 오는 아이들에게 가르치기 가장 어려운 것 중 하나가 '어떻게 얼마만큼 폐를 끼치고 살아야 하는가?'라는 점이다. 최근 들어 이 문제가 더욱 고민스러워 아이들의 도덕발달에 대해 공부를 좀 해보든지 아니면 제대로 된 심리전문가의 도움을 받아 해결의 실마리를 찾아보고 싶다는 생각이 간절하다.

살다 보니 아이나 어른, 나와 남 할 것 없이 서로 적당한 거리를 유지하면서 아름답게 배려하지 못하고 끙끙거리고 불쾌해하고 실망하며 괴롭기가 한이 없다. 그러면 남에게 최대한 폐를 끼치지 않고 살아가는 것은 바람직할까? 이것도 쉽게 판단이 서지 않는다. 물론 보통은 마구 폐를 끼치는 것보다 스스로 해결하며 살려고 하는 게 훨씬 낫다고 생각할 수 있다. 하지만 몇 년째 어떻게든 남에게 폐를 안 끼치고 살려 애쓰는 한 아이를 보면서 많이 힘들었다. 어쩌면 우리가 해야 할 역할은 아이들이 적당히 남에게 폐를 끼치고, 필요한 만큼 염치없이 굴어도 마음 편할 수 있게 만들어주는 것이 아닐까 하는 생각이 든다.

남한테 폐 안 끼치고 사는 게 좋아?

주호에게 전화가 왔다. 이가 아파서 공부방에 못 오겠다는 것이다. 바쁜 틈이라 무심하게 받아서 그렇지 그 아이에게 전화가 오는 것은 일 년에 한 번 있을까 말까 한 일이다. 간단한 전화였지만 여러 가지로 신경이 쓰인다. 그런데 다음 날이 되니 어김없이 공부방에 나왔다. 어제는 이가 아팠는데 학교 양호실에서 진통제를 먹었더니 이젠 괜찮다는 것이다. 그리고 아주 죄송하다는 말도 덧붙였다. 못 오던 아이가 나왔고, 어떠냐는 물음에 이젠 괜찮다고 하니 그쯤에서 그만두면 딱 좋았을 거다.

나는 한참 뜸을 들인 뒤 퉁명스레 왜 이가 아프냐며 다그쳐 물었다. 지난해에 지원을 받아 모든 아이들이 치과진료를 받았고, 이에 문제가 있는 아이들은 어느 정도 해결을 보았기 때문에 벌써 이가 아프다는 게 좀 이상해서였다. 올해 더 이상의 지원은 없지만, 검진을 해서 혹 별 문제는 없는지 사후관리까지 하던 중이었기에 갑자기 심하게 이가 아프다는 게 잘 이해가 되지 않았다. 게다가 주호가 말이다.

주호는 내가 공부방 교사를 막 시작할 때 만났던 아이였다. 그 후 지금껏 교사로 성장하는 데 많은 자극을 주었고 누구보다 내 삶에서 의미 있는 아이들 중 하나였다. 그러나 초보교사와 자의식이 강한 아이가 만나서 서로 한참 힘든 시간을 보낸 것도 사실이다. 그래도 시간이 약이라고, 나중에는 서로 많이 평화로워지기도 하고 또 서로가 바빠지면서 별로 부딪힐 일도 없다 싶었는데, 소강상태가 다시 임계점에 이른 모양이다.

주호는 늘 스스로를 잘 챙기는 아이였다. 초등학교 1학년 때 담임교사 소개로 공부방을 왔는데, 주호가 없는 공부방은 상상이 되지 않을 만큼 그 후로 공부방 붙박이가 되었다. 집에서 챙겨주는 사람 하나 없는 눈치인데도 지독하게 추운 겨울에도 볼품없는 겨울잠바 하나 걸치고 하루도 빠짐없이 꼬박꼬박 공부방을 나왔다. 주호는 또래들보다 체구가 훨씬 작고 말투도 또랑또랑해 귀여움을 받기도 했지만, 공부방 생활은 한마디로 풍파가 많았다.

성실하고 귀여운 아이이긴 했지만 주호는 결코 쉬운 아이는 아니었다. 아마도 집안 사정 때문인 듯했지만, 딱히 무어라 할 수 없는 편치 않은 구석이 있는 아이였다. 무엇보다 주호는 늘 남들에게 조금은 자기를 가리는 것처럼 보였다. 아버지와 두 형들과 함께 살고 있었는데, 집에 전화도 없고 아버지도 핸드폰이 없다는 것이다. 그렇지만 아이가 워낙 꼬박꼬박 공부방을 나오니 특별한 사정이 아니면 그리 큰 문제가 되지는 않았다. 자기 집이 어딘지 대충 알려주기는 했으나, 늘 아버지 핑계를 대며 집에 찾아오는 건 곤란하단 표를 냈다. 아이들도 주호 집에 가서 놀아본 아이가 거의 없는 눈치였다. 가만 보면 주호 쪽에서는 다른 아이들 집을 열심히 다니는 모양인데, 다른 아이들은 전혀 그런 눈치가 안 보였다.

아이가 늘 입성도 형편없고, 먹는 것도 부실해 보이고, 건강에 분명한 문제가 있는 데도 그냥 내버려두는 게 뭣해서 얼마나 어려운 집이면 저럴까 싶어 사실 궁금한 마음이 들기도 했다. 그런데 아버지도 계시고, 중퇴를 했지만 대학을 간 형도 있다 하고, 또 얼떨결에 문턱까지 가본 아이 집이 생각보다는 깔끔해서 공부방의 다른 아이들에 비하면 그리 나빠 보이지도 않았다. 그런데 왜 저렇게 아이를 내버려두는지 혼란스러웠다. 아버지는 공부방 교사들을 만나볼 생각이 아예 없는 것 같고, 병이 있어서 그런지 방에 틀어박혀 통 바깥 출입을 안 했다. 그래도 한 번씩 막노동을 나가 급하게 생계를 해결하기도 하는 눈치였다. 한참 뒤 아이를 찾아온 외가 쪽 친척 이야기를 들어보니 아이 아버지가 심한 가정폭력을 행사하고 경제적으로 무능하여 외가 쪽에서 어렵게 이혼을 시켰던 모양이다. 그렇게 초등학교를 입학하기도 전에 어느 날 갑자기 엄마가 없어진 주호는 그 다음부터 아무데나 딱 붙어서 자라는 아이가 되어버린 것 같았다.

그래서인지 주호는 자기를 피하거나 떼놓으려는 낌새가 보이면 심하게 흥분을 했다. 한 번은 단짝으로 잘 지내던 아이 하나를 쥐 잡듯이 몰아세워 이유를 물어보니, 일요일 아침 일찌감치 그 아이 집을 찾아갔는데 바깥에서 아무리 불러도 대답도 안 하고 자기를 무시했다는 것이다. 상대 아이가 정말 못 들었다고 아무리 얘기해도, 방안에서 나는 말소리가 집 밖까지 또렷하게 들렸는데 제 소리가 안 들렸을 턱이 없다고 거짓말이라며 도무지 흥분을 가라앉히질 못했다. 처음에는 "못 들어서 그랬대, 네가 이해를 좀 해주라, 그럴 수도 있잖니" 하고 좋게 화해시키려 해보다가 무슨 철천지 원수를 만난 듯이 길길이 날뛰자 나중에는 "아니 못 들을 수도 있지, 그리고 누가 그렇게 일요일 아침부터 남의 집을 찾아가니? 식구들이 다 쉬고 있는데 그런 시간에 찾아가는 것도 폐가 될 거란 생각은 왜 못하니?" 하고 아이를 막아서게 된다. 그래 봤자 주호의 서운한 마음만 커진다는 것을 모르진 않지만, 마치 의처증을 앓는 남편이 아내를 닦달하듯 하도 친구를 볶아대니 나도 모르게 막아서게 되는 게 초보교사의 밑천이다.

하는 짓이 하도 밉살스러워 정말 가만두지 말아야겠다고 끌고 들어와 이야기를 하는데, 한참 실랑이를 하고서야 아이는 살기 힘들어 죽겠단 말을 겨우겨우 악을 쓰듯 내뱉는다. "남한테 폐 안 끼치고 가만히 살려고 그러는데…." 그러면서 말을 못 잇는다. 죽어도 폐 안 끼치고 살고 싶은데 못난 아버지, 못난 인생 때문에 이렇게 폐를 끼치고 그래서 아무 상관없는 남한테 이런저런 소리를 들어야 하는 제 팔자가 너무도 서러운 눈치다.

나는 그야말로 똥이 된 기분이다. 아이는 늘 그런 식이다. 예를 들어 수학 문제가 힘들어 끙끙거리면서도 절대로 눈앞에 있는 내게 물어오지 않는다. 어쩌다 자원봉사자가 오는 날이면 옳다구나 하고 잽싸게 옆에 달라붙어 연신 물어댄다. 제 생각에 그건 잠깐 물어본 것뿐이므로 별로 폐에 속하지 않나 보다. 그러면 나한테는 폐 끼친 일도 없으니 말 들을 일도 없는 셈이 된다고 생각하는 눈치다. 더불어 그 자원봉사자에게도 폐를 끼친 것이 아니라 잠시 뭘 좀 물어본 것뿐이므로 굳이 크게 고마워하거나 신경 쓸 필요가 없다고 생각하는 것 같다. 그러니 본래 잘하는 대로 깐죽깐죽 자원봉사자와 말수작을 해도 아무 상관이 없는 것이다. 내가 이런 것쯤 물어봤다고 절대 날 얕볼 생각은 마, 어차피 난 당신한테 큰 폐 끼친 일도 없고 신세질 일도 없다고 못 박을 필요를 느껴서 그런지 아니면 원래 남한테 경솔하고 예의가 별로 없어서 그런지 아슬아슬하게 경계를 넘나들며 말대거리를 하고 있다.

그러니 그 조그만 녀석한테 내 자존심도 엄청 상처를 입었다. 주호가 다른 교사랑 대판 싸우고 공부방을 박차고 나갔을 때 그냥 둘 걸 뭐 하러 그리 달래서 다시 데려왔나 스스로 타박도 많이 했다. 늘 이젠 정말 끝장을 낸다던 것이 어느새 고등학생이 된 아이를 보니 '아이구, 그래도 좋은 끝을 봐야겠다'는 생각이 들면서, 이젠 슬그머니 다른 부담이 생기기도 한다.

나는 얼마만큼 남의 삶에 들어갈 수 있을까

세월은 쏜살같지만 사람은 참 더디 변한다. 이제는 자기의 옹졸함도 아는 눈치고 고마운 빛도 보이긴 하지만 그래도 자존심은 여전히 어쩌기가 쉽지 않은가 보다. 지난해 큰 아이들이 치과를 갈 때는 크게 신경을 쓰지 않았다. 학교 갔다 오는 길에 들러 진료 받고 혹 문제가 있으면 선선히 이야기하는 터라 청소년 아이들은 그렇게 했던 것이다. 특히 주호는 남에게 업신여김을 당하지 않으려고 어려운 자기 집에 절대로 누구를 데려가는 일도 없고, 어쩌다 생긴 옷이나 물건들도 폼 나게 잘 간수하여 차림을 깔끔하게 할 뿐더러 식후 양치질도 알아서 잘 해왔던 아이라서 신경 쓰지 않아도 되겠다고 지레 생각했다. 연예인 최진실 씨가 너무도 어려운 고등학생 시절에도 어쩌다 돈이 생기면 파마를 했다는 이야기를 들은 적이 있다. 주호의 외모 집착도 만만찮았지만 때로는 생물학적 생명보다는 사회적 생명이나 정치적 생명이 훨씬 중하다는 것을 새삼 절감하고, 오히려 치아 같은 외모 문제는 알아서 하려니 마음 놓고 있기도 했다.

하지만 이제 와 털어놓은 이야기를 들어보니 이미 지난해 치아 문제로 수술 이야기가 거론되었던 모양이다. 하지만 별로 폐를 끼칠 만한 사람을 두지 못한 아이는 막 고등학교를 졸업하고 일을 하고 있던 제 형에게만 털어놓았다고 한다. 견딜 만했고 또 형이 겨울방학이 되면 치과에 가보자고 해서 기다렸다는 것이다. 내게는 또 폐가 될까봐 싫어서 이야기를 안 했다고. 참 허망해지는 순간이다.

물론 사랑은 남이 허락하는 만큼 줄 수 있는 것도, 달라는 만큼 줄 수 있는 것도 아니다. 사실 그래서 모든 이들은 불행한지 모른다. 물론 차라리 나도 아이를 지극히 사랑하는데 아이가 이렇게 고집하니 참 어렵다고 단순히 말할 수 있는 상황이면 좋겠다. 때로 우리는 서로를 어떻게 바라봐야 할지, 어떻게 존중해야 할지 몰라서, 얼마만큼 남의 삶에 들어갈 수 있을지 자신이 없어서 괴롭고 힘들다. 아마 이것이 사랑이라면 참 복잡한 사랑이고 복잡하게 계산되고 있는 사랑이다.

아이와 한참 이야기를 나누었다. 폐를 끼치기 어려워하는 마음에 대하여, 그래서 도저히 그 아이에게 의미 있는 사람이 될 여지가 없는 나의 쓸쓸함에 대한 넋두리가 이어졌다. 아이는 순간순간 발작적으로 이야기를 털어놓는다. 사실 그것이 그 아이와 나의 잘못 길들여진 대화 방식이다. 바보같이 무뚝뚝하고 쓸데없이 수줍음이 많은 우리는 화가 나서 못 견디겠다는 투로 속내를 털어놓는다. 아이는 한 번만이라도 걱정 없이 살아봤으면 좋겠다는 말로 이 작디작은 안식처의 위선적 가면을 찢어발긴다. 나의 노력은 이 삶의 짐을 단 한 순간도 덜어줄 수 없었다. 그토록 애써도 외로움과 고통은 다시 각자의 몫으로 남았다.

또 다음 순간이 오면 이 밤에 과연 우리가 진실을 나누었나 분명 의심하게 될 터이지만, 오늘 밤 한 사람은 모든 것을 감당하더라도 절대 구질구질해지고 싶지 않은 힘겨운 자존심을 고백하고, 또 한 사람은 남의 인생에 빌붙어서야 겨우 자기 삶의 의미를 채우는 가여움에 대해 고백했다. 사실 나도 남들한테 아쉬운 소리 못하고 버럭거리는 힘겨움을 알기에, 나 역시 감내할 수만 있다면 감내하며 자존심을 지키고 싶은 사람이라 그 마음이 이해되지 않는 것은 아니다. 때로 사실 어떤 것들은 왜 폐가 되어야 하는지 모르겠다. 아이들의 교육이나 밥 문제나 치료를 받는 일에 왜 이다지 눈치를 봐야 하는지 화가 날 뿐이다. 생존이 제대로 보장되는 사회가 되면 우리같이 뻣뻣한 사람들이 더 고분고분하게 굴지 않을까봐 부러 더 그러는 건지도 모르겠다.

나를 우리로 확장하는 일, 폐 끼치고 개입하기

공부방 아이들의 삶은 험난한 경우가 많다. 도저히 말이나 글로는 함부로 옮길 수 없는 그런 일이 일어나기도 한다. 사는 게 험하다 보니 아이들도 삐뚤어지고 비틀어진 경우가 많다. 그러다 보니 늘 전전긍긍하게 된다.

그런 내가 작은 위로를 얻었던 것이 지난 여름 회의 차 들렀던 바닷가에서의 경험이었다. 아이들과 함께 바다에 놀러 온 적이 없었던 것은 아니지만 아이들과 함께 오면 그 상황에 완전히 몰입하기가 쉽지 않다. 아이들이 잘 놀고 있는지 위험한 일은 없는지 신경을 쓰느라, 또 무엇보다 아이들의 행복한 얼굴 표정에 매료되어 풍경은 늘 배경으로만 머물고 만다. 아이들 없이 바닷가에서 놀아본 것이 실로 얼마만인지 기억도 나지 않을 지경이었다.

마지막 날 아줌마 셋과 처녀 한 명이 튜브 하나에 매달려 반나절을 바닷물 속에서 깔깔거리고 놀았다. 물결은 거침없이 제 갈 길로만 몰아치고 우리도 가고 싶은 대로 가기 위해 다리에 힘을 주어 버둥거리다 보니 왜 바닷물 속에서 일하는 사람들의 살이 단단해지고 근육이 차오르는지 온몸으로 이해되었다. 나 같이 흐물흐물하니 겉만 부풀어오른 사람도 바닷가에서 몇 해만 열심히 살면 좀 달라질 수 있겠다는 생각이 퍼뜩 들었다. 또 한편으로 아이들과 함께 지내는 우리의 삶도 이렇듯 바다 속에서 노는 일과 별 다를 것이 없지 않나 하는 생각이 든다.

파도는 가벼운 듯하지만 온 힘을 다해 리듬을 만들어낸다. 파도의 흐름을 알기에 우리는 때로 거기에 몸을 맡겨 쉬기도 하고 파도를 타기도 하고 때로는 죽을힘을 다해 거슬러 가기도 한다. 파도 때문에 아무도 가고 싶은 곳을 못 간다고 하지는 않는다. 힘과 지혜가 있다면 바다로부터 충분히 자유로워질 수도 있다. 공부방에서의 삶과 배움도 이런 바닷물 속 놀이와 같았으면 한다. 물결치는 물속에서 깔깔거리고 다리를 버둥거리며 노는 것처럼, 쉬고 놀고 배우고 밥 먹고 헤어지는 이 흐름 속에서 아이들의 작은 움직임과 태도와 마음결들이 쓰다듬어지기를 바란다. 그것은 아무것도 아닌 놀이이기에 "좀 잡아주라구!" 하는 말이 아무렇지도 않게 나올 수 있는 것처럼 함께 노는 삶이었으면 한다. 더 깊은 곳으로 이 아이들이 떠나기 전에 놀이로 물결의 흐름과 바다에 대해 충분히 알아둘 필요가 있다.

나는 무엇을 해왔고 또 할 수 있을까? 아마도 내가 할 수 있는 최대한의 일은 내 나름의 물결을 일으키는 것이 아니겠는가? 당장 죽을 일만 아니라면 툭툭 털고 살아야 하는 것처럼 당장 그만둘 것이 아니라면 나는 끊임없이 흐를 수밖에 없다. 다른 사람들의 삶에 부글부글 질투가 솟고 도저히 이게 아닌 것 같다는 생각이 드는 바로 그 순간,

고요히 숨을 고르고 남에게서 눈을 떼고 손발을 놀려 주변의 작은 것들을 가꾸고 일구어 작은 희망과 평화를 만들어나가는 지혜와 용기가 필요하다. 생각해보면 삶이란 그저 각자에게 주어진 한 뙈기의 땅일 수도 있기 때문이다. 철이 지나도록 남의 땅과 남이 일하는 모습만 바라보며 넋 빼고 있다가는 곧 추운 겨울이 닥쳐버리고 만다. 그러기 전에 먼저 고개를 숙이고 일을 해야 한다. 내 땅을 넘어 가능한 우리 모두의 땅을 함께 가꾸어야 한다.

내 안에 갇혀서는 답이 없다. 하지만 때로는 남의 땅을 이다지 열심히 가꾸는 저의가 뭔가 의심의 눈초리가 날아들고, 뭘 얼마나 생색을 내고 얻어먹으려고 저러나 불편한 기색을 보이는 이들도 있다. 그래도 그저 내 땅 옆 남의 땅이 훌륭한 풍광을 지닌 좋은 곳이 되는 것만으로도 내게는 큰 도움이 된다는 믿음을 갖고 뭔가 작은 실천이라도 해야 한다. 주호가 그저 잘되는 것만으로 우리는 시름을 덜고 행복해질 수 있다는 것을 그 아이나 우리 모두가 깨달아야 하는 것이다.

어쩌면 공부방 교사가 해야 할 가장 본질적인 문제는 나 자신을 얼마만큼 확장할 수 있는가 하는 점이지 않을까. 물론 훌륭한 사람들은 눈앞에 보이지 않아도 다른 사람의 문제를 자기 일처럼 느끼고 즐거워하고 괴로워한다. 그런 넓고 깊은 공감력을 갖추지 못했기에 나는 눈앞에 보이는 아이들의 삶에 나를 확장하는 일조차 쉽지 않다. 하지만 공부방이란 공간은 '우리란 무엇이고 우리는 어떻게 존재해야 하는가' 하는 문제를 놓쳐버린다면 더 이상 지속할 수 있는 이유를 발견하기가 어려운 곳이다.

'우리'로 사는 일의 힘겨움을 알기에 나 역시 혼자 지낼 수만 있다면 되도록 그러고 싶은 마음이다. 책을 아무리 읽어도 신념은 흔들리고 일상은 의혹스럽기만 하다. 하지만 나는 분명히 바다를 보았고 알고 몸으로 느꼈다. 나는 최소한 무엇인가가 변화되는 데 물결이 하는 역할에 대한 이야기 정도는 할 수 있다. 쓰다듬고 쓰다듬고 또 쓰다듬어야 한다. 모나고 삐죽한 곳을 향하여 몸과 마음으로 쓰다듬어야 한다. 마치 그것은 사랑도 아닌 것처럼 쓰다듬어야 한다. 마치 그냥 하는 일처럼, 이 세상에 그것밖에 할 줄 모르는 사람처럼 쓰다듬어야 한다. 인간의 절대성이 움직이는 것은 그런 절대적 흐름에서만이 아닐까 하는 깨달음이 희미하게 생기는 탓에 해보는 생각이다. 멈추지 않는 바람과 물결처럼, 사랑하지 않는 것처럼, 그래서 그저 하는 일처럼 그렇게 쉼 없이 아이들을 향해 의심 없이 흘러갈 수 있어야 한다. 그러면 내 마음은 흔들려도 내 몸만은 하나의 리듬 속에서 어제와 다름없이 살아가고 있을 것이다.

구로 아리랑

3

가난한 사람에게 조국이란 게 정말 무엇이란 말인가. 더욱이 아이들은 조국을 알지 못한다. 아이들이 아는 것은, 우리 집에는 엄마가 없어요, 우리 아빠는 아파요, 우리 아버진 집에 자주 못 오세요, 우리 엄마는 늦게까지 일을 해야 해서 집에 가면 아무도 없어요, 우리 엄마가 이건 선생님한테 물어보래요… 그런 것들이다. 그런 아이들이 자라서 이 세상 어느 곳에서든 제 밥벌이를 하고 살아갈 수만 있다면 거기가 어딘들 문제가 되겠는가. 아무 땅에나 뿌리를 내리고 씨를 뿌리고 자식을 거두면 그곳이 조국이 아닌가. 가난하고 외로운 아이들에게 조국은 늘 별을 떠받치고 있는 저 하늘일 뿐이다. 그런 것이다.

'거기' 다녀?

가정방문을 하고

최근에 '거기' 다니는 아이들이 공부방에 들어왔다. 새로 들어온 아이들 각자 열심의 정도에 차이는 있지만 아무튼 거기를 다니는 것만은 확실하다. 그런 아이들이 다섯 명이나 한꺼번에 들어오고 보니 조금 정신이 없기도 하다.

'거기'란 구로동에 있는 유명한 'M교회'를 말하는데, 전통적인 교리를 따르지 않는 일종의 이단 교회라고 한다. 이름에서 느껴지는 포스도 있지만, 몇 년 전 아이를 공부방에 보내고 싶다는 어머니를 뵈러 가정방문을 갔을 때 놀랐던 기억은 아직도 생생하다. 당시 그 어머니는 제법 재력이 있는 친정 덕분에 크게 장사를 하면서 잘 살다가 결혼생활과 경제생활 모두 실패하고, 친정인 구로동에 단칸방을 얻어 아들 하나를 데리고 내려온 지 얼마 되지 않던 때였다. 단칸방이지만 생필품들이 그리 허름해 보이지 않는데다 무엇보다 방을 거의 다 차지하고 있는 침대는 그 동네에서는 흔히 볼 수 없는 물건이었던지라 무척 인상 깊었다. 그런데 침대만큼 어색함과 충격을 준 것은 바로 방 중앙에 떡하니 걸려 있던 그 교회 목사님의 사진 액자와 달력이었다. 마치 북한 다큐멘터리에서나 봄직한 광경을 실제로 보게 되면서 내심 충격을 받았다.

그런데 더 걱정스러웠던 것은 아이의 모습이었다. 초등학교 저학년인 아이는 낯선 어른들이 왔다는 사실도 별로 의식하지 않은 채 돈을 달라고 떼를 쓰고 있었다. 정도가 좀 지나치다 싶은 아이의 무절제함도 놀라웠지만, 자신이 종교생활을 열심히 할 수 있게 아이를 돌봐 달라는 엄마의 요구는 더 충격이었다. 그런 이유로 아이를 맡을 수는 없다고 딱 잘라 거절하고는, 혹시 싫어 어머니가 취업을 하신다면 언제라도 아이를 받아주겠다는 약속을 덧붙였다. 더불어 아이의 모습이나 아이를 대하는 엄마의 태도 모두가 너무 걱정스러워 인근 건강가정지원센터를 알려주면서 양육 상담을 좀 받아보시는 것이 좋겠다고 말씀드리는 것으로 이야기를 끝냈다.

하지만 몇 년 뒤 초등 고학년이 된 아이와 엄마가 이번에는 기초생활수급 가정이 되어 다시 나타났다. 그동안 아이는 ADHD 진단을 받고 약을 먹고 있었고, 학교 부적응도 심한 상태에서 공부방을 다니게 되었다. 어머니는 여전히 교회를 나가고 있었고, 아이는 조그만 자극에도 쉽게 흥분하며 주위 사람들을 모두 힘들게 했다. 결국은 산골의 한 기숙 대안학교를 다니게 되어 공부방을 그만둘 때까지 아이나 우리 모두 쉽지 않은 시간을 보내야만 했다. 하지만 모든 것이 만신창이가 된 가운데도 오로지 'M'만은 굳건히 남아 있었다.

인민의 아편?

사실 구로동은 예전부터 만신들이 많은 동네였다. 골목마다 울긋불긋한 만신집의 신기(神旗)가 기다란 대나무에 매달려 펄럭이는 것을 쉽게 볼 수 있었다. 징을 치는 소리도 자주 들리고 굿하는 모습도 자주 볼 수 있었다. 모두가 가난했고 불안스러웠으며 걱정과 근심이 끊이지 않는 곳이었기에 매달리고 의지할 만한 무언가가 너무나 간절히 필요했던 그런 동네였다.

그런 만신집들이 하나둘 사라져간 그 자리를 작은 교회들이 메우기 시작하더니 마침내 'M'이 등장했다. M의 위세는 얼마나 대단한지 일정 구역에서는 함부로 M에 대한 험담을 하면 쥐도 새도 모르게 당한다는 소문까지 나도는 판이었다. M 사람들은 거의 매일 선교를 하러 다녔고, 그들이 나눠주는 간증지를 보면 수많은 치유의 기적들이 일어나고 전 세계 사람들이 M에 열광해 한국으로 오거나 자기 나라에 M을 세우는 일에 몰두하고 있는 것 같았다. 그걸 보고 있노라면, 무엇 하나 번듯하게 내세울 것 없어 늘 기죽고 열등감에 괴로운 이들에게 M은 참으로 자랑이고 영광일 수도 있겠구나 하는 생각이 들기도 한다.

그래서 그런지 가리봉동에 사는 아이들 중에는 거기 다니는 아이들이 유독 많다. 그래도 부모님들이 일이라도 하고 직장이라도 있는 경우라면 형편이 나은 편이고, 보통은 직업이 없거나 일정치 않은 경우가 대부분이고, 무엇보다 가장 눈에 띄는 특징은 아이들과 그 가족 구성원들 대부분이 염려스러울 정도로 순박하다는 것이다. 대부분은 먼 지방 출신으로 서울의 변두리 구로동에 정착해 가리봉 단칸방에 보금자리를 꾸리고, 삶이 좀 나아지길 바라며 하루하루를 간신히 버티고 있는 경우가 많다. 그들은 애처로울 만큼 열심이었지만, 대부분 무리하게 몸을 혹사하는 일자리밖에는 구할 수가 없고, 그나마 그 일이라도 있는 것을 다행으로 여겨야 할 판이다. 학력도 낮고 어떤 사회에서도 그리 주목받지 못하고 주눅 들고 업신여김 당하기 쉬운 사람들이다. 지금 살아 있으면서도 살아가는 것이 너무도 불안한 사람들이다.

　이 힘든 인생을 어떻게 이해해야 할까? 이 지겨운 삶을 살아갈 힘을 어디서 찾을 수 있을까? M은 이런 질문에 허물어질 사람들을 정확히 알고 있는 듯 보였다. 아니면 지레 가난하고 힘들고 상처받은 이들이 M의 거대한 품속에서 미리 안식을 구하는 것인지도 모르겠다. M은 거대하고 비정한 무명(無名)의 도시에서 소외된 이들에게 버거울 만큼의 관심을 쏟아부어준다. M은 확실한 행복을 약속하고, 이런 삶은 그저 허깨비에 불과할 뿐이라고 한다. 무엇보다 단 한 번도 그 어느 누구도 진지하게 말해주지 않았던 그 말을 속삭인다. "나는 너를 사랑한다. 너를 진정으로 사랑한다. 나는 너를 위해 기도한다. 너의 행복을 바란다. 그리고 이곳에서 너를 기다린다.”

M은 믿을 수 있도록 뭔가를 보여주었다. 교회를 다니면 익숙한 얼굴들을 볼 수 있고, 마침내 으리으리한 ‘우리들의 신전’이 솟아오르는 모습을 볼 수 있었다. 대형 버스들이 실어 나른 수많은 사람들이 신전으로 들어가는 모습을 보면서 모든 말들은 분명한 확신으로 변해가는 느낌이 들었을 것이다. 영광스럽고 행복한 모습이다. 사회에서의 계층은 무의미하게 무너지고 M 안에서는 교회에 대한 헌신만으로 새로운 지위와 존경의 서열이 가능해졌다. 상층과 하층이 뒤섞이고, 사회에서 경멸의 대상이었던 무지는 신앙에서의 순결함으로 칭송을 받는다. M은 거대한 혁명적 안식처가 되었다.

최근에 들어온 두 형제도 그런 맥락 속에 있는 가족이다. 전라도 어디가 고향이라는 아이들의 어머니는 15년이나 된 서울이 아직도 무섭다고 한다. 엄마의 말을 앵무새처럼 따라 하면서 6학년인 큰아이도 서울이 무섭고 5학년 때 왕따 당한 일이 너무 분해서 자살을 하고 싶다고 한다. 지난해 결국 공부방을 뛰쳐나간 한 아이도 아버지에게 무자비하게 폭행당하는 엄마를 끌어안고 울곤 했단다. 맞은 엄마를 끌어안고 M으로 가자며 오빠가 졸라대면 한 살 어린 여동생은 울면서 찬송가를 불렀다고 했다. 그렇게 우리가 없는 그 자리에 M이 위로와 의지의 상징이 되어 이 죽어가는 가족들에게 생명의 온기를 불어넣어주고 있었던 것이다. 마르크스가 “종교는 인민의 아편”이라 했다지만, 무엇보다 아편 같은 진통제라도 맞지 않으면 견딜 수 없을 만큼 고통스러운 삶을 살아가고 있는 사람들이 바로 이 인민들이다.

'거기' 다니는 아이들

M에 대한 입장이 한창 혼란스러울 때는 M에게 바보스럽게 이용 당하지는 않겠다는 생각에 거기 다니는 아이들은 멀리 하려 한 적도 있었다. 그래서 한번은 갑자기 엄마가 죽어서 초등학교 저학년 아이를 데리고 혼자 살 길을 찾고 있으니 아이를 봐 달라는 한 아빠의 요청을 거절한 적도 있었다. 아이가 특정 시간에는 공부방을 떠나 거기를 가야 한다는 말을 듣자마자 마음이 싸늘하게 굳어버렸던 것이다. 더 이상 이용당하고 싶지 않은 마음에 다른 방과후 돌봄 프로그램을 안내하는 것으로 이야기를 끝냈다. 그러면서 왜 M이 직접 자기 신도들의 아이를 돌보지 않는지가 의아스럽기만 했다.

그렇지만 M은 아이들에게도 매우 적극적이다. 친구들을 데리고 가면 선물도 주고, 생일도 챙겨주는 등 갖은 방법을 다 쓰는 모양이다. 아이들을 데려가고 싶어 하는 곳 치고 M만이 유난스럽다고 할 수는 없겠지만, 뭐랄까 좀더 노골적인 느낌이 없지는 않았다. 그런 M을 아이들은 한 번쯤 가볼 만한 곳, 혹은 한 번쯤 안 가면 괜히 손해 보는 곳쯤으로 여기는 듯했다.

사실 어떤 의미에서 아이들은 M에 대해 정확한 현실 판단을 하고 있는지도 모른다. 주고 싶다는 것을 굳이 마다할 필요 없고, 받았으면 그 정도는 해줄 수 있다는 철저한 계산이 엿보이는 대목이기도 하다. 모두가 그런 것은 아니지만 궁극의 약속보다는 당장 주고받는 그 무엇이 보다 분명한 힘으로 아이들을 끌어당기고 있는 것 같다. 그에 비해 오히려 복잡한 것은 어른들의 심사였다.

진지하게 M을 고민하는 가족과 아이들은 자신들이 M의 일원이라는 사실을 스스로 밝히는 경우가 별로 없다. 물론 어떤 아이들은 아무렇지도 않게 얘기하기도 하고, 또 어떤 아이들은 수줍은 고백이라도 하듯 얘기를 하지만 대부분은 "걔, M에 다닌대요!" 하고 이르는 듯한 다른 아이들의 말 덕분에 알게 되는 경우가 대부분이다. 자기가 그렇게 특별한 취급을 받고 있다는 사실도 모른 채, 가족에 의해 '인도'된 아주 어린 아이들은 M에 다니는 것을 이상하게 보는구나 하는 눈치를 채기 시작하면서 비로소 M을 새삼스러워하기도 한다.

하지만 또 한편으로는 M에 대해 왜 다들 이렇게 색안경을 끼고 보는지 알 수 없다는 생각이 들기도 한다. M은 정말 이렇게 호들갑스럽게 꺼려야 할 그 무엇인 걸까? 사실 잘 모르겠다.

물론 M과 관련한 어처구니없는 이야기들도 가끔씩 들려온다. 한번은 근처에 있는 다른 공부방 교사가 M에 넌더리가 난다는 듯 머리를 절레절레 흔든다. 사정을 들어보았더니 중학교 여학생 한 명이 M을 다니는데, 몸이 아픈데도 통 병원에 갈 생각은 않고 성수가 든 병을 꺼내더란 것이다. 아무리 설득해도 말을 안 들어 "그럼 네 얼굴 까맣다고 그렇게 맨날 파운데이션을 잔뜩 바르지 말고 성수를 발라서 피부를 좀 바꿔보는 건 어떠니?" 하고 한소리를 했더니, 그건 자기도 이미 해봤는데 믿음이 부족해서 실패했다고 하는 말을 듣고는 그대로 뒤로 나자빠질 뻔했다는 것이다. 사실 이런 이야기로 M을 판단하는 것이 옳은지, 교사와 아이의 관계를 더 우선순위에 두고 판단해야 하는지 혼란스러움은 여전히 남는다.

그러거나 저러거나 말릴 수가 없는 것은 부모들의 M 사랑이다. 벌이도 시원찮은 판국에 하루가 멀다고 M에 불려 다니니 도무지 일을 잡을 수가 없다. 때로는 M 때문에 일을 못하는 것인지 아니면 일도 없으니 M에라도 몰두하는 것인지조차 헷갈린다. 노는 입에 염불한다고 어차피 당장 일거리도 없을 때 이 세상에서는 잘 안 풀리는 일, 저 세상을 위해서라도 애쓰는 갸륵함인지 잘 모르겠다.

그런 마음이라면 왜 멀쩡한 곳들도 많은데 왜 하필 눈총 받는 M을 다니는 걸까? 아마 대부분은 어쩌다보니 그리 된 일일 터이다. 그래도 굳이 이유를 달자면 주로 아이들의 부모 곁에 '멀쩡한' 사람들이 부족한 탓이라고 하는 게 아마 가장 알맞은 설명일지도 모르겠다. 사실 멀쩡한 곳들은 녹록지 않은 게 사실이다. 세상살이가 뭣 같은데 멀쩡한 곳에서는 그런 속내를 내보이기도 쉽지 않다. 사람들도 점잖고, 말투도 근엄하고, 대개 요구도 간접적이다. 숨이 턱 밑까지 차올라 할딱거리는데 절차 따지고 뭐 따지고 하는 데서는 버텨낼 재간이 없다.

좀 만만해야 편안한 구석도 있다. 뭐 저런가 싶은 만만함이 어쩌면 나도 한번 활개치고 살 수 있을 것 같고, 자리다툼도 해볼 만한 용기를 주는지도 모른다. 정해진 진리에 따라서만 구원을 받는 게 아니라 악다구니를 써서라도 진리의 한 쪼가리, 구원의 끝자락에라도 매달려 볼 수 있는 기회를 줄 것만 같은 곳, 그런 곳이 정말 더 성스럽게 느껴졌을 수도 있다.

그래서 그들의 믿음이 그리 생경스러운지도 모르겠다. 이들은 결코 죄의식에 주눅 든 모습이 아니다. 무엇을 어찌 가르치고 어떤 믿음을 어떻게 갖도록 했는지는 몰라도 이들은 도무지 M 외에는 달리 믿는 게 없어 보인다. 그들은 결코 이쪽 마켓을 기웃거리지 않는다. 촌스럽게 관광버스를 타고 왔다갔다하면서 저들 나름의 마켓에서 바쁜 하루를 보낸다. 복잡하지 않고 부산하고, 신실하기보다 삶의 엄중함으로 다져진 그곳을 자신들의 진리의 마켓으로 삼고 결코 옆을 넘보지 않는다. 나도 껴볼 만한 곳, 다퉈볼 만한 사람들과의 부대낌에 부쩍 의욕이 이는 눈치다.

짝퉁 아닌 진품 아편이어야?

그 아빠의 요청을 거절한 한참 뒤까지 한 번도 본 적조차 없는 이 아이가 계속 마음에 걸렸다. 아이가 선택할 수도 없는 종교 때문에 그런 결정을 내린 것은 옳지 않았다는 뒤늦은 깨달음과 미안한 마음에 한동안 그 생각이 머리를 떠나지 않았다. 나는 사실 아무런 종교를 갖고 있지도 않은데, '이단'의 문제에 왜 이리 예민하게 구는 것인지 스스로가 이해되지 않았다. 고상하게도 UN아동권리협약 조약문에서 밝히고 있는 것처럼 아동은 종교나 국적, 인종 등 어떤 이유로도 차별받아서는 안 된다는 '무차별성의 원칙'에 어긋나는 짓을 스스로 했기 때문에 그런 거라고도 생각했지만, 단순히 아동인권을 좀더 알게 된 것만으로 거기 다니는 문제를 달리 바라볼 힘을 얻게 된 것은 아니다.

분명치는 않지만 무언가 좀더 근본적인 흔들림이 있다. 어쩌면 인민들 스스로 필요해서 아편을 만들어냈을 수도 있다는 생각을 이제 와서 할 수 있게 된 탓일지도 모른다. 'M'을 만들어내는 인민의 힘이 두려운 까닭인지도 모른다.

이제까지는 거기를 다닌다고 하면 이미 괴물에 먹혀버려 별 희망이 남지 않은 것처럼 생각하고, 벗어나게 해주어야 정상이 될 거란 조바심과 그럴 가능성도 힘도 없다는 좌절감 사이에서 어쩔 줄 몰라 했다. 아버지와 함께 가리봉에 살면서 공부방을 다니다 먼 동네에 있는 조부모 댁으로 거처를 옮기게 된 한 아이가 방학 동안 거기를 다니기 위해 가리봉 집으로 잠시 오겠다면서, 그 동안만이라도 공부방을 다니고 싶다고 한 적이 있다. 한참을 고심하다 아이에게 "어른이 되었을 때 거기 다닌다는 의미를 한 번만이라도 진지하게 생각해보겠다면 허락하겠다"는 조건으로 아이의 부탁을 들어준 적이 있다. 그리고 나는 그렇게라도 M을 향한 아이의 굳센 믿음에 나름 쐐기를 박았다고 혼자 자축을 했었다. 하지만 아이와 그런 힘 겨루기 약속 따위는 하지 말았어야 했는지도 모른다. 동네 골목 한 귀퉁이 허름한 공부방이 뭐 대단한 게 있다고 궁극의 구원을 약속하는 거기에 대항하여 그 의미를 진지하게 생각해보라고 도전적인 발언을 했는지, 나도 참 제 정신이 아닌 게 분명하다.

약에라도 취해 세상을 견뎌내야 한다면 하다못해 짝퉁이 아닌 '진품 아편'에라도 기대길 바라는 소망 때문에 저지른 일이다. 이미 공인된 것들을 외면하고 "이게 더 효과가 좋대. 우리는 이거 한번 써보자"

하고 함께 M으로 향하는 그들을 보며 공연한 노파심에서 한 말이다. 아이들과 부모들이 M에 몰두하는 것이 바보라서가 아니길 바라는 마음에서다. 헛된 것에 홀려서가 아니라, 오히려 살짝 기운을 빼고 있지 않으면 세상의 강펀치에 한 방에 나가떨어질 것을 알고 요령 있게 세상을 대하고 있길 간절하게 바라는 마음이다. 죽을 것 같아도 다시 그 꼴을 봐야 하고, 다시 그 짓을 해야만 하는 그런 순간, 그래서 '그래도 말야'라는 진통제가 절실히 필요할 때 무엇이든 제대로 그런 역할을 해주기를! 정말 그랬으면 좋겠다.

구로 아리랑

구로동을 아시나요?

아버지가 식구들을 데리고 구로동에 들어오신 건 내가 국민학교에 입학하기 한 해 전이다. 시골에서 상경해 저녁때거리가 없을 정도로 있는 돈을 다 날려먹고 들어온 곳이다. 구로동은 그렇게 들어오는 게 맞는 동네다. 그런 구로동이라서 자리가 잡히면 얼른 떠야 한다. 좀더 번듯한 동네로 떠날 수 있는 처지가 되면 말이다. 특히 아이들이 중학교나 고등학교에 들어갈 나이가 되면 좀더 나은 학교, 보다 좋은 학원이 있는 곳을 찾아 다들 떠난다. 하지만 평생을 '적게 먹고 가늘게 싸자'를 좌우명 삼아 근근이 살아오신 아버지는 차마 구로동을 뜰 용기를 내지 못하셨다. 그런 아버지 밑에서 소심하게 자란 나 역시 감히 구로동을 떠날 생각을 못했다. 그렇게 남은 사람들은 어디로도 옮겨가지 못한 '구로동 콤플렉스'를 안고 '변두리 구로동 사람'이라는 정체성을 안고 살았다.

구로동은 팔도에서 품을 팔러 올라오는 사람들의 첫 집합지다. 나이도 많고, 배운 것이나 융통성이 없던 아버지는 구로동에 와서도 선뜻 구로공단에 들어갈 엄두를 못 내셨던 것 같다. 대신 국수장사를 시작했다. 낡은 국수기계 앞에 서서 하루 종일 허연 밀가루를 뒤집어쓰고는 국수 사러 오는 손님을 눈이 빠져라 기다리시곤 했다. 어머니는 다달이 들어오는 월급을 한없이 부러워했지만, 아버지는 매일매일 그저 얼마씩 버는 일에 매진하셨다. 가게에 딸린 단칸방에서 살아 때로는 돈을 두고 벌이는 실랑이, 장사 걱정, 집안이나 부모님의 불화, 동네의 크고 작은 갈등이 가림막 없이 어린 자식들에게 고스란히 전해지곤 했다. 쫓기듯 살아야 했으므로 사는 일이 그리 달갑지 못했다.

하지만 모두가 악착같이 살았다. 대한민국이 이제 막 거대자본을 만들면서 정치와 경제의 얼개를 잡아가는 시점이었으므로, 사람들은 밀려나지 않으려고 악착같이 살았다. 속임수에 걸려들지 않고, 자기 몫을 뺏기지 않으려고 기를 썼다. 억울한 일이 많은 동네는 늘 왁자지껄했다. 일단 먹살을 잡고 소리를 지르며 생떼부터 부리고 본다. 떼먹고 안 그런 척 하고, 슬쩍하고 달아나는 일은 다반사였고, 그때마다 싸움이 났다. 그런 세상에서 어머니와 아버지도 곧 한몫 잡을 듯 흥분된 눈빛을 반짝이며 모르는 이들과 쑥덕이다가, 어느 날은 배신이나 사기를 당했다고 천지가 꺼질 듯 한숨을 쉬면서 천당과 지옥을 오갔다. 헛꿈을 꾸니 번번이 당하고 그때마다 '절대 너희들은 남 믿고 살지 말라'는 말을 경구처럼 외우곤 하셨다.

그 구로동에 손바닥 만한 공간에도 빈틈없이 방들이 들어앉았고 그 속에는 세든 식구들이 한가득 살림을 차렸다. 다닥다닥 붙은 벌집, 닭장집들은 벽이 아닌 천장에 네모난 여닫이창을 내어 겨우 햇빛 한 줌을 얻었다. 그렇게 방 한 칸, 부엌 한 칸이 전부인 닭장집들이 미로 같은 골목길에 빼곡히 들어차고, 구로공단과 인력시장이 서고, 구로시장의 값싼 물건들이 넘쳐나면서 구로는 가난한 사람들의 메카로 완성되기에 이른다.

구로동이 변했다

그러나 구로도 변해갔다. 우선 구로공단이 사라졌다. 회색빛 공장 건물이 무너지고 그 위로 높은 빌딩들이 들어서기 시작했다. ○○실업이나 ○○방직, 혹은 ○○전자가 있던 자리에 지금은 IN&C 같은 이름을 단 사무실과 사무실형 공장이 빼곡한 빌딩들이 들어서면서 모습이 완전히 달라졌다. 공단이 사라지면서 공단 앞 동네도 제일 먼저 재개발의 변화를 맞았다. 낮은 닭장집들이 철거되고 아파트촌이 들어서기 시작했다. 겨우 가리봉동과 구로시장 일대가 남아 또다시 구로를 떠나지 못하는 사람들을 맞아들이기는 했지만 구로에서 가난은 이제 대세가 아니었다.

예전의 구로는 우리들끼리만 사는 동네였다. 구로에 살러 들어오는 사람들 처지야 알 만한 것이고, 학교 교사들이나 관공서에서 일하는 사람이 아니고서는 번듯한 사람들이 구로에 오는 일은 드물었다. 그런 점이 구로의 독특한 분위기를 형성했다. 서울 안에서 마치 구로 읍 같은 분위기를 자아내는 데는, 서남쪽 변두리에 위치해 있다는 지리적 특성도 있지만, 외지 사람들이 일거리를 찾아 들어오는 경우가 아니면 군이 와볼 이유가 없는 지역적 특성도 한몫했다. 다만 노동운동을 위해 노동자들을 만나고 조직하려는 운동권 지식인은 예외였다. 당시에는 몰랐지만 바로 그때가 지금의 구로를 설명할 수 있는 많은 것들이 탄생하던 시절이었다.

우리 부모님들처럼 어떡하든 구로에 자기 집을 갖고, 단 몇 푼이라도 꾸준히 벌면서 악착같이 돈을 모았던 사람들은 이후 구로의 주인 노릇을 하게 된다. 푼돈을 벌면서도 악착같이 자식들을 공부시켜 대부분 대학을 졸업시키거나 안정된 직장을 갖게 했다. 재개발의 열풍 속에서 얼마가 됐든 부동산 투자에도 성공한다. 크든 작든 구로의 자수성가 시나리오들이 쏟아져 나왔다. 이제 아버지는 국수장사를 더이상 하지 않는다. 어머니도 다니던 보험회사 일을 그만두신 지 십여 년에 이른다. 동네를 향해 활짝 열려 있던 국수집은 헐리고 3층짜리 다세대 건물이 들어섰다. 아버지가 마실 삼아 다니던 동네 복덕방도 없어진 지 오래다. 그나마 버스를 타고 광명까지 가서 텃밭을 일구는 것을 아버지는 소일거리로 삼으셨다. 부모님은 옥탑방 하나와 가게 하나를 미용실로 세놓아 수입을 삼고 있다. 지금도 그 미용실에 가서 온 식구가 머리 자르는 것을 철칙으로 삼고 있지만, 이들은 예전에 세들어 살던 동성애 부부처럼 부모님을 스스럼없이 찾지 않는다. 사정을 너무나 속속들이 알기에 마음을 줄 수밖에 없어 돈을 빌려주고는 떼이는 일도 부모님에게 더 이상 일어나지 않는다. 그런 부모님을 보고 자란 우리들은 각자의 아파트에서 문을 꼭꼭 걸어 닫고 살고 있다.

구로의 성공 시나리오에 끼지 못한 사람들은 가리봉동이나 경기도 일대로 쫓겨 가는 신세가 되었다. 이들은 대부분 가정을 온전히 지킬 수 없었다. 아직 가부장적인 전통이 강하게 남아 있어 감히 이혼을 생각하기가 어려웠지만, 그래도 도저히 같이 못 살 지경까지 이르러 일단 깨어지기 시작하면 완전히 부서져버린다. 자의반 타의반으로 일도 제대로 할 수 없는 처지가 되다보니 아이들을 챙기는 데도 소홀하기 십상이다. 자기를 돌보지 않고 내팽개쳐버리는 것으로 여정을 마감하는 경우가 대부분이다. '지금은 어렵지만…' 하며 꿈을 꾸던 시대의 문이 철커덩 닫히고, 가난이 대를 잇는 시대가 오는 것을 뻔히 눈뜨고 당한 사람들의 가슴에는 더 큰 좌절이 남았다.

이제 더 이상 어머니는 구로시장에서만 옷을 사지 않는다. 이마트와 구로역 앞의 애경백화점, 영등포의 롯데나 신세계 백화점으로 발걸음을 옮긴 지 한참 되었다. 질도 더 좋고, 언제든 바꾸거나 환불할 수 있으니 시장보다 훨씬 낫다는 게 어머니의 지론이다.

어머니와 내가 다니던 시장 골목길 옷가게의 단골손님은 이제 조선족 동포들로 바뀌었다. 구로동 사람들이 허름하다고 내다버린 모든 물건들을 조선족 동포들이 갖다 쓰는 모양새다. 험하다고 구로동 사람들은 좀체 세 들지 않는 방을 중년의 조선족들은 거침없이 들어와 산다. 공구가 가득 든 낡은 가방을 멘 허름한 점퍼 차림의 아저씨가 버스에 올라 핸드폰을 꺼내들고 갑자기 중국말로 통화하는 것을 어렵지 않게 볼 수 있다. 식당에서 주방일을 하거나 주문 받는 아주머니들이야 말할 것도 없고, 이제는 시장에 중국 상품을 취급하는 가게나 중국어 간판을 내건 가게도 심심찮게 볼 수 있다. 구로동이나 가리봉동 일대는 조선족과 한족의 동네로 변해가고 있다. 가리봉동은 오랜 재개발 소문이 있었지만 끝내 재개발되지 못했다. 가리봉 시장은 언뜻 보면 중국 어디쯤으로 착각할 정도로 중국어 간판들이 많다. 이 땅에서 태어났건 바다를 건너왔건 날품 파는 이들은 여전히 가리봉동에서 몰려나와 인력시장이 서는 남구로역으로 모인다.

예전의 우리 부모님 모습을 보는 듯한 그들은 무슨 일이든 악착같이 하고, 열심히 아이들을 가르치면서 이 땅에서 자리 잡고자 기를 쓴다. 아이를 돌볼 최소한의 어른만 남고 온 식구가 일을 찾아 나선다. 할 수 있는 일이라면 온 식구가 달려들어 한 푼이라도 더 벌고, 무엇이든 자식들에게 좋은 것 한 가지라도 더 해주고, 어떡해서든 공부를 시키려고 애쓰는 모습이 꼭 어릴 적 우리 부모님 모습과 닮았다. 그런 집일수록 아이들도 그냥 두려 하질 않는다. 하나라도 더 가르칠 길은 없는지 안달한다.

공부방에는 이 아이들을 대신 봐 달라는 주문도 많이 들어온다. 사회주의 국가에서 자란 경험이 있는 분들이라 그런지 아니면 우리 사정을 잘 몰라서 그런지 가끔은 너무 당연히 아이들을 떠맡기는 터라, 막연하게 불편한 느낌이 들기도 한다. 그러다 불쑥 아이들 공부를 봐주는 것이 시원치 않네 어쩌네 하는 소리라도 들리면 쓸쓸하기 그지

없다. 그러면서 온갖 다문화 프로그램에 아이를 참여시키느라 바쁜 모습을 보노라면 "그만하시죠"라는 말이 절로 나온다. 결국 여기가 아니면 쉴 곳도 없이 계속 배우러 다녀야 한다는 아이의 호소에 말을 닫곤 하지만 서로를 이해하기가 쉽지 않다. 더 나아지기 위해, 얼른 남들을 따라잡고 남들보다 나아져야 한다며 뒤늦게 우리가 걸었던 길을 충실히 뒤따르는 모습을 말리기란 쉽지 않다. 이미 경쟁체제에 신물이 나고 지쳐서 이를 뜯어고칠 힘도, 남을 말리거나 설득할 힘도 잃고 지칠 대로 지친 상태인 나는, 펄펄 끓는 열기로 경쟁에 뛰어들어 승부를 보겠다는 그들의 열의가 두렵기만 하다. 자기도 한번 잘살아보겠다는데 내가 뭐라고 그들을 말린단 말인가.

한편, 최근 들어 공부방에서 아이들을 너무 오랫동안 붙잡아두지 말고 일찌감치 아이들을 보내 달라는 '색다른' 주문을 하는 구로동 사람들도 조금씩 늘고 있다. 그런 색다른 엄마가 얼마 전 일요일에 공부방을 찾아왔다. 자기 아이가 공부방 아이와 같은 반인데, 집에 놀러와 공부방 이야기 하는 걸 들으니 자기 아이도 보내고 싶어졌다는 것이다. 친구랑 같이 두어 번 공부방에 놀러 왔던 아이 엄마다. 아빠가 직장에 나가 230만 원 정도 월급을 받는다고 한다. '많이 버시는구나' 하고 속으로 놀랐다. 하지만 월세로 50만 원이나 내고 있다니 나머지 돈으로 5인 가족이 살기에는 빠듯할 수도 있겠다는 생각도 든다. 받아야 할지 고민이 된다. 그런데 엄마는 거기에다 대고 자기 말을 잇는다. 아이가 방과후에 집에만 있으면서 힘들어하기는 했지만 파랑새 아이들 면면을 보고는 별로 보내고 싶은 생각이 없었다고. 그런데 똘똘해 보이는 아이 친구가 하는 공부방 이야기를 듣고 마음이 바뀌었다는 것이다. 늘 그런 줄 알지만 파랑새 아이들이 어쩌고 하는 소리는 언제나 가슴이 아린다.

섭섭한 마음에 툭 까놓고, "우리가 정말 도움이 될까 싶고, 무엇보다 학습을 중요하게 여기시면 우리와는 맞지 않으니 다시 생각해보시는 것이 좋겠다" 했더니, 잘 알고 있다며 그저 아이가 학교에서 돌아와 몇 시간이나마 심심하지 않게 지내면 족하니 그냥 보내겠단다. 소득기준으로 봐서는 차상위 가정일 가능성이 커 우선돌봄 대상자가 될 수는 있지만, 파랑새 기준에 딱 들어맞는 것은 아니었다. 친구랑 같이 다니고 싶어 하는 공부방 아이의 간절한 바람이 없었다면 어쩌면 그냥 돌려보냈을 거다. 공부방 아이는 한족이었고, 부모가 아이를 고모에게 맡기고는 미국으로 일하러 떠나버렸다. 고모가 잘해주시지만 그래도 부모 품이 아닌지라 눈치도 보이고, 그래서 단짝을 찾는 마음이 컸단 걸 알고 있다. 어렵사리 친구 부모까지 설득해서 친구를 데려오려는 마음이 헤아려져 그냥 돌려보내기가 망설여진다.

하지만 며칠 후 의외의 사실을 알게 되었다. 아이를 보내겠다는 그 집이 실은 구로동의 이름난 사이비 기독교 집단으로 유명한 M에 속해 있다는 것이다. 왜 그 엄마가 그렇게 썩 내키지 않는 얼굴로 공부방을 찾아왔는지 짐작이 됐다. 아이 엄마는 아이가 교회에서 늦게 오는 건 괜찮지만 공부방에서 늦게까지 있다가 오는 건 안 된다고, 그럴 거면 공부방에 보낼 수 없다고 했다고 한다. 게다가 어린아이들을 키우느라 일도 못한다던 엄마가 실은 밤마다 선교나 종교활동 하느라 늦게까지 집을 비우는 일이 많다는 것도 알게 되었다. 공부방을 가려는 아이에게 작은아이를 맡기고 나가거나 혹은 아이더러 교회를 가고 해야 하니 이래저래 공부방을 보내고 싶은 생각이 없었던 것이다. 그런 엄마를 어떻게 구워삶았는지 두 아이가 새삼 다시 보였다.

처음이 아니다. 지난번에는 어떤 아이 하나를 데려왔기에 아예 쐐기를 박으려고 '여긴 아무나 다닐 수 없는 데'란 말을 했다가 아이가 "저 기초수급잔데요" 하는 소리에 아무 소리도 못하고 물러난 적도 있다. 그 당돌한 아이도 다니고 싶다고 의사를 밝혔지만 M에 소홀할 수 있다는 부모님의 염려로 일이 무산되었다. 아무래도 M의 위세가 심상치 않다. M은 이처럼 온 가족의 생활을 M을 향해 집중하게 한다. 심지어 일자리도 제대로 갖지 못하도록 불안한 상황을 조장하고, 그래서 더욱 M에 매달리게 하는 사이비 종교 특유의 전략을 구사하며 구로동 속으로 파고들고 있다. 소외된 사람들이 모여들었던 구로동은 21세기 들어 한 번 더 소외된 사람들을 낳았고, 지상에서의 구원을 기대할 수 없게 된 이들이 M 같은 곳에 모여든다. M은 소외된 사람들이 새로운 집단 권력을 낳는 메커니즘을 경험하게 함으로써, 억눌린 이들에게 마치 힘이 생기는 것 같은 환상을 갖게 한다.

M에 속한 사람들은 사회가 요구하는 자기 몫의 노동이나 양육을 맡지 않고 그저 M에 매달린다. 어차피 죽어서야 알 수 있는 구원인데 이렇게 굳건히 믿어 손해 볼 일은 없을지도 모른다. 지상에서의 삶은 포기하고 부러워하지 않으면 그뿐이다. '부러우면 지는 거다.'

이렇게 구로동 한쪽에는 마천루 빌딩으로 출근하는 말끔한 옷을 빼입은 사람들이 아침마다 남구로역에서 쏟아져 나오고, 또 다른 한쪽에는 넓은 중국 대륙에서 건너온 거침없는 사람들이 사방으로 퍼져 나가고 있다. 그리고 또 한쪽에서는 하늘 같은 한 사람의 말만 받들고 살겠다는 사람들이 서로를 칭칭 묶으며 살아가고 있다.

　우리 아버지같이 구로동에서 자리를 잡고 토착세력이 된 사람들은 디지털 단지의 말끔한 지식 노동자들이 구로동에서 돈을 쓰지 않는 게 불만스럽고, 혹 그들이 떠나버리는 건 아닌지 불안해한다. 또한 저 먼 대륙에서 온 아주머니들의 서비스를 받고, 아저씨들을 부려 먹으면서도 그들의 무례함과 무식함을 손가락질하고 못마땅해 한다. 겨우 20여 년 전에 자신들이 그랬던 것처럼, 힘든 노동 뒤에 한잔 걸친 술기운에 불콰해져서 큰 소리로 싸움을 벌이는 그들이 영 달갑지 않다. 구로동 시장과 가리봉동의 허름한 선술집, 길마다 늘어선 피시방과 곰팡내 나는 셋방에 돈을 뿌려주는 사람은 모두 그들이고, 어쩌면 구로의 기본 경제를 움직이는 것이 그들인데도 영 곱지 않게 '꼬나'본다. 또 정신 나간 사람들이 제대로 된 걸 믿지 않고 쓸데없는 데 정신 팔고 산다고 뒷말이 많다. "멋대로 사는 걸 어쩌겠어" 하며 뒤로는 사람 취급을 않으려 하면서 전염병처럼 자기 식구들에게 옮지나 않을까 그것만 염려한다.

　하지만 그들이 남다른 길을 택했다고 나무랄 수 있는지 나는 잘 모르겠다. 다만 공연한 걸 믿어서 세상 사람들에게 따돌려지고 이단으로 배척당하는 것이 안타까울 따름이다. 오히려 이 시대의 진정한 이단은 '가난'과 '무지'가 아닐까. 가난하고 무지한 이들은 이미 죽기 직전에 이르러 더 이상의 핍박을 가까스로 피하고 있는지도 모른다. 게다가 헛되고 삿된 것을 믿는다는 이유로 나무라자면 어디 종교만 그러한가 말이다. 사실 우리네 삶이란 게 그런 기초 위에 서 있는 건지도 모르는데 말이다.

구로의 꿈, '구로동스럽지 않기'

몇 해 전에 각 동의 주민자치센터를 돌며 신년인사를 하던 구청장 입이 귀에 걸렸다는 후문이 돈 적이 있다. 전년도에는 이른바 서울의 '쳐주는' 대학에 입학한 구로동 아이들이 18명밖에 안 됐는데, 그 해는 50명이 넘었기 때문이다. 애들 교육 때문에 구로를 떠난다는 오랜 아킬레스건이 구청장에게는 분명 큰 고심거리였을 테니 이해도 된다. 이 소식을 전하며 구청장은 "그러니 제발 구로를 떠나지 말아 달라"는 솔직한 주문을 덧붙였다고 한다.

몇 사람이 흥분해서 구청장이 그러면 곤란하지 않느냐고 투덜거리는 사람도 있었지만, 나는 가만히 입을 다물고 말았다. 지난 가을이 시작될 무렵 작은아들 일 때문이다. 내가 졸업한 중학교를 같이 졸업한 작은아이가 실업계 고등학교로 가겠다고 했을 때, 실업인이 될 수 있을까 의심스럽긴 했지만 알아서 하라고 할 수밖에 없었다. 하지만 이런저런 일 끝에 결국 2학기에 동네 인문계 고등학교로 전학을 하게 되었는데, 그때 위장전입 여부를 확인하기 위해 학교에서 가정방문을 하겠단 말을 듣고는 코웃음을 쳤던 일이 갑자기 떠올랐기 때문이다. 말은 안 했지만, 누가 이따위 학교로 위장전입을 해온다고 이 난리를 부리나 싶었던 것이다. 공부방에서도 성적이 너무 낮아 어지간한 실업계 학교도 못 갈 처지의 아이들에게 한 번씩 권하는 학교였다. "그냥 가깝고, 같이 자란 아이들도 많이 다니고, 또…" 하면서 설득을 하는데, 나 역시 딱 그런 기준에서 아이를 보냈던 것이다. 그러니 나 역시 줄세우기에서 밀리는 듯한 동네 교육을 한심스럽다고 여기고 있던 것은 마찬가지였기 때문이다. 오히려 좋은 대학을 갔다고 자축하는 것은 나에 비하면 솔직담백한 태도일지도 모르겠다.

대한민국의 막강 경쟁교육체계 안에서 구로의 교육은 늘 별 볼 일 없는 것으로 안팎에서 인정받고 있다. 이를 획기적으로 만회해보겠다며 구로구청은 매년 억대의 예산을 들여 소위 '리딩 스쿨(Leading School)'이란 것을 만들고, 공부 잘하는 관내 고등학생들 몇십 명을 모아 논술과 영어과외를 하는 중점사업을 벌이기도 했다. 그런 혁혁한 활동의 결과물이 그런 성과인 셈이다. 물론 그런 성과를 낸 아이들 중에 우리 아이가 잠시 다녔던 학교 학생도 없지는 않다. 하지만 이들보다 더 많은 아이들은 애써 '구로스러움'에 물들지 않으려 갖은 노력을 다해온 아이들이다.

구로구 안에는 예전부터 철도차량기지 때문에 섬처럼 고립된 구일 지역이 있다. 이곳은 집단 아파트 거주지로, 이곳 주민들은 모두가 비슷한 생활수준을 유지하며 '짝퉁 목동'으로 독특한 집단문화를 유지

해왔다. 최근 대규모 브랜드 아파트촌이 들어선 신도림 역시 애써 구로가 아닌 신도림만의 무언가를 형성하려는 움직임이 뚜렷하다.

이 모든 일들의 밑바닥에는 집값이 가로놓여 있다. 신도림이나 구일 지역은 가리봉동에 살던 사람들이 감히 들어갈 수 없는 집값을 형성하고 있다. 이들은 그 집값으로 보이지 않는 경계를 두르고는 그 울타리 안에서 자기 아이들을 맘껏 기르고 있다. 그리고 그 아이들이 혹여 구로동 콤플렉스를 씻어줄까 하고 구로의 갖은 사람들의 주머니를 털어 지원하고 있다. "어차피 너희는 공부 안 할 거니까 공부하는 애들이라도 잘할 수 있도록 뒷바라지해야 하지 않겠냐"란 말에 아무런 대꾸도 못 하고 눈을 뜬 채 주머니를 털리고 있다. 그리고 공부 못하는 아이들은 새벽 일찍 일어나 꼬박꼬박 버스비를 내가며 저 어디쯤의 실업계 학교를 다닌다.

그러나 아무리 생각해도 구로동 사람으로 남을 이들은 이들 실업계 학교에 다니는 아이들일 가능성이 더 크다. 학교를 중퇴하거나 고등학교만 나와 평범한 직장에 다니는 이들은 함부로 구로를 버릴 생각을 않는다. 전세나 월세를 부담할 수 있고 먹고살기에 그리 까다롭지 않으면 제가 살던 동네를 굳이 떠나려 하지 않는다. 못난 자식이 결국 부모 곁을 지키게 되는 것과 같은 이치다. 그 못난 자식의 등골을 빼서 잘난 자식 뒷바라지를 하는 것 역시 세상의 이치라면 그것도 참 할 말은 없다.

이렇게 구로동에 살지만 '구로동스럽지 않기'는 우리의 영원한 꿈이고 숨겨진 욕망이었던가 보다. 저 어딘가에서 지하철을 타고 오는

말끔한 구로디지털단지 사원들처럼 될 수 있으려면 구로동의 이 질
퍽함을 벗어던져야 하는 것이다. 그것만이 사이비 구원이 아닌 진정
한 구원이 될 거라고 다들 믿는다. 하지만 M을 향하는 몽롱한 눈동자
를 가진 이들이 우리에게 묻는다. 하루 세 끼 먹고 지붕 아래서 잠드는
것, 남의 밑에서 굽실거리며 일해서 돈을 벌어야 하는 것과 무엇보다
위안과 구원이 필요하다는 점에서 우리는 과연 어떤 질적인 차이가
있는가 하고 말이다.

구로는 경계에 서서 중심을 향한 갈망으로 늘 성장해왔다. 어딘가
중심이 있어서 성장이나 발전, 개선이나 진보란 단어를 꿈꿀 수 있는
그때까지만 구로 아리랑은 계속될 수 있다고 수많은 M은 말하고 있
다. 소수의 구로동스럽지 않은 구로동 사람을 낳는 시스템 속에 구로
의 욕망은 오늘도 맹렬히 작동하고 있다. 구로동을 벗어나는 것, 그러
나 그전까지는 구로동에서 안전하게 사는 것, 그것이 오래되고 변함
없는 구로동 사람들의 음험한 소망이다.

다시 부르는 구로 아리랑

이렇게 쩍쩍 갈라지고 있는 구로를 한 데 끌어 모으는 것은 사실 실
체 없는 냄새다. 그 냄새에서는 때로 피냄새가 풍긴다. 도발적이고 반
역적인 그 냄새를, 점점 더 살기가 힘들어지고 점점 밀리기만 하는 사
람들은 익숙하게 맡는다. 누구보다 노동운동에 헌신했던 전설의 투사

들을 불타오르게 하는 냄새이기도 하다. 그러나 그 전설의 투사들은 이미 동네의 별 볼 일 없는 아줌마, 아저씨가 되어 욕도 먹고 무시도 당하면서 살고 있다. 하지만 무대가 열리면, 그는 주저하지 않고 무대 위로 올라가 목청껏 변방의 노래를 부른다. 변방은 우짖지 않으면 그 존재 의의를 좀체 찾을 수 없다. 마찬가지로 구로동은 말이 안 되는 일들을 고스란히 겪고, 이를 세상에 알림으로써 그 존재의 의미를 계속 낳고 있다. 그리하여 동일방직 싸움은 노동운동 역사의 뒤안길로 사라지는 것이 아니라 기륭전자의 싸움으로 이어지고, 구로역 앞 기아자동차 분소로 자리 잡아 구로의 진정한 꿈을 힘겹지만 다시금 일깨우고 있다.

하지만 더 이상 우리는 노동자를 낳는 꿈을 꿀 수 없다. 이미 구로공단은 역사의 뒤안길로 사라져버렸다. 전처럼 우리 옆집에 사는 만만한 공장장님을 찾아볼 수도 없다. 우리는 노동에의 진입로를 잃은 듯하다. 개발이라는 이름으로 묵은 때라도 벗겨내듯 어느 날 사라져버린 구로공단 대신 빌딩들이 반듯반듯 진을 치듯 들어선 구로디지털단지는 위압적이다. 우리는 구로를 번듯한 꼴로 만들 꿈에 부풀어 한껏 땅값을 올렸다. 땅값은 보이지 않는 테두리가 되어 가난한 사람들을 계속 원 밖으로 내쫓았고, 그 안에서 우리는 모두 더 이상 공돌이, 공순이의 후예가 아닌 것처럼 저마다 '손님은 왕'을 주절거린다. 그런 놀이에 취해 육체가 아닌 서비스 정신만을 살피고 근육의 힘 대신 사근사근한 웃음과 세련된 몸놀림에 더 신경을 쓰고 있다.

아이들은 이제 아무도 공돌이, 공순이들의 구로공단을 떠올리지 못

한다. 대신 진로지도로 커피 바리스타 수업을 듣는다. 우리의 아이들이 구로공단에 있는 ○○방직이나 ○○전자 대신 어디나 똑같은 인테리어와 똑같은 복장, 똑같은 업무 매뉴얼을 숙지하고, 어딜 가도 다를 바 없는 구로디지털단지의 스타벅스 커피점에서 알바를 하게 된 것으로 과연 우리의 과거를 청산할 수 있을까?

나의 세대에서 과연 구로동스러움의 한을 벗어던질 수 있을까? 조선족 동포들 중에서도 아직 자리 잡지 못한 사람들이 많이 있다는 가리봉동을 게토로 삼아, 이제 그들에게 우리의 낙인을 모두 짐지울 수 있을까? 그리고 우리는 만인에 의한 만인의 소비자이자 서비스 맨으로 드디어 남들과 똑같이 살아갈 수 있게 된 것을 축하할 수 있을까? 여기가 바로 우리가 꿈꾸던 바로 그 중심인가? 이 시장의 한복판이?

자기의 서사를 가진 것이 인간이라면 우리는 이제 어떡해야 하나? 우리의 아리랑을 외면하고 부정하는 힘으로 우리는 한 세상을 살았다. 우리의 노래, 우리의 이야기는 아직도 과거를 헤매며 과거 속에 침잠해 들어간다. 아이들이 이렇게 커가는데 새로운 이야기를 쓸 엄두를 내지 못한다. 하지만 어쩌면 새로운 구로 아리랑은 이런 진공이 필요했는지도 모르겠다. 새롭고도 오래된 낙인을 짊어진 구로의 아이들이 다시금 자라고 있기 때문이다. 희미한 공장 전등불 아래 공돌이, 공순이가 아닌, 지역아동센터의 형광등 아래 저소득 가정의 아이로, 다문화 가정의 아이로, 장애아로 다시 구로 아리랑이 자라고 있다. 그들이 부르는 노래에 굳었던 가슴이 떨린다. 우리의 노래가 이렇게 이어지고 있다.

스테인리스 접시에 담긴 죽음

와, 저따위 민중…

내가 알기로 그 할머니는 손자 둘밖에 없다고 했다. 명절에 어디 갈 곳이 없는 내가 임대 단지에 사는 그 아이들을 명절날이면 꼬박꼬박 보곤 했으니 할머니 말을 믿을 증거도 충분하다 싶었다. 명절 날 아무 데도 갈 곳 없고, 아무도 찾아줄 이 없으니 무슨 기막힌 일이 일어난다 할지라도 이해할 마음의 준비는 되어 있었다. 물론 실제 그 일을 감당하는 것은 다른 문제긴 하지만….

할머니는 참 힘든 분이었다. 이런 말 하는 것이 무례하다는 것을 모르지 않지만 내 생전에 그렇게 성질 급한 할머니는 처음 본다. 뭐 한 가지를 알아봐 달라고 하고 나면 한 시간도 안 되어 바리바리 전화를 하신다. 그래서 할머니 번호가 뜨면 심장이 쿵쾅거리는 예사롭지 못한 병을 얻고 말았다. 하지만 졸라대는 것이야 어디 그 할머니뿐이겠는가? 무언가 부탁하는 일이야 다 다급하기 마련이므로 서두르는 것쯤이야 이해 못할 바는 아니다. 나도 그런다. 그러므로 이런 증상에는 다른 무엇인가도 있는 것이다.

그 다른 것은 할머니의 의심증이다. 할머니는 무슨 일이건 사람들이 당신을 하찮게 여기고 속여 먹으려 든다고 믿는다. 그래서 늘 남을 못 믿는 것이다. 그러니 무언가 일이 뜻대로 안 되면 당신한테만 일부러 야박하게 굴어서 그런 것이라고 생각한다. 그래서 안 될 일도 힘세고 빽 센 사람이 부탁하면 안 될 것이 어디 있겠냐는 것이 할머니의 지론이다. 그러니 할머니는 늘 "그라니 선상님이 가서 쪼까 해주시오. 나는 암시랑도 못허니께…" 하고 할머니보다 배운 것도 많고 힘도 있다는 날 갖다 밀어붙인다. 그러니 내가 가서 할머니 원하는 대로 척척 일을 못 해오면 당신이 요구하신 게 부당하거나 안 되는 것이 아니라, 내가 힘이 없고 별 볼 일 없는 못난 인간이라서 일이 그 모양 그 꼴인 것이 되어버린다.

물론 대놓고 그렇게 말씀하시진 않지만 계속 뭐라 중얼중얼하며 혀를 츳츳 차고 한숨을 내쉬는 모습이 아무리 둔한 인간이래도 네가 그 모양으로 할 줄 알았다고 은근 한심스럽게 여긴다는 것을 알아차리지 않을 수 없게 한다. 나는 분명히 '한번 알아는 보겠으나 어려울 것 같다'고 이미 말한 바 있다. 왜냐? 딱 봐도 될 것 같지가 않은 일이기 때문이다. 하지만 그래도 성의를 보이려고 내 딴에는 시간 내고 품을 내서 알아본 것인데, 형식적으로 "됐다"고 하는 감사의 말이 그냥 인사말이 아니라 '됐다, 그럴 줄 알았다'는 비아냥 조로 들려 어디 가서 하소연할 길도 없고 열을 삭히지 못한 채 벙어리 냉가슴만 앓기도 했던 것이다.

아직 스스로가 대의명분을 따라 살려고 노력한다는 미몽에서 헤어 나오지 못하고 있던 소싯적에는 '내가 이따위 민중을 섬기려고 내 젊음, 내 인생을 그따위로 살았나' 하는 쓸데없는 자괴감에 빠져들기도 했다. 명분에 살고 명분에 죽으려는 나에게 그 늙으신 민중의 모습은 너무 얍실하게만 보였다.

할미니는 물론 아이들이 공부방에 다녀서 만나게 된 인연이다. 큰 아이는 이미 고등학교를 졸업했고, 둘째는 고3이다. 그 아이들이 초등 학교 1, 2학년 때부터 봐왔으니 좀 부풀려 이야기하자면 할머니와 파 랑새가 함께 아이들을 키워온 셈이나 다름없다. 물론 내가 이런 말을 한다는 것을 아시면 할머니는 "무신… 아니, 해준 것이 뭐 있다고 키 워주고 말고 할 것이 있어… 내 참말로 기가 막혀서…" 하실 것이 뻔 하다. 그냥 세월이 그렇다는 거다. 나도 공치사하고 싶은 마음은 전혀 없다.

할머니는 손주 둘을 두셨다. 할머니가 그렇거늘 아이들이라도 예뻤 으면 괜찮으련만, 할머니의 두 아이들도 그렇질 못했다. 아니, 차라리 할머니 소원대로 아이들이 제 몫을 척척 해낼 수 있도록 번듯했으면 할머니가 이렇지는 않았을지 모른다. 아이들은 아니할 말로 딱 봐도 부족한 티가 나는 아이들이었다.

아마 아이들이 그래 보였던 이유는 발음에 문제가 있었던 탓이 더 클 것 같다. 두 아이 모두 턱관절이 조금 돌출되어 발음이 불분명한 특징이 있었다. 또 할머니 말씀에 따르면 아이들의 생모가 "전혀 아무 것도 할 줄 모르는, 어디가 좀 모지랜" 사람이었다고 하니 분명 가계의 유전적 소인도 있는 듯하다. 그래도 생모가 아이들을 낳고 2, 3년 정도는 함께 살았던 모양이나 결국은 가출을 해버려 갓난아이 적부터 할머니가 두 아이를 손수 기르다시피 했던 모양이다. 지금 하는 것을 보면 그 '모지랜 며느리'가 못 미더워 두 아이에게 손도 대지 못하게 하셨을 것 같다. 할머니가 글도 전혀 모르시고, 또 우리를 만났을 때 아무런 경제활동 없이 기초생활수급자 생계비에만 의존해서 생활하시던 참이어서 할 수 없이 공부방에 아이들을 보냈지, 안 그랬으면 벌써 다른 길을 찾으셨을 터이고, 공부방을 보내면서도 젊은 교사들 하는 양이 못마땅하지만 어쩔 수 없이 참고 보낸 것을 잘 알고 있어 하는 말이다.

할머니의 또 다른 특징은 남들 흠은 엄청 잘 보면서 당신네는 늘 변명할 거리가 잔뜩 있다는 것이다. 며느리는 그렇게 타박하면서 아이 낳고 금방 집을 나갔다고 하는 아드님에 대해서는 일언반구가 없다. 그러나 가만 눈치를 보면 그런 며느리를 들일 수밖에 없었을 만큼 아들의 상황도 그다지 온전하지는 못했던 눈치다. 그런 아들조차 며느리와 앞서거니 뒤서거니 집을 나가버리고 지금껏 죽었는지 살았는지 소식 하나 없는 눈치다. 하지만 누가 할머니 속내를 다 알 수 있겠는가? 내가 모른다고 말하는 것이 정확할 뿐이고, 할머니가 너 정도는 그렇게 알고 있으면 된다고 결정하면 나로서는 도리가 없는 일이다.

아무튼 할머니가 공을 인정하든 안 하든 그 아이들의 곁에는 지금까지 파랑새가 있었다. 초등학교 고학년까지 대소변 실수를 하는 아이들의 장애 진단을 받게 설득한 것도 파랑새였고, 졸업을 시켜서 취업을 도운 것도 파랑새다.(할머니는 모르시므로 이 자리에서라도 공치사를 좀 해야겠다. 큰아이를 취업시킬 작정으로 지난 2년여 동안 격주 일요일마다 자원봉사자들과 함께 아이들 영어 수업을 진행했다. 한 중소기업의 임원이 하는 봉사활동이다. 일요일에 아이들 보러 나간다는 것이 내키지 않았으나, 혹시 아이들에게 도움이 될 길이 있을까 하는 속셈에서 시작한 일이다. 실은 게으른 탓에 영혼구제를 해주시겠다는 훌륭한 보험마저 일요일 휴식을 위해 사양해오던 난데 혹하고 넘어간 것이다. 그래도 봉사자들이 소탈하시고 아이들을 위하는 마음이 커서 힘든 줄은 몰랐다. 봉사자 분들께 부탁드렸던 첫 번째 일이 할머니를 모시고 병원에 가서 진찰을 받는 데 필요한 경비를 지원받는 일이었고, 두 번째가 학원 다니기를 소원하던 다른 아이의 학원비를 지원받는 것이며, 세 번째가 할머니의 장손을 그 회사에 취업시키는 것이었다. 힘들게 얻은 '지니의 세 가지 소원' 중 두 가지나 할머니 댁을 위해 썼던 것이다. 그러나 이런 나의 마음을 할머니는 알지 못한다. 무서워서 공치사를 차마 못했던 것이다. 그래서 여기서라도 한다.)

아이구 지긋지긋한 세월!

할머니의 건강도 나날이 안 좋아지셨고, 큰아이 취업도 시켜서 전화가 뜸하니 한결 느긋해진 기분이었다. 마치 내가 할머니 며느리나 된 듯한 세월을 살았던 기분이다. 생각해보면 정말 그렇다.

하도 세상 경험도 없고, 또 다른 아이들처럼 척척 책을 읽어 무언가를 이해할 수 있는 아이들이 아니니 내 딴에는 마음을 쓴다는 것이 영화나 연극을 보러 가거나 어디를 많이 데리고 다니며 견문을 넓혀주면 좋겠다고 생각했던 것이 당시 초보 공부방 교사인 내 판단이었다. 지금도 그렇지만 그때도 차가 없어서 학교 공부를 마친 아이들을 데리고 부리나케 대학로나 남산의 국립극장까지 가서 공연 하나를 보여주려면 예삿일이 아니었다.

그때는 정말 '공부방'이어서 정부 지원이 한 푼도 없었던 시절이다. 남들이 도와주거나 내 돈을 털지 않으면 무엇 하나 할 수가 없던 시절이었다. 작은 단체의 도움으로 공연 같은 것을 신청해서 볼 수 있다는 것을 알게 된 나는 열심히 정말 열심히 신청을 해서 아이들을 데리고 다녔다. 새끼들 입에 뭐 들어가는 것만 봐도 흐뭇하다고, 내 딴에는 애들 육신이 아니라 영혼에 밥 들어가는 모습이 뵈는 것만 같아 힘든 줄도 모르고 아이들을 끌고 다니던 시절이었다.

그렇게 허겁지겁 애들을 데려가려면 할머니한테 허락을 받아야 하는데, 할머니가 애들을 안 보낸다고 할까봐, 또 늦는다고 타박할까봐 마음 졸이는 일부터 시작이 된다. 공부 안 시키고 애들을 쓸데없는 데 데리고 다닌다는 것이다. 그러나 막상 데리고 나가면 할머니네 애들이 제일 신나 보이는 축에 든다. 제 또래보다 지적 능력도 떨어지고 발달 수준도 느리니 애들이 겅중겅중 신나서 천방지축으로 군다. 어디 가서 없어지고 난리를 부리다 늦게 돌아오게 되는 데는 할머니 애들 탓이 제일 크다. 그래도 전철을 타면 꼭 돌아오는 중간부터 전화가 오기 시작하는 건 할머니네 집이다.

처음에는 물론 좋게 시작한다. "선상님, 언제 오시남요?" 이렇게 시작한 전화는 처음에는 한 몇 분 간격으로 "인자 어디세요? 허이구 야들 씻겨서 재워야 되는디, 낼 학교까지 가야 할 아이들을 뭐 한다고 그라고 뎀꼬 다닌다요?" 하는 푸념으로 이어지며 어디냐는 확인 전화가 발발이 이어진다. 이때쯤 되면 달리는 전철을 뒤에서라도 밀고 싶은 심정이 된다. 전화기 울리는 소리만 나도 경기가 날 지경이고, 할머니는 점점 더 톤이 높아지다가 막 소리소리 질러대며 당신 하실 말씀만 하고 전화를 툭 끊어버리기까지 한다. 그런 상황에 눈앞에서는 태평스레 앉아서 장난을 치고 있는 아이들을 보면 나도 공연히 열이 오르는 것을 참을 수가 없다. '아니 누구 때문에 늦은 건데…. 아니 누구 때문에 이 고생을 하는 건데…. 내가 다시는 쟤들 데리고 오는가 봐라. 한 번만 더 데리고 오면 내가 손에 장을 지진다' 하고 속으로 이를 부득부득 간다. 그래도 아이들에게 뭐라고 할 수 없다. 성질이 머리끝까지 치받으면 할머니가 아이들을 때리는 줄 모르지 않기 때문이다. 그 때문에 안 그래도 겁 많은 아이들이 얼마나 벌벌 떨까 싶어서다. 괜히 공연 보러 오지 말 걸 하는 후회가 뒤늦게 밀려온다. 할머니는 대놓고 전화기에 대고 "선상님, 그러는 거 아니요. 갸들이 얼매나 불쌍한 아이들이라고… 없는 집 애들이라고 공부도 안 시키고 그딴 데나 뎀꼬 다니고 그라는 거 아니요. 사람이 그라면 못 쓰요!" 하고 벌써 고함을 지른 뒤다. 연극이 뭐라고, 뮤지컬이 뭐라고 어찌 또 유혹을 못 이기고 이 아이들을 끌고 왔을까 후회가 막급이다. 하지만 이미 벌어진 일이다.

하루는 참다 못해 할머니 너무 하신다고 전화에다 대고 나도 막 고함을 질러버렸다. 그러다 울음이 터져 막 흐느꼈다. 뭐 생각해보면 완전 며느리가 "어머님 해도 너무 하셔요, 흑흑" 이런 셈이었다. 그러곤 끝장이라고 생각했는데 그런 시절이 지나고도 우리는 아직 함께다.

삼십 년 만이라고? 못 믿겠는데…

그렇게 첫째를 졸업시키고 이제 둘째만 건사하면 내 일은 끝난다 하고 있던 참이었다. 실은 둘째도 구로에서 함께 만든 청소년 전용 지역아동센터로 진작에 옮겨 다니게 하려고 했다. 아이나 우리나 다 원한 일이지만 아직도 나한테 뜯어 먹을 것이 있다고 느끼셨는지 할머니가 반대하셔서 그대로 파랑새에 다니고 있다. 하지만 그래도 한결 느긋해진 것은 사실이다.

그런데 지난 2월 모처럼 할머니한테서 전화가 왔다. 30년 만에 동생이 나타났다는 것이다. 일가붙이 아무도 없는 줄 알고 살았는데 웬 친동생…. 이 또 무슨 개 풀 뜯어먹는 소린가 하는 생각이 절로 들었다. 할머니 동생이라고…, 그것도 암에 걸려 30년 만에 나타난….

하지만 일 생길 때마다 찾는 마음을 모른 척 하기는 쉽지 않다. 그래서 할머니와 함께 입원해 있다는 동생을 찾아가보니 아픈 기색이 역력한 초로의 아저씨가 누워 있었다.

아저씨는 열여섯에 돈 벌러 고향 전라도를 떠나와 여기저기 떠돌았다고 한다. 그렇게 식구들과 소식이 끊기고 어찌어찌 여자를 만나 아들딸 하나씩을 두고 살았는데, 그 마누라도 벌써 십여 년 전에 집을 나가고 그 뒤로 자식들도 차례로 집을 나갔다고 한다. 그리곤 위암에 걸렸다고 한다. 마지막으로 곁을 떠난 서른 넘은 아들은 방세를 못 내 결국 방을 빼야 했을 때 보증금을 강탈해 가다시피 해서 나간 후 아무 소식이 없다고 했다. 자식 노릇은 고사하고 찾아와서 무슨 행패나 부리지 않을까 무서우니 말도 꺼내지 말란다.

그렇게 아픈 몸을 끌고 집도 가족도 없이 혈혈단신이 되어 대림역 인근의 친구 집에서 의식을 잃고 쓰러져 119로 실려 오게 되었다는 것이 얼추 그간의 사정이다. 그 몸과 그런 사정으로 30년 만에 누나를 찾았다는 것이다. 그런 동생이 자꾸 배가 불러오니 MRI라도 찍어봐야 하는데 돈이 없으니 어떡하겠느냐고 좀 도와 달라는 것이 할머니의 부탁이었다.

사정을 들어보니 급하긴 했다. 어쨌든 구로에서 지원을 받으려면 구로 사람이어야 하는데 아저씨 주소지는 여전히 광명시로 되어 있었다. 그럼 할머니집으로 아저씨 주소지를 옮기자고 했더니 기초생활수급자로 살아가고 있는 할머니네도 아저씨가 들어오면 지원 여부가 바뀔 수도 있어 그도 또 망설여졌다. 그다음은 생각할 필요도 없이 우리 집밖에 없었다. 부탁할 만한 곳도 없고 다급한데 더 따질 일도 아니다 싶었다. 아저씨를 진짜로 들일 형편은 안 되지만 일단 주소지를 옮기는 것은 가능했다. 그리고 기초생활수급자로 신청을 하든 다른 방법을 찾든지 해서 그다음 일은 차차 해결할 일이다 싶었다.

필요한 서류를 들고 다시 아저씨 사인을 받으러 병원을 왔다 갔다 하기 시작했다. 그 과정에서 아저씨도 할머니처럼 글을 모른다는 것을 알게 되었다. 편찮으셔서 그런지 어쩐지 아저씨는 자기 이름자도 제대로 쓸 줄 몰랐다. 'ㅊ'은 특히 어려운 듯했다. 60년이 넘는 세월을 자기 이름자조차 제대로 못 쓰면서 살아왔던 것이다. 그 깡마른 몸뚱이로 이 엄청난 자본주의를 고스란히 겪어내면서 그 남자는 자기 이름 석 자도 감당하지 못하고 살아왔다. 온몸으로만 이 파고를 넘기려니 몸뚱이가 비명을 질러대는 것이 너무도 당연해 보였다. 평생을 써 왔다는 인감은 당신 이름도 아니었다. 이름도 잘 못 쓰는 그는 온갖 것을 다 잃고 암덩어리 하나만을 간직한 채 30년 만에 식구라고 그래도 누나를 찾은 것이다.

할머니는 또 숨이 꼴딱꼴딱 넘어갈듯이 조급해 하셨지만 병원비는 채 20만 원도 안 되는 돈이었다. 당장 병원비도 그렇지만 그보다는 앞으로 어찌 살 것인지 그 궁리가 급했다. 아저씨를 기초생활수급자 지정을 받게 해드리는 것이 가장 나은 도리인 듯 싶었다. 그런데 기초생활수급자가 되려면 소식도 없는 가족들이 부양 포기 의사를 밝혀야만 한다. 가출해서 연락도 없는 식구들을 어디 가서 찾는단 말인가? 행정 절차를 이해하지 못할 바는 아니지만 답답한 노릇이었다.

또 기초생활수급자가 된다 해도 어차피 식구들이 있어서 나오는 돈은 얼마 되지 않는다. 그야말로 방 하나 얻어 방값 내고 나면 입에 풀칠도 겨우 할 정도다. 아무리 생각해도 요양시설 같은 곳을 가시는 게 낫지 않나 싶었다. 하지만 환자가 완강히 거부했다. 거기에 들어가면 다 죽는다는 것이다. 하지만 그냥 살기도 녹록지 않다. 이미 위뿐만 아니라 장기 전체에 암이 전이되기 시작해 회복이 결코 쉽지 않아 보였다. 그런데도 병원에 있으면서 누님 수발을 받으니 회복되는 기분이 드는지 요양병원 이야기에 펄쩍 뛰면서 방만 얻어주면 금방 일을 하러 나갈 수 있다는 것이다. 조금이라도 열이 오르면 맥도 못 추고 화장실 가는 것도 힘겨워하시면서 일을 하러 나갈 수 있다고 하는 말에 가슴이 울컥했다. 그래! 우리야 꿈적거리지 않으면 어찌 입에 풀칠을 하고 방바닥에 등허리를 붙여 보겠는가? 몸뚱이가 아무리 죽겠다고 아우성을 쳐도 혓바닥이 살아 있는 한 여기에는 뭘 올려주어야 하는 것이다. 그것이 우리 인생이다. 아파서 입맛도 잃고 소화도 안 되고 뭘 먹고 싶은 마음도, 뭘 하고 싶은 마음도, 할 수 있는 기력도 없어지는 것, 그래서 아픔이나 슬픔, 두려움이나 원망도 느낄 기력이 없어지는 게 우리네 인생에는 어쩌면 더 나을지도 모르겠다는 생각에 눈시울이 절로 뜨거워졌다.

그렇게 아저씨는 잠시 기력을 회복하는 듯했다. 아저씨의 기력이 회복되면서, 새로운 사실들이 하나씩 드러났다. 병원에 입원할 때 친동생과 조카가 입원보증을 섰다는 것을 알게 되었다. 가출 신고를 해놓은 경찰에서는 나중에 자식들 연락처를 알았다고 연락이 왔다. 연락을 해도 보고 싶지 않다고 했지만 찾긴 찾았던 것이다. 그래도 내 눈에는 어느 한 사람 코빼기도 뵈지 않고 오직 할머니 말만 믿을 수밖에 없는데, 며칠에 한 번씩 다른 이야기들이 나오는 것이다.

일이 그러하니 나도 다시 '아따! 이 할마시 봐라!' 하는 기분이 들었다. 사람을 어떻게 보고… 하는 생각에 절절한 마음이 싹 가시는 기분이었다. 그럼 나 몰래 식구들끼리는 다 연통을 했겠구나 하는 생각이 들었다. 어디 가면 무슨 말은 하고 무슨 말은 하지 말라고 일일이 시키는 할머니다. 당신 나름으로 수를 쓰시면서 나까지 시켜먹는 것이다. 맨날 "선상님이니께 이런 말도 한다"고 하더니만 그것도 아니다. 하지만 섭섭할 일이 뭐 있겠나? 다 그런 줄이야 안다. 알고도 당하고 모르고도 당하는 게 내 신세 아니던가? 새삼스러울 일은 아니다. 그저 아저씨가 자기 이름 석 자도 제대로 쓸 줄 모른다는 것, 그것 하나면 난 족하다. 그것 하나면 내 명분으로는 부족함이 없다. 아직도 명분이 중요한 나는 오랜만에 눈물이 날 만큼 고귀한 명분을 얻었으므로 늙고 교활한 민중의 꼼수는 그냥 넘기기로 했다.

스테인리스 접시 위의 죽음

드디어 기초생활수급자 신청도 되고 인근 복지관의 도움으로 한 달짜리 고시원 방도 얻어서 아저씨는 퇴원을 하게 되었다. 할머니가 벌써 여기저기 고시원을 알아보고 어디는 어떻다 난리를 부리며 절대 시장 안 고시원만은 안 된다고 고집을 부리신다. 알고 보니 고시원 앞 꽃집 여자를 잘 아는데 혹 당신을 알아보고 왜 거길 드나드는가 묻는 게 싫으셨던 것이다. 손자들이 지적장애 판정을 받은 것도 아무한테도 말하지 말라는 할머니시다. 첫째 아이가 그래도 괜찮은 중소 문구류 제조회사에서 물류 정리하는 일을 하고 있는데, 그걸 굳이 전공 살려 취업을 했다고 말하고 다니시는 꼿꼿한 분이시다. 비록 임대 아파트에 살지만 하나도 흐트러짐 없이 아이들을 건사하고 집 정리를 하시는 것을 보면 절로 고개가 숙여진다. 거기에 대면 나는 정말 허당이다. 그 할머니 눈에 나는 '등신 중에도 상등신'에 속하는 줄을 나도 잘 알고 있다.

그러나 퇴원을 한 아저씨가 피를 뭣같이 쏟으며 다시 입원하게 된 것은 채 사흘이 지나지 않아서였다. 갑자기 다시 도와 달라는 전화가 와서 알게 되었다. 퇴원을 했어도 앞으로 큰 짐 하나를 짊어지게 되었구나 싶어 안 그래도 마음이 무거웠는데 덜컥 다시 입원하셨다니 그럼 퇴원은 왜 했나 원망하는 마음이 든다. 그러기에 있을 수 있을 때까지 그냥 병원에 계시라고 했더니 말을 안 듣고 또 나름 꼼수를 부리다 사람 힘들게 하는구나 하고 성질이 왈칵 났다.

그러나 아저씨는 영 회복의 기미를 못 찾으셨다. 결국은 호스피스 병원을 알아보고 옮기기로 결정까지 했는데, 이튿날 아저씨가 갑자기 돌아가셨다. 아이들이 다 돌아간 밤중에 할머니께서 핸드폰으로 전화를 하셨다. 이런저런 일로 퍽 지치고 쓸쓸했던 밤이다. 집에도 안 가고 공부방을 서성거리다 할머니 전화를 받았다. 전화기 저쪽의 할머니는 울기부터 하셨다. 비명 같은 울음이었다. "선상님! 그 놈이 갔어!" 그런 말이었던 것 같다. 쓸쓸하고 지치고 쉬고 싶은 밤이었는데… 아저씨가 돌아가셨다는 것이다. 우리 집에 이름만 올라 있는 사람이 말이다. 식구라고 해야 하나 어쩌나 하던 아저씨가 말이다.

할머니는 무슨 눈치를 채셨던지 사나흘 전부터 시신 기증을 해야 겠다고 서둘렀다. 나보고도 전화를 해보라고도 하고, 당신도 병원을 통해 또 말씀을 해 놓으셨던 모양이다. 그래서 돌아가신 아저씨 몸은 그냥 기증될 예정이었다.

기증이 될 아저씨 몸은 처치실에 있었다. 아래층 영안실 냉장고에 보관되기 전 입원실 한구석에 있을 때 나는 할머니와 둘째 아이를 만 났다. 아이를 병원에서 본 것은 처음이다. 잠시 오가기를 왜 안 했겠 는가마는 뭐 좋은 꼴이라고 하면서 할머니가 아이들 병실 출입을 가 능한 시키지 않은 줄 알고 있다. 할머니는 울고 계셨다. 끝판에는 왜 나타나서 사람을 이렇게 힘들게 하냐고 원망하던 동생인데, 그래도 불쌍하게 갔다고 울고 계셨다. 할머니를 붙잡고 위로랍시고 "그래도 이렇게 할머니 품에서 돌아가셨으니 편히 가셨을 거예요"라고 딴에 는 말을 꺼냈는데, 할머니는 "이렇게 가는데 편히 가긴 뭐 편히 간다 고 그러냐"며 그 와중에 또 타박을 하신다. 그래도 날이 날인 만큼 수 굿이 듣기로 한다.

시신을 옮겨 갈 인부들이 와서 함께 들어가 아저씨를 처음 뵙게 되 었다. 할머니는 호스피스 병원으로 옮겨가면 줄 요량으로 속옷과 양 말, 잠옷을 사났는데 그걸 사자에게 입히면 안 되겠냐고 간청을 하셨 다. 하지만 병원 측에서는 해부학용으로 기증될 시신이니 소용없는 짓이다 싶었던지 거절을 하였다. 사람 몸 크기에 딱 맞는 스테인리스 접시에 흰 천을 깔고 덮은 아저씨가 누워 계셨다. 얼굴빛이 약간 회색으로 굳은 모습이, 스테인리스 접시가 너무 차갑고 천은 너무 얇아 추워서 그런 것만 같았다. 할머니가 아저씨 이름을 부르며 소리쳐 우시는 모습을 뒤로, 인부 둘이 침대를 끌어내기 시작했다. 할머니는 울고, 나는 할머니를 부축하고, 둘째 아이가 뒤를 따르는 조촐한 장례 행렬이 엘리베이터를 향했다.

언제부터 나도 울음이 터졌는지 모르겠다. 그렇게 살뜰한 정이 있을 리 만무하건만 나는 진심으로 울고 있었다. 아니 이 글을 쓰는 순간에도 눈물이 멈추질 않는다. 어쩌면 그의 죽음만을 슬퍼하는 것은 아닌 것 같다. 어렵고 외롭게 살던 사람들은 그리 가는구나 하는 생각에 눈물이 나는지도 모른다. 저렇게 접시에 담겨 이렇게 쓸쓸히 가는구나 하는 생각에 눈물이 멈추질 않았다. 얼마나 안쓰럽게 살았는가? 마지막에는 간병인에게 "우리 누님 밥 먹었나 좀 챙겨 달라"고 했다는 것이 그래도 아저씨의 마지막 말이었던 것 같다. 그래도 그런 사람인데, 그들이 부리는 꼼수라는 게 고작 그런 것인데… 하는 생각이 하염없이 나를 울렸다.

장례식장에 접어들어 모퉁이를 도니 삼열종대로 죽 늘어선 차가운 냉장실 문들이 보였다. 관 하나 크기의 차가운 냉장실 안으로 아저씨가 쑥 밀려들어 가는 것을 끝으로 장례 행렬은 끝이 났다. 그 순간만이라도 아저씨를 향해 가지 말라고, 이렇게 죽으면 어떻게 하냐고 그런 말이라도 하며 붙들고 매달렸어야 했는데, 우리 중 누구도 그리 우는 사람은 없었다. 우린 모두 울었지만 모두 시원찮았다. 그나마 할머니만 몸을 좀 못 가누어 하셨을 뿐이다. 하지만 그 울음조차 그리 옹

골차지는 못했다.

사인을 하라는 요청이 있어 금방 서류를 봐야 했다. 잠시 위층 상담실로 가자고 해서 따라 올라가 몇 마디 말을 듣고 우린 밖으로 나왔다. 다시 사망증명서를 떼느라 내가 다시 입원실로 올라가 거의 30분이 넘게 기다렸다 의사를 만나 증명서를 떼고 그걸 다시 장례식장에 갖다주고 오느라 밤은 자정을 넘기고 있었다. 피곤한 슬픔이었다.

터벅터벅 걸어오는 밤길에 내 손에는 할머니가 전하지 못한 아저씨 속옷 선물이 들려 있었다. 상표가 찍힌 비닐봉지 안에는 새로 산 아저씨 러닝과 팬티, 양말과 잠옷 한 벌이 들어 있었다. 그 안에는 병실 자원봉사자와 할머니, 아저씨 세 분이 함께 찍은 사진도 코팅이 되어 들어 있었다. 하지만 할머니는 그 물건을 가져가기 싫다면서 어디 누구 줄 데 있으면 주라고 하셨다. 돌아가신 분께 전해 드리려던 물건을 누구에게 줄 수 있을까 싶었지만 일단 받아 들었다. 버릴 수도 없었기 때문이다.

할머니는 교회를 나가신다. 그러니 아저씨는 죽어서도 사잣밥 한 그릇 얻어먹지 못하게 생겼다. 죽자마자 차가운 냉장고에 누워 있다가 내일이면 해부학 실습실에서 실습 대상이 될 운명이다. 아저씨도 그걸 알고 있겠지…. 어쩔 수 없으니까, 돌아가신 분도 아마 뒤도 안 돌아보고 얼른 이 땅을 떠나셨을 것 같다. 당신의 서글픈 신세야 '뭐 어차피 죽은 거, 죽은 몸뚱이 이러면 어떻고, 저러면 어떻누' 하고 그냥 넘겨버렸을지도 모르겠다. 돌아가신 분은 아마 그랬을 것이다. 하지만 장례나 제사야 원래 산 사람을 위한 것이다. 그러니 장례까지는 아니더라도 나는 무언가가 필요했다.

우리 집이나 나는 본 데 없이 그냥 편히 살아온 사람이다. 종교도 없으니 더더욱 뭘 어찌하는지를 모른다. 하지만 죽어서 먼 길 갈 사람 한테 따뜻한 밥 한 그릇이라도, 냉수 한 사발이라도 올려드리고 싶은 마음을 가눌 길이 없었다. 집에 있는 아들에게 작은 상을 내려 달라고 하면서 "혹시 아니? 그래도 마지막 주소지가 우리 집이잖아. 아저씨 가 그래도 여길 한 번 오실지도 모르잖아" 하고 애써 이유를 갖다 붙 여본다.

새로 밥을 지을 정성까지도 없는 하찮은 마음이었다. 상 위에 밥 한 그릇, 물 한 사발이었다. 이래야 하나 하고 밥그릇에 숟가락 하나 를 꽂아 두었다. 그리고 할머니가 준비한 선물을 앞에 두었다. 누님이 주신 건데, 입어보지도 못한 건데, 말은 그리 하셔도 이렇게 선물까지 준비했었더라고 보이고 싶었다. 그렇게 쓸쓸한 상 하나가 문 밖 복도 한켠을 밤새 지켰다. 곡을 하는 사람도 없이 상 하나 달랑이다. 그나 마도 이튿날 사람들이 혹 놀랄까봐 새벽에 얼른 치워버렸다. 그리고 선물은 어찌할 바를 몰라 아직도 내 방 한켠에 그냥 두었다.

할머니는 다음날 병원비 정산을 하셨다. 40만 원가량 모자란 것을 함께 일하던 교사의 남편분이 해결해주셨다. 할머니는 얼른 사망신고 를 해서 미안하게 이름 올린 것을 얼른 빼주어야 한다고 서두르셨다. 서너 차례나 고맙다고 인사도 하러 오셨다. 언제나 할 인사는 제대로 하고 보는 깔끔한 어른이시다. 전화비랑 이것저것 든 돈은 수급자 비용에서 장례비가 나오면 물어주고 싶다고 하셔서 절대 싫다고 거절했다. 물론 나 혼자 다 감당한 일은 아니니 공치사를 혼자 다 들을 일은 아니었지만 나도 나름 깔끔하고 싶었던 것이다.

사실 내게도 속셈이 없지 않았다. 할머니가 공치사를 다 하고, 내가 들인 수고를 몇 푼으로 갚지 못하게 붙들어 매두었던 것은 나도 속셈이 있었기 때문이다. 내 바람은 할머니가 이제는 제발 세상을 향해 조금이라도 마음의 문을 열고 사셨으면 하는 것이다. 물론 할머니의 삶을 속속들이 다 모르는 내가 이런 생각을 한다는 것이 어쭙잖다는 것을 모르지는 않는다. 하지만 세상 사람들이 모두가 다 서로를 향해 으르렁거리고 속여 먹으려고만 드는 것은 아니라는 것을 이해시켜 드리고 싶었다. 절대 아무도 할머니를 무시하지 않는다고 간곡히 말하고 싶었다. 할머니가 얼마든지 우릴 속여도 괜찮다고…. 아니 사정이 그러하니 힘든 점이 있을 것이고 그걸 미리 배려하지 못한 우리가 더 잘못했다는 것을 모르지 않는다고 말해주고 싶었다. 아무것도 바라지 않는 마음이 이 세상에도 있을 수 있다는 것을 보여드리고 싶었다. 그런 바람을 가져도 되는지 모르겠으나 나는 그러고 싶었다.

물론 처음부터 그런 속셈이 있었던 것은 아니지만, 진정한 마음은 정말 그랬다. 할머니의 고마워하는 마음이 나에게 중요했던 이유는 할머니가 혹시라도 그런 세상을 조금 느끼셔서 그래서 내가 아니라 세상에 대해 새삼 고마워하게 된 것은 아닐까 하는 공연한 희망의 설렘 때문이었다. 그러나 사실이 어떤지를 나는 알지 못한다. 할머니는 요즘 조용하시기 때문이다.

어쨌든 이 글은 나의 조문이다. 잘 알지도 못했던 한 아저씨에 대한 조문이다. 귀찮게 생각하고, 날 속여먹으려 든다는 생각을 더 많이 하며 만났던, 미안함이 앞서는 아저씨에 대한 조문이다. 사람이 그렇게 속절없이 가는 줄도 모르고 괘씸하게도 생각했던 아저씨에 대한 미안함이고 안타까움이다.

이제는 어디에 계실런가? 아마도 그 어디든 이 세상보다 낫지 않을까 싶다. 그립던 부모님도 만나지 않았을까? 혹시 떠났던 부인과 아들딸의 모습도 시켜볼 수 있지 않을까? 그날 밤 누님이 흘리는 눈물과 애통한 울음소리도 들으셨을까? 그리고 이렇게 아저씨를 기리며 긴 조문을 쓰는 내 마음도 아실까?

평안히 가셨는지 여쭙고 싶다. 그리 만나 그리 헤어지니 참 헛헛하고 죄송스러웠다고 말씀드리고 싶다. 그렇게 만나고 또 그리 떠나보내게 될 줄 차마 몰랐다고…. 아마 곧 뵙고 인사드릴 날이 올 것이다. 그래도 한 집에 함께 이름을 올린 식구였는데…. 가서 인사 올리면 반갑게 맞아주시라고 바라본다. 여기는 다 잘 있으니 모두 잊으시라고….

저 혼자 감당하는 밥벌이

말로 할 수 없는 것을 전하던 문자

나는 마침 그 동영상을 보지 않았다. 문제의 동영상이 일파만파로 퍼져가고 있는 줄은 까맣게 모르고 휴일 낮잠을 즐기고 있던 참이었다. 문자가 온 것은 바로 그때였다. 차마 말로 할 수 없지만 이 동영상에 기겁할 장면이 들어 있으니 얼른 확인을 해보라는 다른 이의 문자였다. 고등학교 졸업 후 지방에서 공장에 다니는 공부방 아이가 문자를 하나 보내왔길래, 그냥 심심한 김에 어디서 제 기분에 어울리는 영상을 하나 보냈으려니 하고 보지도 않고 넘어갔는데 그게 아니었던 모양이다. 당장 아이에게 전화를 걸어보았더니 자기도 억울하게 당한 일이라 지금 경찰서로 가는 중이란다. 아마 누군가 아이 번호를 해킹해 몹쓸 것을 퍼뜨린 모양이었다. 힘들게 살고 있는 녀석한테 하필 성가신 일이 생겨 안쓰러운 마음이 들었다.

그런데 두어 시간 뒤에 그 아이한테서 다시 전화가 왔다. 경찰에서도 문자로 동영상이 유포되는 것은 막는 게 어렵다고 하니 통신사에 연락해 그걸 막는 데 도움을 줄 수 있겠냐는 것이다. 집 근처에 있다는 아이를 만나서 얘기를 들어보니 사건이 생각과는 영 딴판이었다. 이름을 도용당한 것이 아니라 우연히 채팅에서 만난 여자와 영상통화를 하다 사단이 난 것이었다. 처음부터 작정한 일에 아무래도 걸려든 것 같았다. 자기 딴에는 사귀고 있다고 생각한 여자와 공장 기숙사 화장실에서 영상통화를 하며 자위를 했는데 그 후 여자는 연락이 끊어지고 어떤 남자가 전화를 해서는 백만 원을 입금하지 않으면 그 장면을 아는 사람들에게 보내겠다고 협박을 하더란다. 수중에 그런 돈이 있을 리 없는 아이는 깜짝 놀라 애걸하며 매달렸던 모양인데, 돈을 뺏을 궁리로 일을 벌인 상대가 사정을 봐줄 리 없었다. 아이는 그래도 순진해서 "제 이름으로 보낸 동영상은 절대 열어보지 마세요"라는 문자를 아는 사람들에게 보내는 것으로 일단 방패막이를 삼고 용감하게 경찰을 찾았던 모양이다. 하지만 경찰에서도 별 수가 없다고 하자 내 도움이라도 받을까 싶어 찾아왔다는 것이다.

아이가 보여주는 협박 문자를 보자 열이 뻗쳤다. 나는 협박 전화가 왔다는 070으로 시작되는 번호로 전화를 걸었다. 협박해도 눈 하나 꿈쩍 않을 것이고 오히려 경찰에 신고해서 가만두지 않겠다는 기세를 보여주는 것이 좋겠다 싶었다. 몇 번이나 전화가 울려도 받질 않더니 드디어 통화가 되었다. 마치 높은 벽처럼 평범하고 단단하게 느껴지는 목소리의 주인공이었다. 아이 이름을 대며 동영상 유포 건으로 전화를 했다고 하니, 누군데 그러냐며 관계를 캐기 시작한다. 이것저것 묻는 것을 보니 아직 속속들이 사정을 잘 아는 것 같지는 않았다. 당장 그만두지 않으면 경찰에 신고해서 가만두지 않겠다고 하는데도 그러거나 말거나 하며 경멸하는 태도가 느껴졌다. 돈을 받아내는 것보다 오히려 이쪽을 경멸하는 데 더 목적이 있는 것 같은 목소리에, 등등했던 나의 기세는 눈 녹듯 사라져 버렸다. 차라리 돈을 받아내는 게 목적이면 좋을 텐데, 아이를 경멸하고 조롱하는 게 목적이면 어떻게 하나, 엉뚱한 걱정이 엄습해왔다.

할머니의 가시 돋친 사랑

아이를 처음 만난 것은 내가 공부방 교사를 시작하고 얼마 안 된 때였다. 이제는 아이라 부르면 어울리지 않는 청년이지만, 그때는 초등학교 2학년 꼬마였다. 부모 없이 할머니의 보살핌만을 받고 자란 두 형제 모두가 조금 남다른 면이 있었다. 아무래도 아이들 행동이 이상해 공부방에서 함께 지낸 지 일 년쯤 지났을 무렵 조심스럽게 아이들을 한번 병원에 데려가보면 어떻겠냐고 말씀을 드렸다. 아이들에게 워낙 끔찍하시고 자존심도 강한 분인지라 조심스레 용기를 낸 일이었는데, 어렵게 꺼낸 이야기에 너무도 선선히 그러겠다고 하셔서 오히려 내가 깜짝 놀랐다. 이제 와 생각해보면 할머니도 남다른 두 손자들을 두고 남몰래 고민을 해오셨던 게 아닌가 싶다.

두 형제도 할머니라면 꼼짝을 못했지만 나도 실은 할머니가 무서웠다. 할머니는 매사에 절대 허투루 하는 법이 없으셨고, 특히 남들 이목을 중요하게 생각하셔서 얕보이는 일이 없도록 옷매무새 등을 꼼꼼히 챙기셨다. 하지만 연세도 있으신데 곁에 도와주는 사람도 하나 없으니 손자들을 챙기는 일이 힘에 부치시는 모양이었다. 그래서 아이들에게 이것저것 당부를 하시는데, 아이들이 어지간히 실수가 잦으니 잘 견디시다가도 한 번씩 역정이 나는 것 같았다.

어느 겨울날 아이들과 함께 산을 갔다가 우연히 살짝 눈이 쌓인 산비탈에서 미끄럼을 타게 되었다. 늘 골목길 안에만 갇혀 살던 아이들이다 보니 모두 난리가 났다. 덕분에 아침에는 고왔던 바지 꼴이 말이 아니게 되었다. 어스름 집으로 돌아갈 시간이 되자 주섬주섬 정신을 챙기며 비로소 아이들 얼굴이 흙빛이 되었다. "할머니한테 혼날까봐 그러지?" 위로 삼아 물었더니 금방 눈물이라도 쏟을 기세다. 그런 모습을 보니 괜히 놀았다는 후회가 뭣같이 밀려온다.

아이들에게 있는 대로 화를 내시고도 분이 다 안 풀리면 분명 내게도 전화를 하실 것이다. 아니 분명 내가 꼬여서 꼴을 그렇게 만들었다고 먼저 노발대발하실지도 모른다. 그런 생각이 들자 갑자기 긴 한숨이 나온다. 분명 말씀 끝에는 또 형편이 조금만 나았어도 이런 덴 안 보냈을 텐데 어쩌고 그러실 게 뻔하다. 할머니는 명색이 공부방 선생이란 작자가 야무지게 앉아서 필요한 것들을 찬찬히 가르칠 생각은 않고 맨날 어디 놀러 나갈 생각만 한다고 한심스러워하실 것이다. 하지만 다 같이 놀러가는데 어디 나가는 것을 그렇게 좋아하는 이 아이들만 빼놓고 갈 수는 없어, 다음에는 절대 데려가지 말아야지 다짐을 하면서도 늘 함께 다니게 되었다.

공부방 아이들은 대부분 형제에게 호의적이었다. 둘 다 큰 키에 그리 나쁘지 않은 인상을 지녔고, 느릿하고 굼뜬 행동으로 보일 수도 있는 태도가 오히려 여유 있고 느긋하게 보여 보는 이를 편안하게 한다. 아직 고3인 둘째는 타고나기를 웃는 인상이다. 상황을 파악하는 데 별 부족함도 없고, 약간은 덜 자란 듯 가끔 짓궂은 짓을 하면 당하는 아이들은 징징거리지만 같이 일을 벌인 아이들은 좋아서 못 견디는 눈치다. 반면에 첫째는 할머니 직속으로 있었던 까닭에 둘째보다 확실히 더 위축되어 있었다. 하지만 첫째의 그런 태도는 공손하고 점잖은 사람으로 느껴지게 하는 데가 있다. 이 모든 게 다 할머니의 노고로 이루어진 일이다. 일가붙이 하나 없고 글도 읽을 줄 모르시는 할머니가 임대 아파트를 마련하고 이것저것 아이들을 건사해내시는 걸 보면 감탄이 절로 나온다. 아이들이 좋아하는 형제에게서는 언제나 할머니의 땀 냄새가 풍겨오는 것만 같았다.

그렇게 키워낸 아이다. 그런 아이가 벌써 이렇게 훌쩍 자라 세상에서 혼자 바람을 맞으며 살아가고 있구나 하는 생각이 드니 그 와중에도 아이가 새삼 다시 보인다. 두 형제 중 이번에 일을 당한 이는 형이다. 동생보다 한참 숫기도 없고 늘 약간 경직된 모습을 보이는 형인데 어느 구석에 그런 대범함이 있었던 것인지 이런 일을 도와 달라고 온 모습이 조금 낯설기는 하다. 하지만 가만 생각해보면 이 친구의 이런 모습에 내력이 없지 않다.

공부방에 다닐 적에도 어른들 앞에만 서면 몸이 다 뻣뻣해질 정도로 긴장하는 투가 역력한 아이인지라 너무 순진한 것 같다고 말하면, 다른 아이들은 킬킬거리며 서로 눈짓을 주고받으면서 저래 보여도 저 형이 야한 것도 많이 보고 좀 그렇다는 이야기를 흘렸다.

아이가 중고등학교를 다닐 적에 저소득 가정의 학생들에게 정보통신 격차를 해소한다는 명목으로 컴퓨터와 인터넷 요금을 지원하는 사업에 할머니네도 선정이 되어 지원을 받기도 했다. 하지만 보호자가 아이들을 방임하는 가정에서 이런 기기들은 득보다 실이 되는 경우가 더 많다. 얼마 전에도 매일 밤 아이들만 두고 집밖을 배회하는 아버지를 둔, 지적장애를 가진 친구가 밤마다 케이블 TV로 성인물을 시청하고 난 뒤 특수학급의 누나에게 몹쓸 짓을 하다 들켜서 공부방이 발칵 뒤집힌 사건도 있었다. 그러니 그때 좀더 아이들 말을 제대로 들어야 했던 건지도 모른다. 하지만 그런 시간을 결국 찾지 못했다. 아이가 그런 낌새를 보이던 무렵 어떻게 학원비 지원을 받게 된 할머니께서 아이를 학원에 보내야 해서 더 이상 공부방을 보내지 않겠다고 선언을 해오셨기 때문이다.

할머니가 그런 결정을 하시는 데 내 의견을 물을 일도 없지만, 설혹 말씀을 드린다 해도 설득될 분이 아니란 생각에 나는 그만 입을 다물고 말았다. 물론 학원을 다니는 게 도움이 되기는커녕 아이의 상황을 보아 가능한 일이기라도 할까 싶은 생각이 들었지만 모두 삼켜버렸다. 할머니의 들끓는 욕망을 어찌해볼 자신이 없었기 때문이다. 결국 지원금이 떨어질 때까지 하시고 싶은 대로 다 하셨지만, 그 시간이 할머니에게도 녹록지 않았음을 나중에 알게 되었다.

첫째는 고등학교에 입학하면서 다시 공부방으로 돌아왔다. 그동안 아이는 매우 광폭한 세월을 보내고 있었던 모양이다. 첫째가 졸업한 중학교 담임을 맡았던 한 선생님이 그런 소식을 전해주었다. 아이들 가정방문을 하는 아주 드문 선생님이셨는데, 일부러 공부방을 들러 주의를 당부하고 가셨다. 할머니가 병원을 데려가자마자 지적장애 판정을 받은 두 아이는 그 후 줄곧 특수학급 지원을 받게 되어 중학교에서도 특수학급에서 지냈는데, 학급의 여학생 몇몇과 선을 넘은 신체접촉이 있었던 모양이다. 사정을 알게 된 학교에서 단속을 엄하게 했지만 아이는 고등학교 진학 후에도 종종 특수학급 여학생들을 만나려고 중학교를 기웃거려 한 번씩 학교가 발칵 뒤집어지고 난리가 난다는 것이다. 그런 낌새를 알아차리고 아이도 알아서 물러나긴 했는데 공부방에 돌아왔다고 하니 특별히 지도를 부탁한다는 것이다.

그렇게 할머니 눈길 아래 꽁꽁 묶여 살았다고 생각한 아이가 그런 짓을 저질렀다는 것이 쉬이 믿어지지 않았다. 언제나 미간을 찌푸리고 잔뜩 긴장을 해서 한결같이 짧은 대답에 눈길을 피하느라 바쁜 소심한 아이에게 그런 광폭한 욕망이 감추어져 있다는 것도 믿기 어려웠고, 무엇보다 욕망이 이끄는 대로 그렇게 행동한다는 사실도 놀라운 일이었다.

할머니네 집은 어지간한 집 방 한 칸 정도밖에 안 되는데, 도대체 그런 일이 벌어질 수 있다는 게 상상조차 되지 않았다. 그렇게 야무진 할머니 밑에서 숨도 제대로 못 쉬고 절절 매며 살아왔다고 생각했는데, 혹시 무슨 꼬임에 넘어간 건 아닐까 생각을 해보다가 머리를 흔들고 말았다. 제 발로 졸업한 중학교를 찾아가 여학생을 만나려고 기웃거렸다는 데야 뭐 더 할 말이 있겠는가? '괜히 되지도 않는 공부를 시킨다며 아이를 달달 볶아대시더니' 하고 할머니만 원망을 해본다. 하지만 그보다는 당장 공부방에 또래 여자아이들이 있는데 이를 어찌 감당해야 하나 하는 현실적인 문제에 더 마음이 쓰였다. 그래서 할머니가 다시 파랑새를 보내신 모양이구나 하는 씁쓸한 생각이 뒤늦게 뒤통수를 때린다.

아이들이 커나가고 있는 것이다. 사실 동생 아이도 공부방에서 다른 여자아이에게 은근한 신체 접촉을 했다가 한 번 난리가 난 적이 있다. 씩씩거리며 금방이라도 울음을 터트릴 듯한 여자아이를 달래며 할머니를 부르고 난리를 쳤지만 자라나는 남자아이들 앞에서 나는 분명 당황하고 있었다. 눈이 나쁜 내게는 그것이 제대로 보이지 않았다. 하지만 아이들이 살고 있는 동네 한 귀퉁이에는 싸구려 모텔들이 있는 골목이 있고, 그 주변엔 명함 크기의 벌거벗은 여자 사진이 든 광고전단이 매일같이 흩뿌려져 있곤 했다. 아이들은 아주 어릴 적부터 학교를 오가며 그런 사진들을 보고 자라는 것이다. 그래서 여자는 그저 제 가족들처럼 악다구니를 쓰거나 아니면 사진에서처럼 벌거벗고 유혹을 해오는 그런 존재라는 생각을 하며 자라게 되는 게 아닐까 괜한 걱정을 해보게도 된다. 그래서 저희들끼리 킬킬거리며 알 수 없는 눈짓을 주고받고 뭐가 뭘 뜻하는 말인데 누가 그 말을 썼네 그러는 것인지도 모른다.

하긴 욕망이 있는 게 무슨 죄가 될 일이겠는가? 하기 쉬운 말처럼 옛날 같으면 장가를 가서 애를 낳아도 벌써 낳았을 나이다. 그런 사람을 애 취급하면서 시시콜콜 뭐라 하고 있는 게 어쩌면 더 이상한 일인지도 모른다. 차라리 중학교를 졸업하고 곧바로 연애하고 결혼해서 살다가, 한 30대 후반쯤 세상을 알 만한 나이에 고등학교를 다니고 공부를 더 할 사람은 대학을 가게 제도가 좀 바뀐다면 좀더 인간적인 세상이 될 수 있을지도 모른다. 힘이 아래로만 뻗치는 아이들에게 머리로, 머리로만 에너지를 밀어올리라고 하니 죽을 맛인 게다.

사람이 좋고 사람을 만지고 싶은 것도 사람이 살아가는 데 중요한 일들 중 하나이니 모른 척 넘어갈 수 없다. 하지만 공부방 엄마들 중에는 "그 남자가 그렇게 좋지도 않았는데 그냥 따라다니며 자꾸만 건드려서 할 수 없이 같이 살게 되었는데, 그때 죽어도 싫다고 할 걸 그랬다." 하는 이야기를 불행의 서곡처럼 달고 다니는 사람들이 있어, 이런 일만은 단단히 단도리를 해야겠다 싶었다. 두 아이에게 지금 상황을 알고 있으니 절대 그런 짓 할 생각 말라고 단단히 일렀다. 그러자 나보다도 덩치가 큰 둘째 녀석은 잔뜩 겁을 집어먹고 엉엉 울기 시작한다. 어이구! 저러니 아이가 도대체 큰 건지 안 큰 건지 헷갈리지 않을 도리가 없다.

그런 역사를 가진 녀석이다. 그렇게 꿈틀거리는 뻐근한 그 무엇과 단단히 굳어버린 머리와 잔뜩 겁먹은 마음이 이상한 조화처럼 얼버무려진 인생을 사는 아이다. 제 욕망을 보지 말라면 사람들이 고분고분 "응, 알았어." 이럴까봐 저는 저 내키는 대로 해 놓고선 "제 이름으로 보낸 영상은 절대 보지 마세요"라는 말로 얕은 방패막이를 삼으려는 녀석이다. 그런 아이들을 잡아먹으려는 사냥꾼이 세상에는 얼마나 많은데 그것도 모르고 말이다.

외로운 밥벌이

파랑새는 장애가 있는 아이들이 있다는 것을 숨기지도 알리지도 않는 입장이다. 아이들이 이해하기 좋은 말로 "몸에 장애가 있는 사람도 있지만 머리나 마음에 장애가 있는 사람도 있다"고 에둘러 말하기도 한다. 그러다 보니 마치 이민자나 입양인들이 자기 정체성을 놓고 고민을 하듯 자신이 장애인인지 비장애인인지 헷갈려 하는 경우도 있다. 더욱이 어린 시절만 놓고 본다면, 어른들이 기분 나쁘게 굴어서 말을 듣고 싶지도 않고 들을 생각도 없는 것이나, 아예 처음부터 말을 들을 수 있는 형편이 안 되는 것이나 겉으로는 별로 달라 보이지도 않는다. 아예 공부를 포기한 아이들이 받아오는 시험성적이나 형제의 점수가 별 다를 것도 없는 이치와도 같다. 공부를 하겠다고 마음을 내면 모르겠지만 이런 공부가 무슨 쓸모가 있는가 하고 마음으로 포기하는 순간 인지적 측면에서 장애가 일어나는 것은 어쩌면 선천적인 지적 장애와 현상적으로는 동일한 것인지도 모르겠다. 그러니 누가 장애고 누가 장애가 아니란 말인가 하는 생각이 들기도 한다.

그래도 그것도 품 안에 있을 때 이야기일 뿐이다. 졸업을 하고 나면 어쨌든 이야기는 모두 현실의 논리 속에서 굴러가기 마련이다. 그래서 과연 아이들이 제대로 밥벌이를 하는 사람으로 클 수 있을까가 항상 염려스러운 일들 중 하나였다. 그런 아이가 고등학교를 졸업하기도 전에 공장에 취업을 하게 되어 그야말로 한시름을 놓았더랬다.

첫째가 취업을 하게 된 공장 기숙사에 들어갈 때 온 식구와 함께 나도 배웅을 다녀왔었다. 공장은 지방의 소읍에서 다시 차를 타고 한참 들어간 외곽에 있었다. 주변도 다 공장지대라 주변은 적막하고 단조로웠다. 이제부터 이곳에서 먹고 자고 일하는 생활이 시작되는 것이다. 동료들과 어울리는 시간이 잠깐씩 있다 해도 그저 그런 일상일 뿐이다. 그런 곳에 첫째를 내려놓고 올라오면서 할머니도 나도 울었다. 초등학교 6년, 중학교 3년, 고등학교 3년의 종착지가 바로 눈앞에 펼쳐지는데 그 황량한 모습이 낯설어서 우리는 울었다. 고작 이런 외로운 노동을 위해 여태껏 그렇게 살아왔나 하는 엉뚱한 생각을 떨치지 못한 나는 내내 훌쩍거렸다.

노동과 노동 사이에 잠시의 휴식은 그저 다음 노동을 위한 육신의 회복만을 위한 것이다. 먹고 일하고 자는 소박한 삶이 문제될 것이 없다고 생각하고 살아왔는데, 사위가 조용하고 직각으로 둘러쳐진 담벼락 속에 공장들만 길게 들어선 그 지역의 삭막함은 나를 울렸다. 아직 아무런 완성의 표식도 없는데 그저 고등학교를 졸업했다는 이유로 아이는 기숙사 안으로 빨려 들어갔다. 이제껏 준비해온 삶이 눈앞에 막 펼쳐지고 있는데, 기쁜 마음이 들기는커녕 갑자기 "이게 아니에요. 저희가 준비를 잘 못했어요. 잠깐만요, 다시 물러주세요!" 하고 소리라도 지르고 싶은 심정이 드는 까닭을 알 수 없었다. 산다는 것은 늘 그렇게 고대만 하다가 막상 닥치면 뒤로 주춤 물러서게 되는 일인지도 모르겠다. 하지만 나는 정말 할 수만 있다면 너무도 간절히 그 삶을 물리고 싶은 심정이었다.

남들이 부족하다는 이 아이를 어쩌면 좋을까 노심초사만 하며 살아왔다. 취업만 할 수 있으면 그래서 제 밥벌이만 할 수 있으면 하고 바랐다. 누구의 눈에라도 들었으면 싶었다. 시키는 대로는 할 수 있으니까 시켜만 달라고 생각하면서 말이다. 그런데 기숙사에 들어가는 아이를 보면서 뒤늦게 어떡하지 하는 생각이 들었다. 그 다음도 있는데, 그 다음은 하나도 생각을 못했는데… 하는 아쉬움이 뒤늦게 발목을 잡았던 것인지도 모르겠다.

실은 취업을 하더라도 이렇게 뚝 떨어져 살게 될 줄은 몰랐다. 언제까지나 우리 곁에서 일일이 다음 할 일을 시킬 수 있을 줄 알았다. 할머니를 두고 이러쿵저러쿵 했지만, 나도 늑장을 부린 것은 언제든지 한마디면 아이들에게 이래라저래라 할 수 있을 거라고 생각했기 때문이다. 이 아이도 이렇게 혼자 살게 될 줄은 미처 몰랐다. 정말 밥만 먹고 살 수 있는 것처럼, 밥 먹을 수 있는 일을 찾는 데만 온통 마음을 썼던 것이다. 그래서 눈물이 났다. '내 할 일을 다 못했는데 어떡하지' 하며 당황해서 울었다. 그런 우리를 두고 첫째는 오히려 담담하게, 이게 이제 내 인생인가보다 생각하는 듯이 묵묵히 우리를 떠나갔다. 그 후 아이는 마치 군인처럼 꼬박꼬박 '그렇습니다'와 '아닙니다'를 연발하며 잘 지내고 있다고 예전처럼 짧은 답만을 건네왔다.

정말 이럴 줄 알았다면 진작 무언가를 더 일러주고 함께할 기회를 만들 걸 하는 아쉬움을 떨칠 수 없다. 물론 그렇다고 내게 그럴 만한 지혜가 있는지는 모르겠다. 하지만 혼자서 이렇게 광폭한 세상을 헤매고 다니지 않도록 해줄 걸 하는 아쉬움을 떨치기 어렵다. 할머니의 치마폭에 공연히 성질만 내면서 나도 제 할 일을 다 못한 것 같아 미안하기 그지없다.

어찌 보면 실수도 살아 있으니 저지르는 일이다. 실수를 하는데, 해도 되는 실수와 안 되는 실수를 선택할 수는 없는 일이다. 혼자 세상살이를 감당하려다 보니 저 혼자 실수도 저지르게 되는 것이다. 그래도 실수를 저지르고서 이렇게 마음을 내어 도움을 청한 것을 고맙게 여겨야 할지도 모르겠다. 내일 아침에는 경찰서를 찾아갈 생각이다. 법으로 다룰 일은 법에 맡기겠지만, 만약 동영상 유포를 막을 수 없다면 내버려둘 수밖에 없는 일이다. 아이는 조롱거리가 될지도 모른다. 더 이상 그가 자기 욕망의 조롱거리가 되지 않기 위해 이런 치도곤이 효과를 발휘할 수 있기를 바랄 뿐이다.

저 혼자 감당하는 밥벌이다. 고된 노동 끝에 치미는 뻐근함을 나도 모르지 않는다. 그런 날 누군가의 품에 안기고 싶은 외롭고 허전한 마음을 어찌 모르겠는가? 그런 마음이 소중하다는 것과 그런 육신의 어리석은 조급함을 구분할 수만 있으면 된다. 저도 알아야 할 세상살이라면 아는 것이 좋다. 그 또한 이제 자기 밥벌이를 하며 스스로를 다시금 성장시켜가는 중이기 때문이다. 어린아이였던 그가 이제 남자로, 청년으로, 제 밥벌이를 하는 사람으로 고군분투하며 자라고 있다.

아이들과 함께 밥을 먹는 일

집밥 먹기가 쉽지 않은 아이들

"근데 너, 밥은 먹었니?"

주말 오후 예기치 않은 만남에 화들짝 반가운 표정을 지으며 "오늘도 공부방 열어요?" 하며 매달리는 1학년 아이를 보자마자 자동으로 내 입에서 튀어나온 말이다. 얇고 허름한 옷차림에 신발을 질질 끌며 바람 부는 비탈길 한 켠으로 하릴없이 혼자 걸어오던 아이가 밥만 먹었다고 했어도 나는 훨씬 반가운 얼굴로 아이를 대할 수 있었을 것이다. 학교도 안 가고 공부방도 열지 않는 일요일이니 오늘은 무조건 집에서 밥을 먹어야 하는 날인데, 점심도 훨씬 지난 시간에 축 처져 길거리를 쏘다니는 아이를 보자마자 그저 안녕하기만은 어려운 마음이 이런 말이 되어 나온 것이다.

"왜 이 시간까지 밥도 안 먹고 다니는데, 밥은 먹고 놀아야지!"

이런 말 한 마디를 더하면 눈치가 빤한 아이는 얼른 배가 안 고파서 안 먹었다고 말을 끊어 먹는다. 물론 밥 먹는 것도 귀찮을 만큼 노는 데 푹 빠진 아이들이 있기는 하다. 그런 아이들은 정말 밥이고 뭐고 다 필요 없이 심신을 다 바쳐 노느라 끼니도 넘기기 일쑤다. 하지만 아이의 모습은 그렇게 신나게 노느라 그런 것 같지도 않은데 어째서 배가 안 고프다는 것인지 곧이 들리지가 않는다. 더욱이 말끝에 슬슬 눈치를 보는 기색마저 보이니 더욱 못 믿겠다. 만약 "뭐 좀 먹을래?" 하는 말이라도 떨어지면 "뭐요, 뭐 먹을 건데요?" 하고 얼른 반색하고 달려들 것만 같다.

"아니, 엄만 뭐 하시는데 여태 아침밥도 못 먹었어?"

이렇게 물어보면 안 된다. 이런 물음은 아이들을 금방 도망가게 만든다. 왜냐하면 아침밥도 안 해준 보호자를 비난하는 것이 역력히 묻어나는 말투이기 때문이다. 때로 조심스럽게 물으면 순진한 아이들이 쫄래쫄래 대답할 때도 있지만, 대부분의 아이들은 얼른 말끝을 얼버무리며 그 자리를 피하려 든다. "엄마가 자서요" 아니면 "엄마가 없어서요" 혹은 "그냥 내가 먼저 나왔어요" 뭐 그런 대답들을 흘리며 얼른 자리를 뜰 기회만 엿본다. 그래서 괜한 추궁의 말은 사실 아이를 위해 삼가는 편이 더 낫다.

물론 때가 되어 밥을 먹는 일은 당연하다, 누구나 당연히 알고 있는 일이다. 그리고 엄마나 아빠가 있으면 당연히 아이들을 챙겨 먹일 것이라 생각한다. '그런 당연하고도 당연한 일이 도대체 너한테서는 어찌된 것이냐' 하고 몰아세우듯 질문을 던지는 것처럼 보이니까 아이들은 피하고 싶은 것이다. 그런 당연한 일조차 어색하고 힘겨운 자기 처지를 말하는 게 더 힘들어서 그저 피하고 싶어 한다. 정작 그런 일로 추궁을 들어야 할 사람은 따로 있는데, 아이가 죄인마냥 얼른 얼버무리고 도망가고 싶어 한다.

그래도 가만 보면 할머니랑 사는 아이들은 제법 집밥을 먹고 다니는 편이다. 조부모들의 경제 사정이 여의치 않아 아이들 입맛에 맞춘 찬이 다양하지 못하다 뿐이지, 김치에 국 한 가지라도 놓고 꼬박꼬박 밥을 챙겨 먹이려 애쓰시는 것은 역시 할머니들이 으뜸이다. 그분들은 먹이고 입히고 가르치는 것에 대한 희망의 끈을 좀처럼 놓으려 하시지 않는다. 부모도 없는 아이들의 앞날은 먹고, 자라고, 배우는 것에서밖에 찾을 수 없다고 생각하시는 경우가 많기 때문이다.

하지만 또 한편 할머니 밑에서 자라는 많은 아이들이 조부모의 양육 스트레스를 고스란히 감당해야 하는 경우도 많다. 늘그막에 홀로 손주들을 키워야 하는 막막함이 절망으로 변해 아이들을 덮치기도 하기 때문이다. 물론 희생적이고 훌륭한 조부모님들도 계시지만, 쪼들리는 살림살이와 하루가 다르게 딸리는 기운이 문득 서럽고 두려우면 밥 한 그릇에 잔소리와 혼찌검이 한 무더기로 따라오기도 하는 것이다. 실은 사랑하고 염려하는 마음에서 나오는 소리지만 밥상머리의 그런 잔소리들은 그저 아이들의 목구멍을 가로막을 뿐이라는 것을 그분들이 이해하기에는 그 상처가 너무도 깊다. 그래서 밥을 차려놓고 기다리는 할머니가 있어도 아이들은 이리저리 방황을 한다. 사랑하는 마음은 가득하지만 돈도, 기운도, 가진 것이 너무 적은 조부모들은 겨우 밥만 챙겨줄 뿐이라는 말이 말 그대로의 현실인 경우가 많다.

이런 조손가정에 비하면 부자가정의 아이들은 언뜻 그 반대의 삶을 사는 것처럼 보인다. 아버지가 홀로 아이를 키우게 된 사연은 여러 가지겠으나, 어떤 경우에도 제대로 양육 준비가 되어 있을 것이란 예상을 하기는 어렵다. 어지간히 단단히 결심을 한 경우가 아니라면 대개 아이들이 집밥을 먹기가 어려운 것은 쉽게 이해된다. 그나마 식당 밥이라도 사먹는 경우가 오히려 나은 편이고, 돈이 되는 대로, 입에 당기는 대로, 배만 채우면 그만이라는 식으로 밥을 소홀하게 여기는 경우가 태반이다. 아이들이 조금 크면 그냥 돈만 쥐어주고 '네가 알아서 먹어라' 하는 경우도 적지 않다. 그럼 또 아이들은 먹는 것은 대충 때우고, 남은 돈으로 피시방에서 시간을 보내기 일쑤다. 때로는 아버지들이 가정이 깨어진 데 대한 분노감과 함께 생활을 꾸려가야 하는 어려움으로 아이들보다 더 돌봄이 필요한 처지가 되는 경우도 있다. 그런 상황이면 정말 밥 정도의 문제는 별것도 아닌 일이 되어버리기도 하는 것이다.

한편 모자가정이라고 아이들 밥 먹는 일이 마냥 쉬운 것은 아니다. 갑자기 생계를 책임지게 된 엄마들이 선택할 수 있는 폭은 그리 넓지 못하다. 아이들과 먹고 살려면 그야말로 밤늦게까지 온몸이 부서져라 악착같이 일을 해야만 한다. 장시간 노동이나 심야 서비스 업종의 노동 등이 주로 이들이 선택할 수 있는 일들이다. 이렇게 혼자 살림하랴, 생계 책임지랴, 눈코 뜰 새 없는 엄마들은 아무리 아이들이 걱정스러워도 도저히 끼니때마다 장을 보고 음식을 장만할 짬을 낼 수가 없게 된다. 장보기나 음식 장만은커녕 어질러 놓은 빈 그릇을 치우는 데 꿈쩍거릴 기운조차 남아 있지 않은 경우가 더 많다. 이쪽저쪽으로 허물어져 가는 집구석을 혼자 몸으로 아등바등 버텨보다, 어느 순간 술이나 우울 혹은 병마에 사로잡혀 한순간 의욕을 잃고 와르르 무너지는 순간이 오지 않을까 걱정스럽다. 그러니 모처럼 휴일에 애들 밥도 못 차려주고 정신없이 누워 있는 그 어머니들은 반은 자고, 반은 기절해 있는 것이 맞는다고 할 수 있는 지경이다. 그래서 그나마 제일 형편이 나을 것 같은, 엄마랑 사는 아이들도 (조금 덜하긴 하지만) 매한가지로 집밥 먹기가 녹록지 않은 것이다.

"너 얼른 집에 가서 밥 먹고 나와서 놀아, 얼른 집에 들어가서 꼭 밥 먹고 와야 한다."

그런저런 사연에 집에서 밥 먹기가 쉽지 않음을 알기에 잠시 망설이기도 했지만, 결국은 마음을 굳히고 아이를 집으로 보냈다. 혹시나 하는 마음에 곁을 어슬렁거리는 아이의 등을 매정하게 돌려세운다. 공부방에 데려가 속 편하게 라면 한 그릇 끓여 먹이는 것도 포기하고, 복잡한 심사에 내켜하지 않는 아이를 굳이 돌려세워 집에서 밥을 먹고 오라고 함께 고집을 부려본다.

아이들의 밥을 지원해준다고 하는 사람들의 말들이 내 머릿속에 견고한 똬리를 틀고 있다가 난리를 부렸기 때문이다. 만에 하나라도 아이들이 밥은 아무 데서나 먹으면 그만이라는 식으로 생각하면 어쩔 테냐, 만에 하나라도 식구들이 뭘 먹든 말든 나만 어디서 좋은 것 먹으면 그만이라는 식으로 살게 되면 어쩔 테냐, 나중에 부모가 되어서도 자기 자식을 거두고 보살피는 일에 소홀하면 어쩔 테냐, 아이들이 너무 염치없이 그저 얻어먹으면 그만이라는 식으로 살면 어쩔 테냐 하는 말들이 머릿속을 마구 기어다니며 난리를 부리고 있었다. 진짜 속마음이 뭐냐고 물으면 아무 대답도 못 할 복잡한 심경이 되어 아이만 돌려세웠다. 그리곤 아이한테 "오늘은 꼭 집에서 밥을 먹어야 한다"고 그리고 "꼭 엄마한테 밥 챙겨 달라고 해라" 신신당부까지 한다.

하지만 그런 당부에 아이는 영 내키지 않는 발걸음을 떼고 있다. 집에 가면 누가 반겨줄지, 배고프다고 하면 누구라도 얼른 상을 차려줄지 영 자신이 없는 발걸음이다. 오히려 괜히 밥도 안 먹고 싸돌아다닌다고 혼만 더 나지 않을까 염려하는 발걸음이다. '차라리 태샘을 안 만났더라면 좋았을 텐데…' 하는 후회막심한 발걸음을 보고 있자니, 돌려보낸 게 안쓰럽단 생각이 들기도 한다. 하지만 '그렇지만'이 결국 이겨버린 날이다.

우리가 함께 밥을 먹는 것은

"애들아, 밥 먹어야지, 얼른 손 씻고 오세요."

공부방의 밥은 그런 아이들이 모여서 함께 먹는 밥이다. 할머니가 좀 아파도, 엄마가 기운이 떨어져 있고 먹을 것이 없다고 해도, 아버지가 며칠째 집에 들어오지 않아도, 무슨 일이 있어도 최소한 아이들이 밥 한 끼만은 걱정 없이 먹을 수 있어야 한다는 생각에서 마련되는 것이다. 다음 순간 어떤 일이 닥치더라도 기운 차려 맞설 수 있도록 김이 나는 밥 한 그릇과 뜨듯한 국 한 그릇, 정갈한 김치와 찬 두어 가지로 차려진 밥상을 낸다. 별것 아닌 이 밥상을 받고, 아이들이 삶의 격랑에 밀리지 않고, 구름 속에 가려진 해를 찾고, 깜깜한 어둠에서 더욱 환히 빛날 별들을 상상하라고 차려내는 밥이다. 저마다 이런저런 사연이 있는 아이들이 그냥 식구들처럼 함께 먹는 것이 공부방의 밥이다.

"밥은 하늘입니다. 하늘은 혼자 못 가지듯이 밥은 서로서로 나누어 먹습니다."

국가에서는 그 밥에 '결식아동 급식사업'이란 이름을 붙여주었지만, 우리는 그저 때가 되면 거르지 않고 점심이나 저녁을 함께 챙겨먹는 것으로 여긴다. 그냥 흔히 집에서 먹는 제철의 소박한 먹거리들로 마련된, 아무렇지도 않은 고마운 밥일 뿐이다.

하지만 그 한 끼의 밥을 위해 누가 얼마나 다투었는지 아이들은 알지 못한다. 하긴 모른다는 말도 썩 어울리는 말은 아니다. 누구보다 가장 먼저 다투어야 할 사람은 바로 아이들이기 때문이다. 그래도 아이들이 밥을 두고 다툰다는 말은 과장스럽다. 아이들이야 겨우 밥 투정, 반찬 투정을 벌이는 것이니 말이다. 아무리 정성 들여 해주어도 질경질경 씹히는 식감이 이상하다거나, 큰 맘 먹고 매생이국을 갖다 끓여 바쳐도 '머리카락국'이라며 질색을 하는 데야 할 말이 없다. 아이들의 이런 투정이 귀여운 것이라면 아이들 부모와의 사이에서는 밥을 두고 치사한 눈치싸움이 벌어지기도 한다. 아이들 앞으로 나오는 급식 카드 때문이다. 옛날에는 아이들이 식권을 받았었는데, 무엇을 기준으로 어떻게 주는지 모를 그 식권은 형편이 엇비슷한 아이들 중에도 받는 아이가 있고 그렇지 못한 아이가 있을 만큼 허술한 구석이 많은 제도였다. 그 대안으로 몇 해 전부터 카드 형태로 '꿈나무 카드'가 지급되고 있지만, 이를 둘러싼 긴장도 만만찮다.

아이들 밥을 두고 벌어지는 공부방과 부모들 사이의 갈등은 역사가 오래되었다. 한 번씩 구청이나 동사무소에서, 거기 공부방에서 급식 지원 받고 있는 아이들 중에 누구누구가 급식 카드도 쓰고 있는데 이러면 곤란하다는 전화가 걸려오는 것이다. 다른 아이들은 공부방에서 밥을 먹고 마는데 어떤 부모는 따로 또 카드를 받아서 밥값을 챙기고 있다는 걸 알고 처음에는 몰라서 그러려니 했는데, 설명을 했음에도 그런 일이 완전히 끊어지지 않는 것을 보고 실망스럽기도 했다.

급식을 두고 탈도 많아서 급식 비리를 잡겠다고 식당처럼 카드기를 공부방에 설치해 놓고, 아이들한테 밥 먹을 때마다 카드를 긁게 하는 것이 많은 지자체들의 오랜 소원이기도 하다. 그런 철두철미함이 얼마나 투철한지 구로구를 비롯한 지자체 대부분은 밥을 먹은 아이들의 밥값만 계산해준다. 아이들이 밥을 먹고 서명을 하면 그 서명한 수만큼 돈을 지불해주는 것이다. 하지만 공부방 처지에서는 누가 와서 얼마나 먹을지 가늠하기가 어려우니, 늘 모든 아이들이 다 먹을 것이라 생각하고 장을 본다. 그렇게 일단 돈을 써버렸는데 만약 많은 아이들이 밥을 먹지 않으면 그 식재료비는 고스란히 공부방 부담으로 남는다.

그래서 파랑새도 한 번씩 아이들의 급식비가 어떻게 지원되는지를 알려주고, 여기서 꼭 밥을 먹어야 하는 친구들을 위해 다른 친구들도 가능한 공부방에서 함께 밥을 먹도록 부탁하고 있다. 그렇게 하지 않으면 급식을 감당하기 힘들어지는 경우가 생긴다. 더구나 어떤 아이들은 센터에서 밥 먹기를 엄청 싫어한다. 아이들이 가장 불만스럽게 여기는 것은 첫째, 라면 같은 음식은 없고 날마다 밥을 준다는 것이고, 둘째가 반찬이 골고루 나와서 채소나 나물 반찬도 적지 않다는 것이다. 끝으로 친환경 매장에서 파는 식재료들은 식품 고유의 맛을 잘 간직하고 있어서 인스턴트 입맛에 길든 아이들은 맛이 없다고 느낀다는 것이 주요한 이유다.

그래서 집이 가까운 아이들은 저 혼자 얼른 가서 라면 한 그릇 끓여 먹는 것을 훨씬 더 좋아한다. 아니면 과자 같은 것으로 끼니를 때워도 그만이라고 생각한다. 어리고 아직 팔팔하니 '건강을 위해 좋은 음식을 먹어야 되고 어쩌구저쩌구' 하는 말은 아예 귀에 들어오지도 않는 것이다. 안 그래도 힘이 남아도는데 건강은 챙길 게 뭐 있어 싶은 것이다. 공부방을 다니지 않겠다고 하는 아이들 가운데는 개인에게 지급되는 급식비로 자기가 알아서 사 먹고, 나머지 시간은 자기 멋대로 지내는 게 더 낫다고 생각하는 아이들도 적지 않다. 뭣하러 돌봄을 받는다고 잔소리를 듣고 있는가 하면서, 편의점 가서 먹을 만한 것 알아서 사 먹고, 피시방이나 마을에서 하고 싶은 대로 하고 사는 게 훨씬 낫다고 생각하는 자유인들이다. 그래서 지역아동센터에 들어오면 그 급식 카드를 내놓아야 하는 것을 너무도 아쉽게 생각하곤 한다.

머리 위에 하늘을 함께 이고 사는 이치

　공부방 아이들의 밥을 두고 하는 가장 큰 걱정은 아이들의 부엌을 지키는 일이다. 한바탕 무상급식 싸움이 있고 나서 그런지 최근에는 아이들 밥 먹는 일에 대해 예전보다 관대한 시선을 갖게 된 것이 사실이지만 그래도 늘 공부방 밥은 아슬아슬한 지점이 있다. 무엇보다 든든히 부엌을 지켜줄 분을 찾는 일이 쉽지 않다. 지역아동센터에 급식비로 지원되는 것은 식자재비가 전부다. 거기에 밥 짓는 사람에 대한 배려는 없다. 그러다 보니 조금 연세가 있는 분들이 좋은 마음을 내어 부엌을 지켜주시는 경우가 많은데, 혼자서 몇십 명 분의 밥을 감당하다 보니 허리를 다치는 경우도 없지 않다.

　파랑새에서도 매일 밥 준비에 공을 들인다. 거리가 조금 떨어진 곳에 생협 매장이 생긴 뒤로는 일주일에 한두 번은 장을 보러 간다. 장바구니 서너 개를 끙끙거리며 3층까지 올리고 있노라면 괜히 아래층 슈퍼의 눈치가 보여 뒷꼭지가 따끔거린다. 그런데 딴에는 그렇게 힘들어 마련한 식사에 아이들이 매번 환호성을 지르는 것은 아니다. 최근에는 생협의 물품제조 기술이 나아져서 그런지 우리 입맛이 아예 길이 들어서 그런지 불평이 잦아들기도 했지만, 예전에는 먹성 좋은 내가 봐도 심하다 싶은 경우가 없지 않았다. 생협을 두고도 말이 많은 줄 알고 있지만, 이왕이면 아이들 몸에도 좋고, 농촌에도 조금이나마 도움이 되었으면 하는 마음에서 가능한 생협 물건을 계속 쓰려고 하고 있다. 내가 아는 동네 아줌마들이 애써서 지켜가고 있는 구로동

생협에 아직은 식지 않은 신뢰가 있고, 그런 신뢰가 아이들 밥에 녹아 든다고 생각하기 때문이다.

공부방의 밥 먹는 시간은 가지가지 일들 때문에 정신이 하나도 없다. 아이들이 좀 싫어하더라도 몸에 좋은 제철 나물 같은 것들을 준비해서 먹도록 지청구를 해야 한다. 아이들이 좋아할 만한 음식은 조금 더 넉넉히 마련할 방도도 내야 한다. 영 인기가 없는 식재료는 흔적도 못 찾게 잘게 다지든지 무슨 수를 쓰든 살짝 감추어 먹여보기라도 해야 한다. 그래도 어찌 귀신같이 알아내고는 얼굴을 찌푸리고 온갖 야단법석에 어리광이 한참 늘어지기도 한다. 나물 이름이며 음식 이름을 일러주기도 하고, 멀쩡히 알면서도 어쩜 그런 것도 아느냐 밥 먹는 아이를 데리고 한참 밥상머리 수다가 이어지기도 한다. 못 먹는다는 음식을 한 숟가락만이라도 먹어보라 권하고 있으면, 옆에 있던 아이가 "왜 나는 맛있는데, 내가 먹어줄까?" 하고 얼른 대신 받아먹는 누이 좋고 매부 좋은 일도 시켜줘야 한다. 따끈한 국물이 다 식도록 밥보다 이야기에 열을 내는 아이에게는 "먹고 나서 이야기하자"를 수십 번도 더 해야 한다. 다른 데서는 어찌 먹누 싶을 정도로 온 상을 다 어지르는 아이 모습에 옆의 아이들이 불평불만이라도 낼까 싶어 괜히 마음이 조마조마하기도 하고, 김치 한 쪼가리나 야채 하나도 못 씹어 그릇만 내려다보고 있는 아이는 일부러 더 모른 척을 한다. 제 입맛에 딱 맞는 맛난 음식에 이미 제 몫은 다 가져다 먹고 괜히 밥상머리를 얼쩡거리며 어찌 하나라도 더 먹어볼 수 있을까 꾀를 내는 아이들 모습이나, 대놓고 더 달라고 떼쓰는 아이들 모습을 보면 넉넉히 준비하지 못한 것이 아쉬울 따름이다.

하지만 밥 먹는 시간은 사실 하루 중 가장 뿌듯한 시간이다. 모두의 돈으로 마련한 맛있는 밥상을 그렇게 아이들과 함께 나눌 수 있을 때 정말 감사하고 행복하다는 생각이 절로 든다. 밥을 먹다 말고 얼른 제 밥그릇을 들고 옆의 빈자리에 와서 앉아주는 아이들을 보면 고맙기 그지없다. 그것 하나만으로도 내 인생은 뭐라 할 것 없이 행복하고 좋았다는 생각이 든다.

복지라는 이름에 갇혀 얻어먹는 밥이 되지 않도록, 육신의 허기만을 채우는 밥이 되지 않도록, 빨리빨리 해치워버려야 할 골칫거리 밥이 되지 않도록, 우리는 공부방에서 아이들과 함께 밥을 먹고, 밥에 대한 고민을 한다. 인간에게는 최소한의 자존심이 필요한 것이고, 그 자존심을 위해서는 반드시 필요한 것들과 일들이 있는 것이며, 마땅히 누구에게나 그런 몫은 주어져야 하는 것임을 알기에 우리는 함께 밥을 먹는다. 그것은 하늘은 혼자 못 가지는 것이고, 또한 모두가 머리 위에 함께 이고 사는 이치이기도 한 까닭이다. 그래서 지금 이 땅에 누구의 자식으로 태어난 숙명이 없을 수는 없겠으나, 누구의 자식임에도 불구하고 최소한 함께 살아가는 사람으로 함께 밥을 먹어야 하는 도리를 일컫는 것이다. 그것이 누구의 말마따나 우리 자신과 우리 아이들에 대한 인간으로서의 최소한의 예의와 기본이라는 생각을 하기 때문이다. 그래서 우리는 오늘도 우리 아이들과 함께 밥을 먹는다. 그래야 하지 않겠는가?

약에 빠진 어른들

저, 치료(?) 갔다 올게요

참나, 말 한마디를 못 붙이게 한다. 누가 저더러 어쩌라고 한 것도 아니다. 그저 모자라면 모자라서, 상황이 어려우면 어려워서 그렇다고 한마디 한 것뿐이다. 저를 의식하고 한 말도 절대 아니고, 나도 모르게 입에서 그냥 나온 말이다. 그냥 "하나 모자라는데…" 하고 말이다. 그랬다고 팽 토라지고, 난리도 아니다. 다 큰 녀석이 울음보를 터뜨리며 어처구니없게 만들 때도 있고, 작은 녀석이 이미 저만치 가서 제가 오히려 쳐다보고 있으면서도 "쳐다보지 말라니까요!" 하고 앙칼지게 소리를 지르며 난리굿을 피울 때도 있다. 한숨이 절로 난다.

무엇이든 안 좋은 일이 생기면 자기를 미워해서 그러는 거라는 생각이 아예 자동으로 뻗치는 모양이다. 그때마다 토라지고, 삐치고, 성질을 부리고, 뭐든지 됐다고, 안 하면 되지 않냐고 울고불고 난리다.

듣기 좋은 꽃노래도 한두 번이라고, 번번이 그런 아이들을 보고 있으면 지친다는 말이 절로 나온다.

그래서 그만 '그런' 말을 쉽게 하고 말았다. 영 틀린 말은 아닐지 몰라도 지금 나는 그런 말을 했던 게 후회가 된다. '정서적 어려움을 가진 아이들이 많다. 특히 가난한 아이들일수록 그럴 가능성이 더 크다. 따라서 때로는 그런 아이들에게 전문적인 치료와 개입이 필수적이다' 라고 꽤 아는 것처럼 한참 떠들고 다녔다.

가난한 집에 평탄치 않은 부모를 둔, 산만하고 말썽 많고 공부가 힘든 아이들은 교육복지가 시행되고 있는 학교에서 단박에 '사례 관리' 대상자가 되고 만다. 지역사회전문가라고 하는 학교사회복지사는 이 아이들을 관리하기 위해 집을 방문해서 부모님과 면담도 하고, 아이들을 돕기 위한 다양한 계획도 짠다. 그 후엔 상황에 따라 병원이나 상담소, 각종 방과후 활동이나 자원연계 등과 같은 필요한 개입을 해서, 아이들이 눈에 띄지 않고 학교생활을 해나갈 수 있도록 도움을 주기도 한다. 그중 지역아동센터도 방과후 돌봄을 제공하는 아동복지시설의 하나로 소개되기도 한다.

그런 사례 관리의 대상자가 되고 있는 아이들 중 많은 수가 심리와 정서의 어려움을 호소한다. 아무리 이야기를 해도 말썽을 그치지 않거나, 걸핏하면 싸움이나 갈등을 일으키고, 학교를 빼먹거나 사고를 치고, 수업에 집중 못하고, 간혹 여러 사건의 피해자나 가해자가 되기도 한다. 그런 아이들 중 심리·정서적 어려움이 심각하다고 판단되는 아이들에게는 소아정신과에 의뢰해 소아 우울증이나 지능 검사, 주의

력결핍 과잉행동장애(ADHD) 등의 진단검사를 실시하고, 상담이나 미술치료, 놀이치료 같은 각종 심리·정서적 지원을 받게 한다. 방학 중에도 그런 프로그램들을 계속 진행하는 학교들이 적지 않아, 센터에 왔다가 "저 미술치료 갔다 올게요" 하고 학교를 다녀오는 경우도 있다. 그런 아이를 보고 있노라면 자기가 무엇 때문에 치료를 받는지 알고나 저럴까 하는 생각이 든다. '(다리 삔 데) 물리치료 갔다 올게요' 하는 것처럼 '(마음이 아파) 미술치료 갔다 올게요'란 말을 아무렇지도 않게 쓰고 있는 상황을 쿨하게 여겨야 하는 것인지, 아니면 아이들이 치료란 말을 함부로 쓰게 만든 부주의한 어른들이 반성해야 하는 건지 판단하기 어렵다. "전 산만해서 병원에 다녀요"라든지 "제가 말을 안 듣고 그래서 약 먹는 거예요"라고 말하는 아이들을 보면서 가슴이 뜨끔한 것을 보면, 분명 가난한 아이들을 화학적으로 처리하고 있는 지금의 사태에는 우려스러운 지점이 있다.

하지만 불과 3~4년 전만 하더라도 이런 현실은 남 얘기였다. 당시 민들레에서 출간한 『가만히 있지 못하는 아이들』이란 책을 읽고 다른 지역아동센터 교사들과 세미나를 했던 기억이 떠오른다. 산만한 아이들은 잘못된 아이들이 아니라며 보다 더 나은 길이 있다고 힘주어 말하는 책을 읽으며 고개를 끄덕이고 또 끄덕이곤 했다. 아이들을 곁에 두고 보다 올바른 길을 선택하는 것은 분명하고 쉬워 보였다. 그것은 단지 우리가 참기만 하면 되는 길처럼 여겨졌다. 조금 어려움이 있는 아이들도, 조금 자기 길을 헤매는 아이들도, 조금만 참아주고 그 마음을 알아준다면 언젠가는 자기 몫의 삶을 찾아갈 수 있으리라 생각했다. 그리고 나도 그럴 수 있을 줄 알았다.

그런데 나는 생각처럼 그렇게 참지 못했다. 무엇보다 나 자신이 병원이나 약에 너무 쉽게 빠져버렸다. 쥐꼬리만 했던 그때의 내 신념이 태산처럼 커 보였던 것은 우리 동네에 소아정신과가 아직 없어서 그랬을지도 모르겠다. 아니, 병원 문제라기보다는 지역아동센터나 학교에서 아이들을 병원에 보낼 돈이 없었기 때문이다. 참지 않으려야 참지 않을 도리가 없었다. 돈이 없어서 병원에 갈 수도 없으니, 그때는 치료가 필요한 아이를 보고 눈감기 일쑤였다. 가만히 있지 못하는 아이들을 보면서도 멀거니 가만히 있을 수밖에 없었던 처지였다. 실제로 심한 ADHD 증상을 보이는 아이가 상가 유리를 부수고 큰 소리로 욕을 하면서 앞서 가는데, 그 뒤를 졸졸 쫓아가다가 마는 것밖에는 할 수 있는 일이 없었다. 마음이 아픈 아이들을 바라보며 애만 태우던 그런 시절이었다.

그래서 그 아이들의 아픔과 어려움을 한참 얘기하고 다녔다. 아이들이 잘못되었다는 이야기를 하고 싶어서 그랬던 건 결코 아니었다. 그보다는 그런 아이들을 돌보고 있는 우리의 무력감을 호소하고 싶었고, 뭔가 도움을 받고 싶은 절실함 때문이었다. 어떻게 해야 하는 건지 도무지 알 수 없었다. 하루를 평화롭게 지내기 위해 목덜미가 뻣뻣해질 만큼 노력하지만 그런 평화는 늘 너무 짧게 끝나버리고 말았다. 아이들에게 공부를 시키고 있으면 놀려야 하는데 하는 자책이 밀려들고, 놀고 있는 걸 보면 저렇게 놀기만 하면 어쩌지 하는 불안감이 몰려왔다. 학교가 싫다는 아이들을 보면서 안도하지만, 학교를 보내는 것이 나을 것 같다는 불안감에 늘 시달렸다.

소아정신과란 이름조차 낯설던 시절 드디어 동네에 그런 병원이 생겼을 때 처음에는 "이젠 됐다" 싶었다. 아이들이 힘든 건 무엇보다 심리나 정서에 어려움이 있어서 그런 것이니 그런 문제를 제대로 다룰 수 있는 전문가가 생겼다는 사실에 마음이 든든했다. 이제 우리가 걱정할 것은 돈 문제뿐인 것 같았다. 돈만 해결되면 나머지는 전문가들이 이련히 알아서 현명한 해결책을 내려줄 것이라고 잔뜩 기대를 했었다.

그렇게 한두 명씩 병원에서 종합 심리검사를 받고 그 결과를 들어보니 과연 전문가가 다르긴 다른 것 같았다. 아이들이 대답하는 말 한마디에서도 음식물과 관련한 반응(food response)이 나오는 것을 보니 어떻다는 등 말하는 게 벌써 달라 보였던 것이다. 이래서 사람들이 전문가를 찾는가 보다 싶었다. 하지만 언제부턴가 왠지 자꾸 허전한 느낌이 들기 시작한다. 전문가도 아닌 주제에 이런 말을 하는 것이 주제 넘은 짓인 줄 모르지 않지만 결국 너무 뻔한 소리를 매번 하는 것은 아닌가 하는 생각이 들기 시작했기 때문이다.

아이들은 대부분 애정과 관심이 부족해서라는 비슷한 꼬리표들을 달고 있었다. 또 그렇게 애정과 관심이 부족한 건 약이나 그 무엇으로도 치료되는 게 아니고, 시간과 정성을 들여서 사랑을 주고 아이가 움츠려들어 제대로 기를 못 펴고 사는 일이 없게 하는 것이 대부분 첫째가는 처방이었다. 아이가 문제가 있어서 데려왔는데 대부분의 과제는 거의 전부 아이를 둘러싼 어른의 몫이었다. 애정과 관심은 거의 만병통치약처럼 심리검사지에 붙어 다니는 말이다. 결국 어쩌면 우리가 모르는 말은 하나도 없는 것이나 진배 없었다. 아이들은 당연히 사랑을 받아야 할 부모들로부터 제대로 사랑을 받지 못하고 있었고, 겨우 우리의 관심에 의지해 이런 검사까지 받게 된 것이다.

대부분 선천적인 잠재력이 나쁘지는 않으나 어린 시절을 방치한 탓에 어휘같이 출생 후부터 환경의 자극을 받아 지속적으로 발달하는 영역은 정체된 채 있는 경우가 많다. 대신 혼자 우왕좌왕하며 커나가는 통에 '충동성'과 '공격성'만 중뿔나게 자라 있다. 그리고 우린 그걸 모르지 않았다. 문제가 되는 것은 오히려 그런 상태를 초래한 부모들이고, 그런 부모를 어찌 해볼 도리가 없다는 것이 사실 진짜 문제였다. 하지만 아이들의 부모들을 만나보면 아이를 사랑하지 않는 것은 또 아니었다. 하지만 그 사랑이 그렇게도 효험이 없다니 부모도 고민스럽기는 한 것 같았다.

사실 그런 상황에서 가장 힘있는 발언을 하는 것은 학교다. 물론 가끔 공부방 교사나 부모가 먼저 아이가 좀 그러니 무슨 수를 내야 히지 않겠느냐고 염려를 해도 아이를 많이 만나본 노련한 교사는 뭐 그렇게까지 신경 쓸 건 없다고 대범하게 넘기는 경우도 없지 않다. 하지만 대부분의 학급 생활에서 아이가 문제가 되는 경우가 많으니 어찌 좀 해보라고 교사가 먼저 넌지시 말할 때가 더 많다. 심리 문제에 좀더 관심이 있는 교사는 소아정신과를 한번 찾아가보는 게 좋겠다고 노골적으로 권하는 경우도 없지 않다.

학교 선생님이라면 그저 기를 못 펴고 사는 가난한 부모들은 그런 교사의 충고를 함부로 흘려들을 수 없다. 더욱이 공부만이 유일한 성공의 열쇠가 될 수 있다고 믿는 부모들은 병원만 가면 그래도 무슨 길이 열리지 않을까 싶어 병원을 열심히 찾게 된다. 최근에는 관련한 지원도 많아져서 아이들 중에는 병원을 달고 사는 경우도 없지 않다.

하지만 생각보다 병원에서 하는 처방의 종류가 별로 많지 않은 것이 사실이다. 치료의 대부분은 언어치료나 사회성치료 혹은 놀이치료 등 상담가나 치료가가 맡는 경우가 많고 의사들이 처방해주는 약의 대부분은 충동성을 조절하는 데 맞추어져 있다. 그것이 두뇌를 좀 더 활성화해서 그런 효과를 내는 것인지, 혹은 충동성을 그야말로 녹여내는 것인지는 알 수 없어도 아무튼 아이들이 멋대로 하지 않고 고분고분하고 쓸모 있는 데 마음을 기울일 수 있게 하는 데 전력을 쏟고 있는 셈이다. 그런 약이 소위 ADHD 약이다. 공부방에서는 이미 알게 모르게 적지 않은 아이들이 약을 먹고 있었다.

돌봄도 배움도 아닌 화학적 약물

ADHD 약을 먹는다고 모두가 이 아이처럼 극적인 변화를 보이진 않는다. 그 아이 오빠도 교실에서 멋대로 뛰쳐나가곤 해서 같은 약을 처방받아 먹긴 했지만, 오히려 식욕부진이 눈에 띌 뿐이었다. 약효가 떨어진 오후 시간대에만 아이들을 봐와서 그런지 어떤지 약을 먹으나 먹지 않으나 별반 다를 것이 없어 보이는 아이들 모습에 사실 약 걱정을 그리 하지는 않고 있었다. 그 아이의 바로 그런 모습을 보기 전에는 말이다.

어느 날부터인지 약을 먹고 왔다는 아이는 앉을 곳을 찾아 빌빌거렸다. 사지 육신이 기운을 잃고 의자에 축 늘어져 있었다. 몽롱해 보이기만 하는 그 모습 어디에서 의욕이 생겨나는지 몰라도 가끔 공부를 하겠다며 공책을 들고 앉아서 뭘 쓰는 시늉을 하기도 한다. 어쩌면 처음 공부방에 왔을 때 보였던 거친 모습이 너무 인상에 남았던 탓에 약 먹은 후의 변화에 내가 더 민감했을지도 모르겠다. 두 아이 모두 남의 말이라면 들은 척도 안 하고 조금도 가만 있지 못하던 아이들이었는데, 한 순간 기운을 빼고 멍하니 앉아 있는 걸 보고 정말 깜짝 놀랐다. 심지어 약 기운에 아이 혼자서 책을 가져다 숫자 세기 공부를 한 날은 오히려 공포가 느껴졌다.

하지만 그런 아이는 딱 한 명이었다. 나머지 아이들은 미미한 변화를 보일 뿐이고, 더 심각해질 수 있는 상황을 예방한다는 명분에 계속 약을 먹고 있을 뿐이다. 보호자들은 물론이고 지역아동센터 교사들도 '약을 먹을 정도의 아이다. 그러니 신경 쓰자'란 생각을 습관처럼 하게 되니, 그 약이 정말 얼마나 보탬이 되는지는 알 수가 없다. 하지만 모두가 약간, '약을 먹이지 않으면' 하고 겁을 내는 구석은 분명 있다.

어쨌든 아이들 엄마는 젖먹이를 업고서도 두 아이를 데리고 병원과 상담소를 오가느라 바쁜 나날을 보내고 있다. 큰아이는 학교에서, 작은아이는 어린이집에서 이런 식이면 곤란하다는 교사들의 엄중한 이야기를 매일같이 듣고 난 다음부터다. 씩씩하게 젖먹이까지 데리고 다니며 하도 멀쩡해 보이기에 위로 삼아 한마디 건넸더니, 자기도 가는 곳마다 아이들 때문에 욕을 먹어 힘들어 죽겠다고 속내를 털어놓는다. 아무리 말을 해도 안 듣는데 그래도 약을 먹으면 좀 얌전해지는 것 같아 의지가 된다는 말투다. 엄마 노릇을 하고 싶지만 여러 가지로 힘이 모자란 이 엄마는 꼬박꼬박 약을 먹여서라도 아이들을 달라지게 만드는 것이 어느덧 중요한 엄마 노릇이 되고 말았다.

부모와 아이 셋, 다섯 식구는 반지하 단칸방에서 산다. 위로 두 아이를 낳고 지쳐 나자빠진 엄마가 가출했다가 돌아온 지는 2년이 채 못 됐다. 그동안 3년 이상을 보육원에서 지냈던 아이들은 나름 상처가 깊었던 모양이다. 하루는 동생 아이가 "선생님도 엄마가 데려왔어요? 나는 우리 엄마가 ○○원에서 데려왔는데…"라고 지나가듯 말해서 내 가슴을 싸하게 만들었다. ○○원에서도 계속 오줌을 싸서 유치원에도 못 다녔다는 동생은 늘 눈치를 보느라 바빴다. 그렇다고 부모들이 대오각성하고 다시 만난 건 아니었다. 아이들을 데려오긴 했지만, 청소나 빨래, 식사 준비나 일자리 구하기 같은 기본 생활을 꾸려갈 준비가 전혀 안 돼서 대충 사는 데도 한참 시간이 걸렸다.

쓰레기통도 없는 방에서 식구들은 쓰레기를 아무 데나 버리곤 했다. 야뇨증도 있었지만 집 밖 계단 저쪽에 공동 화장실밖에 없으니, 어린 아이가 자다 말고 일어나 화장실 가기가 쉽지 않았을 것이다. 그러니 야단을 해도 밤마다 오줌을 싸대서, 그냥 며칠씩 오줌 싼 이불 하나를 둘둘 말고 한구석에서 잠을 청하기도 한 모양이다. 아무거나 아무 때나 주는 대로 먹을 수밖에 없다. 부모도 서로에게 적응하는 데 시간이 필요해서 그랬는지 아니면 진짜 아무 생각이 없어서 그런지, 밤에 자주 아이들을 집에 두고 피시방에 가버려 야심한 시각에 아이들이 거리를 헤매기도 했다. 게다가 그 좁고 지저분한 방에 피시방에서 만난 가출 청소년들이나 친구, 친척들이 며칠씩 잠을 자고 가기도 해서 아이들은 그 작은 안식처마저 남과 나눠야 했다. 몸에서는 늘 퀴퀴한 냄새가 나고 차림새는 지저분해서 다른 아이들이 좋다고 할 리가 없었다.

다정하게 대해주기는커녕 도무지 언제 무슨 일이 일어날지 알 수 없으니, 늘 눈치를 보고 바짝 긴장해 살아야겠다 싶었나 보다. 가끔 엉뚱한 대목에서 이판사판으로 나오는 어린 것의 앙칼짐이 안쓰러웠다. 버럭 소리를 지르고, 왈칵 성질을 부리며, 손찌검을 하거나 물건을 내던지는 폼은 분명 보고 배운 것이 틀림없어 보였다. 무슨 짓을 해도 걸핏하면 잘못했다고 혼만 날 터이니, 어차피 내가 잘할 수 있는 건 애초에 없다고 자포자기한 아이들 같았다.

그래서 좁고 너저분한 반지하 단칸방에 사는 두 아이는 약을 먹는다. 넓고 쾌적한 데서 실컷 활개치며 살고 싶은 생각이 들지 않도록 말이다. 하지 말라고 분명히 말했는데도 말을 안 듣는다는 부모 말에 혹 분노가 일지 않도록 말이다. 다른 보호자들의 항의가 무서우니 나가 달라는 어린이집의 요구가 부당하다고 느끼지 않도록 말이다. 조금만 심란하게 굴어도 "너 오늘 약 먹었니?" 하고 물어오는 파랑새 태샘의 근심을 덜어주기 위해서 말이다. 천날만날 약을 먹어도 하나도 변하지 않을 이 세상을 위해 아이들은 천날만날 약을 먹는다.

뇌신경 하나하나가 느리게 접속하며 좀 달래지면 아무리 좁고 답답한 집구석 한 귀퉁이도 족하게 느껴질 것이다. 맘 편히 놀 거리도 없는 동네엔 아예 나갈 생각도 없어진다. 이해도 안 되는 수업을 하루에 몇 시간씩 죽치고 앉아 들을 수도 있게 된다. 그렇게 얌전히 앉아 그저 '배경'이 되어갈 것이다. 온몸의 근육이 다 나른해져서 의자에 몸뚱아리를 질질 흘리고 있을 즈음에는 학교나 지역아동·센터의 평가에 도움을 주는 훌륭한 사례 관리 대상자가 되어 있을 것이다. 부모나 교사들이 약에 길들여져 꼬박꼬박 병원을 찾게 될수록, 이 아이의 원래 모습 따위는 모두들 까맣게 잊을 것이다.

그래, 약 먹어준다!

가난하고 문제 많은 아이들이 언제부턴가 작은 시장을 형성하고 있다. 이들은 심리정서지원이라는 바우처 사업의 대상자가 되어 병원이나 상담소를 줄뻔나게 들락거리고 있다. 말도 안 되게 가난하게 사는 일은 힘겨운 일이고, 어린 나이로 그런 가난을 감당하는 것은 잔혹한 일임을 모두가 알고 있지만, 누구도 이 아이들과 그 가족들이 제대로 살아갈 방안을 찾지 않는다. 대신 아이들에게 화학적 처리를 해버린다. 약을 먹여 그들의 불안한 심리를 달래고 치료하는 전문가들의 밥벌이 수단이기도 하다.

약은 아이들을 조용히 시키는 데다 돈도 돌게 해주니 일거양득의 방안이다. 정책을 입안하는 사람들에게는 뭔가 전문적인 개입이 이루어지고 있으니 책임을 다한 듯한 홀가분함도 주는 것 같다. 뭣하러 되지도 않게 애들과 전문성 없는 교사, 부모들이 문제를 극복하게 애쓰도록 놔두는가. 아침에 눈뜨면 무조건 한 알 입에 털어 넣어주는 것만으로 훨씬 손쉽고 효과적으로 문제를 해결할 수 있는 길이 있는데 말이다. 게다가 가르치고 사람 만드는 일은 효과도 알기 힘들지만, 약은 그래도 눈에 띄는 효과를 보여준다. 게다가 종류도 많아서 이것저것 골라 먹일 수도 있다. 그러니 약이 딱이란 결론이 쉽게 내려지는 모양이다.

게다가 약물치료라는 말까지 있으니 치료를 안 해주면 무언가 찝찝한 구석까지 생긴다. 물론 세상에 치료법은 다양하다. 하지만 꼭 저 아이를 낫게 할 테니 그저 맡겨만 놓으라고 큰 소리를 칠 배포가 없는 사람들은 약을 먹이는 부모와 쉽게 실랑이를 벌이지 못한다. 그래서 약 먹고 나아진 틈에 얼른 아이를 도와서 하루라도 빨리 약을 끊게 해주자고 나름 위안을 삼아보지만, 시간이 지나면 그런 열정도 쉽게 사그라든다. 앞서도 말했지만 생각보다 효험은 크지 않고, 약을 먹었다고 단번에 성품이 달라지는 것도 아니니 공들여 깎고 다듬고 문질러야 하는 일은 그대로 남는 경우가 태반이다. 그러니 도대체 언제까지 약을 먹여야 하는 거냐고 불안해하면서도, 약을 먹이지 않았을 때 일어날 일을 감당할 수 없을 것 같다며 또 약봉지 찾는 일을 거듭하게 되는 것이다.

얼마 전 교육과학기술부가 전국 모든 학교에서 정서행동검사를 했는데 가난한 우리 동네에는 '주의군'에 속한 아이들이 많아 난리가 난 모양이다. 앞으로 얼마나 더 많은 아이들이 약에 의지해 살아야 할지 알 수가 없다. 약에는 돈을 써도 아이들이 맘 놓고 살 만한 방 한 칸 마련해주는 것은 어려운 일이라고 손을 흔드는 정부를 두고 있으니 할 말은 없다. 천천히 필요한 것을 배우고 돌봄을 받을 수 있도록 마음을 쓰기보다는, 전문의의 처방과 약을 먹이는 데 국가 예산이 더 쓰일 전망이다. 어차피 아무거나 먹고 사는 처지니 거기에 약 한두 가지 더 추가한들 뭐 크게 달라질 것이 있겠냐고 자조도 해보지만 그래도 한번 우라질 소리를 지르고 싶다. "너희들도 이러고 살아봐라, 맨정신으로 살아지나! 더럽고 치사해서 못 살겠다. 맨정신으로는 우리도 못 산다. 그래, 약 가져와라, 약!"

십대 아이들을 떠나보내고

아이들을 나이별로 나누어야 할까

슈타이너 교육사상에 근거한 발도로프 교육과정에는 독특한 점들이 많지만, 교사 한 명이 8년 동안 아이들의 성장과정을 함께할 수 있도록 제도적으로 보장하고 있는 점은 특히 눈여겨볼 만하다. 근대 이전에는 아이들을 가르칠 수 있는 자질을 갖춘 어른들이 지역에 흔치 않은 사정 때문에 흔히 있는 일이었지만, 국가가 교육자를 양성해서 학교를 운영하면서부터 한 스승 밑에서 계속해서 인격과 교양을 갈고 닦는 일은 흔치 않은 일이 되었다.

이 문제를 길게 이야기할 자리는 아니지만 어쨌든 그 속에 분업화와 전문화, 혹은 효율성 따위의 논리가 숨어 있으리라는 것은 얼핏 짐작할 수 있다. 이러한 교육의 표준화 과정은 무엇보다 제도화 과정에서 강하게 적용되기 마련이다. 이는 역으로, 국가가 별로 관심 둘 일이 없는 곳에서는 '니 알아서 하라'는 식이 되기도 한다.

남들처럼 쌈박하게 전문 분야나 전문 연령대 같은 것들이 있어서 '우리는 이 연령대 아이들만 보겠어요' 이러지 못하고, '그냥 오면 오는 대로 다 받고요 안 나가면 그냥 함께 지내요' 뭐 이런 말은 아무래도 폼이 나질 않는다. 그래도 그런 허술함이 별 문제가 되지 않았던 것은 그동안 공부방이나 지역아동센터가 국가에게 큰 관심을 받지 못했던 덕이 크다. 국가가 툭하면 외쳐대는 전문화 등은 주로 제도권 영역에서 절대적인 힘을 발휘하기 때문이다. 그런 전문화는 작게는 전문 영역의 사람들이 독점적으로 밥벌이를 할 수 있는 펑계가 되고, 나아가서 국가는 그 전문화에 힘입어 국가가 정한 영역에서는 아무도 일언반구 할 수 없는 절대 '찜'을 할 수 있는 힘의 원천이 되기도 한다. 그러니 그런 '전문화'는 한 번 갖다 붙이면 효과가 엄청난 '파스'가 되는 셈이다. 그런 점에서 공부방은 그닥 전문적일 필요가 없는, 국가의 찜이 아직 미치지 않는 곳이기도 했다.

물론 최근 들어 국가는 다른 '갑'들을 제치고 '슈퍼갑'이 되는 일이 종종 있어서 언제 국가가 공부방에도 관심을 둘지 모를 일이다. 아직은 공부방이나 지역아동센터보다는 자기 것이라고 생각하는 초등 돌봄교실만 챙기는 모양새이지만 그도 모를 일이다. 국가는 특이하게 한 번 자기 것이라고 생각하면 그냥 모든 게 원래부터 자기 것인 것처럼 되어야 직성이 풀리는 경향이 있기 때문이다. 그저 '자나 깨나 국가 조심! 관심 없어 보여도 다시 한 번 살펴보자' 늘 이런 마음으로 살아가야 할 판이다.

어쨌든 그동안 우리 공부방들은 그냥 그렇게 알아서 살아왔다. 나가는 애들을 붙잡을 길이 없는 것과 마찬가지로 더 있겠다는 애들을 굳이 내보낼 이유도 없고, 내보낼 만한 곳도 없었다. 그래도 끝이 있다면 고등학교를 졸업하는 것이 끝이다. 더 이상은 '애'라고 할 수도 없으니 그때가 되면 모두가 인정하듯 공부방을 졸업하게 되는 것이다. 물론 공부방뿐만 아니라 어린 시절 모두를 졸업하게 되는 것이기도 하지만 말이다.

지금도 공간이 여유가 있거나 그럴 만한 사정이 있는 곳은 이렇게 초중고 아이들이 한 데 어울려 지내는 일이 흔하다. 언젠가부터 전문화나 특성화, 혹은 맞춤형 성장지원 등등의 논리를 들어 최소한 초등생과 청소년은 분리해서 돌보는 게 좋지 않겠냐는 복지부의 은근한 압력을 느끼고는 있지만 말이다. 그래도 아직까지 '우리는 초등학생만 돌본다'고 못을 박는 지역아동센터는 왠지 좀 야멸찬 것 같은 느낌이 지역아동센터들 사이에 있다.

그런데 파랑새가 본의 아니게 그런 곳이 되어가고 있다. 몇 년 전 구로에 문을 연 아름다운가게에서 판매기금을 구로구지역아동센터협의회에 기탁하여 청소년센터를 만들게 되면서 생긴 변화다. 파랑새 아이들이 초등학교를 졸업하면 청소년센터로 옮겨가는 일이 당연한 일이 되면서 파랑새는 차츰 초등 아이들 판이 되었다.

일이 이렇게 된 데는 복지부의 입김이 컸다. 복지부 담당자가 이 말을 들으면 어이없어 할 수도 있지만, 초등 중등 아이들을 한데 모아놓고 돌보는 방식은 문제가 있는 것 아니냐는 지적질을 해대니 괜한 자격지심에 일을 저지르고 만 것이다. 심지가 굳지 못한 게 이런 데서도 티가 난다, 보란 듯이 해보겠다는 과욕이 부른 참사(?)였다. 나중에 어떤 일이 생길지 깊이 생각해보지도 않고 덜컥 청소년센터를 만든 것이다.

물론 만들 때는 엄청 신이 났다. 공간을 구하고 실내를 꾸미고 교사를 들여서 하나하나 준비하는 과정이 쉽지 않았지만 그래도 우리 힘으로 이런 번듯한 센터를 만들 수 있다는 사실에 감격해 힘든 줄도 몰랐다. 속으로 '봐라. 우리도 얼마든지 아이들에게 맞게 전문적으로 일한다. 봤냐? 복지부!' 하며 공연히 혼자 우쭐하기도 했다. 허상을 향해 계속 주먹을 휘두르고 있었는데 그조차 알아차리지 못하고 말이다.

나뉘고 보니

당시 지역의 지역아동센터 모임의 대표를 맡고 있던 처지에서 잘 아는 지역을 중심으로 센터를 만들다보니 파랑새에서 가까운 곳에 자리를 잡게 되었다. 센터를 만들고 자리 잡을 때까지 시시콜콜 챙기지 않은 일이 없으니 결코 남의 일 같지도 않았다. 물론 인근에 중학교 3개와 고등학교 1개가 있다는 분명한 이유도 있었지만 아무도 그에 이의가 없었는지는 알 수 없는 일이다.

청소년센터가 만들어지자마자 당시 파랑새를 다니던 큰 아이들은 새로 만들어진 공간이 파랑새에 비해 월등히 낫고 심지어 선생님들마저 훨씬 더 잘해주신다며 보란 듯이 옮겨갔다. 그러니 어린 아이들조차 우리는 언제 저기로 가나 목을 빼고 기다리게 되었다.

당시 파랑새는 골목으로 난 가게방을 얻어 지내고 있었다. 아예 문을 열어 놓고서 덩치가 산만한 아이들 반쯤은 골목에서 어슬렁거리며 지내던 시절이었다. 게다가 녀석들이 한데 몰려다니며 온갖 말썽을 다 일으키던 때여서 한편으로는 잘됐다 싶은 마음도 없지 않았다. 물론 섭섭하기도 했지만 가는 아이들도 너무 좋아라 하니 그 모양새가 괘씸해서 섭섭한 마음이 절로 추슬러지곤 했다. 게다가 그 와중에도 저는 절대 못 간다며 충절(?)을 보이는 아이들도 있어서 한편으로는 위로도 되고 또 한편으로는 어렵게 만들어진 센터인데 제대로 구실을 할 수 있어야 하지 않을까 고민스럽기도 혼란스럽기도 한 나날이었다.

그렇게 아이들을 보내고 나니 확실히 편해진 것은 사실이다. 중학생만 되어도 아이들은 죽을 날 받아놓은 사람처럼 괜한 한숨을 한 번씩 내쉬곤 한다. 초딩들이 하릴없이 노는 것을 보면 "야. 너희들은 행복한 줄 알아" 하며 괜한 트집을 잡기도 한다. 자기들은 이제 좋은 시절 끝났다는 둥, 세상 살기 너무 힘들다는 둥 못하는 소리가 없다. 진학이나 진로 같은 큰 문제가 금방 현실로 닥쳐오기 때문에 아이들뿐만 아니라 돌보는 사람 어깨도 마냥 가벼울 수만은 없다. 중학교에 들어가 뭣 모르고 학교에 적응하느라 애쓰던 아이들이 중2병에 걸려 죽네사네 하는 걸 좀 달래 놓고 나면 금방 3학년이 되어 인생의 갈림길에 서게 된다. 게다가 고등학교는 더하다. 예전에 실업계가 있던 시절에는 그래도 기술이라서 배워서 네 밥벌이는 하고 살아야지 않겠느냐고 아이들을 다독일 방도라도 있었지만, 지금은 오히려 공부 못하는 아이들이 일반고로 진학할 수밖에 없는 상황인데다, 대학도 취업도 희망이 되지 못하니, 청소년기를 함께 보내는 것이 마치 째깍거리는 시한폭탄을 아이와 함께 들고 있는 기분이다.

그러니 그런 아슬아슬함에서 일단 해방된 듯한 기분이 드는 것도 사실이다. 하지만 동시에 겨우 사람 말귀를 알아들을 만큼 돌보다가 품을 떠나보내기가 아쉽지 않은 건 아니다. 잔소리를 하면 그래도 말귀를 알아듣고 사람의 심정을 헤아릴 줄 알게 커가는 것을 곁에서 지켜볼 수 없다는 상실감이 적지 않다. 게다가 아무래도 한 치 건너 두 치라고 서로 떨어져 각각의 공간에서 아이들을 돌보다 보니 처음 기대했던 것만큼 파랑새와 청소년센터 교사들 간의 우애와 협력도 그리 쉽지는 않았다. 오히려 쉽게 쌓이는 것은 아무 것도 아닌 일에 대한 섭섭함과 오해다.

그러나 그런 마음을 채 추스를 새도 없었다. 새로 옮겨간 곳에서 기선을 제압하려고 똘똘 뭉친 녀석들과 신참 교사의 줄다리기에 괜한 참견을 하느라 바빴기 때문이다. 마치 장가는 보냈지만 아직은 '네 남편이기보다는 내 아들'이란 식으로 그 아이들은 누구보다 내가 더 잘 안다는 마음을 지우기가 쉽지 않았다. 게다가 나 같으면 호통을 칠 일에 신참 교사는 인내와 정성으로 아이들을 대한다고 하니 공연히 부아가 치미기도 했다. 아이들은 그런 마음을 어찌 그리 잘 아는지 한 번씩 와서 "ㅇㅇ선생님은 저희들이 이렇게 저렇게 해도 한결 같아 태샘과는 완전 다르다"고 슬슬 약 올리는 말을 흘리고 간다. 못한 것은 전에 가르친 내 탓이요 잘 하는 것은 새 사람의 은덕이라니, 낄 자리 없는 나는 공연한 짓을 해서 내 발등을 내가 찍었구나 싶었다.

더욱이 새로 만들어진 지역아동센터는 2년간 꼬박 정부 지원 없이 지내야 하는 형편이니 아이들을 보낸 파랑새로서는 많건 적건 청소년센터를 돕지 않을 도리가 없었다. 처음에는 우리 아이들을 보내는 곳이니 돕는 게 당연하다 싶었는데 긴 병에 효자 없다고 시간이 지나니 그 마음도 어느 틈에 무디어진 것이 사실이다. 내 센터 하나 건사하는 것도 힘겨운데 청소년센터까지 도우려니, 마치 가난한 집에서 더 가난한 집안으로 딸을 시집보내 놓고서 안달하는 것처럼 도울 수도 안 도울 수도 없는 그런 상황에 놓였다.

그렇게 세월이 흘러 청소년센터를 만든 지도 어언 5년이 넘었다. 이제는 처음의 그 설레던 마음이나 섭섭했던 마음도 사라지고 청소년센터가 있는 것이 당연한 일이 되었다. 처음 청소년센터를 함께 시작했던 교사들도 센터를 떠나 지금은 새로운 교사들이 센터를 운영하고 있다. 그렇게 되면서 센터와 센터, 교사와 교사 사이의 관계의 질도 많이 변한 것이 사실이다. 새로 온 사람들은 전후 사정을 더 모르거니와 서로 간에 정을 쌓는 일도 쉽지 않다 보니 그럴 수밖에 없는 일일지도 모른다.

그렇게 많은 것들이 서로 희미해져가기 시작했다. '파랑새'에서 자란 아이들이 어느새 '아름다운'의 아이로 바뀌는 모습을 보면서 알 수 없는 허탈감이 밀려왔다. 파랑새는 이제 병아리들을 돌보는 곳이 되어, 늠름한 수탉과 암탉의 모습을 더 이상 볼 수 없는 곳이 되어버렸다. 그런 속내를 알지도 못하고 지역의 어떤 이는 "예전에는 파랑새가 지역에서 활발한 모습도 보여주고 그러더니 요즘은 어째 조용한 것 같다"며 속을 긁는다. 드문드문 소식을 전해오는 아이들이 반갑기는 하지만 이제는 딱히 기다리지도 않는다. 상처 때문일까? 아니면 세월과 함께 몸도 마음도 늙어서일까? 이제 나는 아주 잠시잠깐만 아이들과 함께할 수 있는 그런 사람이 된 것 같다.

함께 어울려 자라는 것이 좋지 않을까

초등학생부터 중학생, 고등학생까지 범벅이 되어 같이 지내는 것이 복지부의 말처럼 별로일 수도 있다. 하지만 함께 지낼 때 보면 고등학생들은 철없는 중학생들의 다툼을 말리기도 하고 아직 어린 초등학생들을 어른들보다 더 예뻐한다. 어린 아이들도 그저 고만고만한 저희들과 교사들끼리만 있는 것보다 가까운 언니오빠들과 함께 있는 걸 싫어하지 않았다. 어린 아이들이 아직 청소년인 언니오빠의 치기어린 모습을 너무 가까이서 보는 것이 한편으로는 좋지 않을 때도 있지만, 다 떼어놓는 게 능사는 아니지 싶다.

하지만 아이들을 돌보는 사람의 입장에서는 감당이 쉽지 않은 것도 사실이다. 특히 우리나라의 경우 학교교육은 거의 평가 역할에만 머물고 정작 교육은 학교 밖에서 개인적으로 해결해야 하는 것이 일

말의 진실이다. 그러니 만능도 아닌 지역아동센터 교사들이 초등학생들부터 고등학생들까지 사적으로 감당해야 할 교육의 몫을 감당하기가 쉽지 않은 것이 사실이다. 정말 모든 교육은 학교에서 알아서 하고, 학교 밖은 그 외의 일만 감당하라고 한다면 그건 또 이야기가 달라질지 모르겠다.

현재 한국 교육의 현실에서는 학교 밖에서도 학교교육이 어느 정도는 이루어져야 하니 학교 밖에서 아이들을 돌보는 사람들은 어느 식으로든 이 부담을 짊어져야 하는 것이 사실이고, 청소년들의 경우 그 짐이 더 큰 것도 사실이다. 하지만 이런 현실적인 문제가 없다면 어떨까? 여건만 허락한다면 어쨌든 최소한 서로를 이해할 수 있는 그런 공간이 있는 편이 낫지 않을까 싶다. 더욱이 학교에서는 이미 아이들을 철저히 연령별로 분리하여 교육하고 있으니 학교 밖에서라도 더더욱 함께 지내는 고통과 기쁨을 알게 하는 편이 낫지 않을까 싶다. 작은 아이들은 성장해가는 큰 아이의 모습 속에서 가장 가까운 성장 모델을 발견하면서 쉽게 자신의 미래를 그려볼 수 있고, 큰 아이들은 자신이 지나온 과정을 어린 아이들의 삶 속에서 새로운 눈으로 보게 된다. 그렇게 서로 얽히면서 소동과 난리가 나기도 하지만, 그것이 가져오는 분명한 힘과 장점이 있기에 하는 이야기다.

하지만 이런 소망은 현실의 벽 앞에서 좌절된다. 우리들은 왜 나뉘어져서 자라야 하는지 분명한 이유를 알지 못한 채 나뉘고 따로 지내는 것이 당연하다는 생각을 갖게 되었다. 지역아동센터처럼 초등학생부터 고등학생이 함께 지내는 것은 대책이 없거나 전문성이 없는 일로 여겨질 뿐이다.

그렇게 살다보니 친구를 사귀는 일도 그저 동급생 사이에서만 가능한 일로 여기는 협소한 시각을 갖게 되었다. 같이 살지 않으면 서로가 더 불편하고 이해할 수 없는 기이한 존재로 보일 뿐이다. 자기보다 조금만 크거나 작아도, 자기보다 조금만 뭐가 달라도 괜히 불편해하고 편을 나누는 것을 당연하게 여기는 이상스런 풍조가 생겨나게 된다. 그래서 청소년들은 초딩들을 한심하고 시끄러운 존재로 여기고, 중닝이나 고딩들은 동생들에게 술이나 먹고 담배나 피는 말썽꾸러기로 일단 피하고 봐야 할 존재로 단정짓는 일이 아무렇지도 않게 벌어지기는 것이다. 같이 지내는 것은 자연스러운 일이 아니라 어느덧 한심하거나 기이한 일이 되어버린다.

이질적인 것, 부족한 것들은 모두가 틀린 것들로, 불편하고 불쾌한 감정들만을 느끼는 아이를 한번 생각해보시라. 그래서 우리끼리만 살고 싶어 하는 아이로 자라난다면 과연 우리 사회의 미래는 어떻게 될까? 하지만 오늘날 대한민국의 교육 현실은 대부분 아이들을 철저히 연령별로 분리해서 교육하고 돌보고 있다. 공부방처럼 같은 식구도 아닌데 다양한 연령대가 이렇게 매일 같이 밥을 먹고 생활을 함께하면서 어울려 지낼 수 있는 곳들은 그리 많지 않다. 다들 할 말들이 많겠지만, 작은 아이들은 큰 아이 모습 속에서 자신의 미래를 점쳐 보고, 큰 아이는 작은 아이의 모습 속에서 방금 지나온 성장기를 되짚어 볼 수 있는 그런 공부방의 생활이 정말 그렇게 나쁘기만 한 것일까 새삼 의구심이 든다.

아이들만 그런 것이 아니다. 교사들 역시 다양한 연령대의 아이들 성장을 지원하는 일이 한편으로는 힘겹기도 하지만, 또 한편으로는 보다 폭넓은 시각과 다양한 이해를 갖출 수 있도록 돕는 측면이 있다. 물론 아동기의 아이들과 청소년들이 함께 지낼 때의 어려움도 있으니까 이를 잘 극복할 수 있는 방법이 있으면 더 말할 나위 없이 좋은 일이겠다. 사실 살다보면 또래들끼리 어울리는 것이 좋다는 말도 사실이고, 다양한 연령대의 사람들과 고루 섞여 잘 지낼 수 있어야 한다는 말도 맞다는 모순을 이해하게 되는 순간이 찾아온다. 같이 살면 같이 살아서 좋은 점이 있고, 따로 떨어져 살면 그 나름대로 또 편한 맛이 있는 것이 인생이라는 걸 이해하게 되는 것이다.

아이들 돌볼 공간 하나 꾸리기가 이리 힘들어서야

청소년센터가 만들어진지 5년이나 지나 이제는 더 이상 왈가왈부할 것도 없고 파랑새는 파랑새대로 아름다운은 아름다운대로 그렇게 서로 잘 살면 그만이라고 마음을 접고 살고 있는데, 최근 가슴이 철렁 내려앉는 소식이 들려온다. 청소년센터가 월세 부담이 너무 커서 심각하게 운영을 고민하고 있다는 것이다. 더욱이 그동안 힘든 아이들을 만나서 갖은 고생을 다하던 교사도 만 4년을 채우고 그만두겠다고 하니 그야말로 풍전등화다. 이제는 청소년센터 운영위원도 그만둬 모임 자리에서만 이야기를 건네 듣던 형편인지라 이런 자세한 사정까지는 알지 못했던 불찰이 크다. 월세가 부담스럽다는 사실은 진작부터 알고 있었지만 그 또한 어찌 해볼 도리가 없어 알면서도 모른 척 해왔던 것도 사실이다. 이 일을 어찌해야 좋을까 싶다.

　바로 도로 하나만 건너면 중학교가 있고 아이들이 줄어 휑한 학교 여기저기에 교실이 남아돈다는 소문이 있어 아는 선생님을 통해 청소년센터가 들어갈 만한 공간이 없는지 넌지시 운을 떼보았지만 씨도 안 먹힌다. 그 학교 아이들 여럿이 다니고 있으니 아예 학교 안으로 들어가서 그 학교 아이들만 돌보는 식이어도 좋다고도 말해보았지만 역시 안 된단다. 그러면서 또 학교에다 방과후 공부방을 따로 만들겠다고 하니 그 속내가 이해가 되지 않는다. 학교도 사정이 있어서 그렇겠지만, 정말 동네의 아이들을 잘 돌보고 싶어서 내는 마음인데, 그런 마음이 통하지 않으니 안타깝기만 하다.

　일이 마음처럼 풀리지 않으니 이런저런 궁리를 하는 마음에도 자꾸 어두운 그림자가 끼기 시작한다. 잘했든 못했든 그래도 5년 넘게 지역의 청소년들을 끌어안고 보살펴왔는데, 그 청소년센터가 결국 아무런 공적 지원도 받지 못하고 월세를 못내 문을 닫아야 하는 처지에 이르게 된 사실이 생각할수록 한심하다. 지자체의 지원을 받아 이런저런 건물과 시설이 잘도 생기던데, 우리가 힘을 합쳐 만든 이 청소년센터의 운명은 결국 이렇게 끝나고 마는 것인지 안타깝기 그지없다. 정말 그렇게 돈이 없어서 이런 센터를 지원할 수 없는 것일까? 아이들이 돌봄을 받는 공간들을 유지하기 위한 집세를 우리가 마련해야 하는 것이 옳은 일일까? 정말 모르겠다. 말로만 아이들을 돌보자고 하지 정작 학교 밖에서 이렇게 고군분투하는 것은 제대로 알아주지도 않는 나라에서 아이들을 함께 돌보냐 따로 돌보냐 하는 그런 어줍잖은 고민을 하는 것 자체가 우스운 일이 되어버렸다.

돌봄을 받아본 아이들은 돌봄을 받는다는 것이 무슨 의미인지를 이해한다. 함께 살아본 아이들은 이제 와 혼자 살아야 하는 어려움을 너무 잘 알고 있다. 야단법석도 떨고, 골치 아픈 일도 많지만, 그래도 동생들과 언니, 오빠, 형, 누나들이 북적거리며 함께 살아본 맛을 아는 아이들은 공부방에서 계속 힘을 받고 싶어 한다. 그런데 그런 아이들을 위해 이런 자리를 하나쯤 마련하는 것이 그렇게도 어려운 일일까. 어린 동생들이니까 그럴 수도 있지, 사춘기 형, 누나들은 저럴 때도 있어, 그런 넉넉한 마음을 가진 아이들로 우리 아이들이 자라나게 하려면 우리가 과연 어떤 노력을 기울여야 할까? 아니 그렇게 거창한 상상을 하기 전에 최소한 아이들이 함께 어울려 지낼 수 있는 안전한 공간이라도 만들어주는 것에 좀더 마음을 쏟아야 하지 않을까? 아이들이 "이젠 된 것 같다"고 말하는 그때까지 주위의 어른들이 지금보다는 조금 덜 힘들게 아이들을 돌볼 수 있는 그런 사회를 간절히 꿈꿔 본다. 아마 그런 날이 오면 파랑새와 아름다운은 '아름다운 파랑새'로 거듭나게 될 수도 있을 것 같다.

]

유성처럼 찾아온 아이들

하늘에서 별을 따던 시절

치킨 배달 온 아저씨의 눈치가 심상찮다. 물론 그 아저씨를 위아래로 훑는 우리 눈치도 역시 범상치 않았다. 아저씨가 불쑥 던진 한 마디에 실내가 일순 물을 끼얹은 듯 팽팽한 정적으로 조여온다. 가게에 방을 들여 공부방을 막 시작했을 때 일이다.

"여기 뭐하는 데에요? 여기서 애들도 봐주나요?"

"네. 왜 그러세요?"

왜 그러긴 뭘 왜 그러겠는가? 벌써 감이 딱 왔는데…. 벌써 십 년도 훨씬 전, 어린이집도 아니고 무슨 학원도 아닌 공부방이라는 이상한 곳을 꾸리던 그때, 아직 방과후 돌봄이라는 것이 없어서 학교가 끝나면 아이들은 집으로 돌아가서 노는 게 당연하던 시절 이야기다. 물론 학교가 끝난 후에 태권도장이나 피아노학원 같은 곳을 다니는 아이들이 없지는 않았지만 대부분의 아이들은 수업을 마치면 일단 집으로 가는 게 당연하던 시절이었다.

그러니 공부방은 아무리 설명을 들어도 고개가 갸웃거려지는 것이다. 거기가 도대체 뭐하는 데라고 애들을 밤까지 데리고 있다가 저녁까지 먹여서 집으로 돌려보낸단 말이냐? 물론 누가 좀 봐주면 걱정은 덜어서 좋겠지만 우리 아이들은 알아서 밥도 잘 챙겨먹고 학습지니 학원이니 제 할 일도 알아서 척척 잘 하니 그런 데 굳이 다닐 필요는 없다고들 손사래를 치고 만다.

그 시절, 파랑새에서 함께 지냈던 아이들은 그야말로 '별'이라 불릴 만했다. 많은 아이들이 학교에서 자주 어울리는 친구를 따라와서는 어영부영 공부방을 오가다가 제가 부모를 졸라 허락을 받아내어 다니는 경우가 정통 코스 같았으니 별의 운명을 타고 나지 않고서야 우리는 만나지 못했으리라.

그렇게 지내다 공부방은 지역아동센터라는 공적인 방과후 돌봄 시설이 되었지만, 그 후로도 몇 년간 공부방에 다닐 아이를 찾는 일은 늘 금광에서 금광석을 캐거나 하늘에서 잃어버린 한 조각 별을 찾는 것만큼 쉽지 않은 일이었다. 그러니 그렇게 모여서 부대끼며 살아가고 있는 아이들을 보면 '너희가 보통 인연은 아니구나' 하는 생각이 절로 들어 주책 맞게 눈시울이 축축해지기도 했다. 게다가 아이들의 옷차림이나 살림살이가 어릴 적 살던 내 모습과 크게 다르지 않으니 마치 어린 나를 보살피는 듯한 착각이 들기도 했다.

유성 같은 아이들이 흘러들고 있다

세월 앞에 장사 없다는 말이 있듯이 세월이 흐르면서 공부방도 상전벽해를 몇 차례나 겪어야 했다. 특히 공부방에서 '지역아동센터'라는 법정 시설로 탈바꿈하게 된 것은 무엇보다 큰 변화였다. 또 그에 버금가는 일 중 하나가 바로 박근혜 정권이 들어서면서 학교 중심의 방과후 돌봄이 전면화된 것이다.

초등학교 1, 2학년부터 매년 2개 학년씩 늘려가면서 총 3년에 걸쳐 모든 초등학생들에게 오후 5시까지 방과후 돌봄을 무료로 제공하고, 필요하다면 밤 10시까지도 돌봐주겠다고 한 대통령의 공약은 초등학생들의 삶을 크게 바꾸어 놓았다. 전에는 꼭 필요한 아이들을 중심으로 선별적으로 시행되던 방과후 돌봄이 보편적 무상 서비스가 되면서 어지간한 초등학교 저학년 부모라면 한 번쯤 진지하게 고려해보는 일이 되어버린 것이다. 복지랍시고 아이들을 부모에게서 점점 떼어 놓는 정책이 아닌지 의문스럽기도 하다.

우리도 이제는 공부방의 별들을 찾아 이리저리 헤맬 일이 없어졌다. 가끔은 별들이 알아서 떨어져주는 일도 생기고 있다. 물론 학교 돌봄교실로 별들이 몽땅 몰리는 불길한 일도 없지는 않지만 이젠 지역아동센터에도 심심찮게 별들이 뜨곤 하니 세월이 참 변했다 싶다. 그런데 예전에는 별들이 모두 거기서 거기였는데, 요즘 공부방에 뜨는 별들을 보면 가끔 고개를 갸웃거리게 되는 별들이 있다.

얼마 전부터 전에 없던 별들이 보이기 시작하더니 올해는 아예 유성이 무리를 지어 흐르듯 파랑새로 향하는 별들의 흐름이 심상치 않다. 무슨 말인고 하니 파랑새를 찾는 가정들 중에 차츰 '다문화 가정'의 비율이 높아지기 시작한 것이다. 올해는 아예 거의가 다문화 가정 아이들이라고 해도 좋을 만큼 그 비율이 훌쩍 높아졌다. 그런 변화는 가리봉동이 조선족 동포가 처음 자리 잡는 지역으로 유명해지는 것과 비례한다.

그런데 이게 또 조금 복잡한 게, 그 대부분이 조선족 동포들이다 보니 그런 가정을 다른 다문화가정과 동일하게 다문화로 봐도 좋을까 싶은 생각이 드는 것이다. 개 중에는 드물게 한족과 같은 다문화 배경의 부모를 둔 아이들도 없지 않지만 대개는 한국인 아버지와 조선족 어머니를 둔 가정의 아이들이거나 혹은 부모 모두 조선족 출신인 아이들이 대부분이다. 몇 해 전까지만 해도 그런 부모가 찾아오면 그저 "중국에서 오셨어요?" 하고 묻는 정도로 그쳤다. 중국에서 오신 분들의 출신이 한족일 수도 있다는 것을 몰라서가 아니라 왠지 그렇게 캐묻는 것이 실례일 것 같아서 그랬다. 물으나마나 대부분이 조선족일 텐데 괜한 걸 물어 혹 마음에 상처를 될까 염려하는 마음도 없지 않았고, 그만큼 순수한 한족을 만날 일이 거의 없었기 때문이다.

그런데 지금은 예전보다 훨씬 편한 마음으로 조선족인지 여부를 묻는다. 이미 조선족 출신으로 구로동에 자리 잡고 사는 분들의 숫자가 적지 않기 때문에 그런 일로 상처를 받을 일이 별로 없을 것이란 생각도 들고, 드물지만 한족 출신도 없지 않아서 잘 알아두는 편이 좋겠다고 마음을 바꿔먹은 것이다.

다들 알다시피 그런 조선족 동포들은 대부분 삶의 터전을 꾸리는 데 매우 열심이다. 한 달에 한두 번밖에 쉬지 못하는 고된 일도 돈벌이가 어느 정도 된다면 남녀노소 불문하고 마다하지 않으려 한다. 얼른 자리를 잡아서 그리운 가족들이 함께 살 수 있는 터전을 꾸리고 남은 가족들이 살고 있는 중국에 돈을 보내기 위해서 정말 열심히 산다. 그렇게 해서 조금이라도 자리가 잡히면 우선 아이들을 데리고 온다. 중국의 교육 형편이 어떤지는 모르겠으나 특히 어머니들은 어린 자식들을 얼른 데려와서 한국의 학교를 다니게 하고 싶어 한다. 사실 그 모든 고된 노동을 참게 하는 힘도 자식들이 보다 나은 삶을 살 수 있게 되리란 희망에서 나오는 것이다.

하지만 그 소망을 향해 바로 한 발을 내딛는 순간 장애물을 만나게 된다. 아이가 어릴수록 더욱 그렇다. 당장 돈벌이를 그만둘 수 없는 형편에서 어린 아이를 집에 혼자 둘 수도 없기 때문이다. 조금 큰 아이도 말이 서툴거나 한국생활이 익숙치 않으면 언제 무슨 일을 당하게 될지 모르니 집에 혼자 둘 엄두가 나지 않는다. 그럴 때 학교 돌봄교실을 다니게 해주거나 가까운 지역아동센터를 알려준다면 부모님들은 그야말로 동아줄이라도 잡은 심정이 되는 것이다.

그 훨씬 전, 연세가 지긋한 조선족 동포들이 처음으로 가리봉동에 자리를 잡던 시절이 아직 눈에 선하다. 일제강점기에 어쩔 수 없이 중국으로 이주하게 된 그분들이 꿈에도 잊지 못할 고국으로 돌아오고자 하는 것은 참으로 가슴 찡한 일이었다. 남의 땅에서 설움 받으며 어린 자식들이 제 뿌리도 제대로 모르고 자라게 할 필요가 있겠는가. 귀향은 당연하고 소망스러운 일이었다. 하지만 얼마 안 가 어머니가 장년의 자식들을 부르고, 또 그 자식들이 어린 자식들을 불러들이면서 귀향 행렬은 폭발적인 양상으로 바뀌었다. 자고 일어나면 잔디밭에 이름 모를 풀들이 영역을 넓혀가듯이 그렇게 구로동은 점점 더 중국의 어느 고장처럼 변해갔다.

대략 20대 후반과 30대 초반의 조선족 동포들은 능숙하게 일자리를 구하고, 차를 몰고, 가게를 내고, 중국글자와 중국말을 쓰며 구로동의 온 거리를 활보한다. 그리고 어디서 태어났는지 알 수 없는 아이들이 함께하기 시작했다. 그런 가운데 조선족과 한족은 중국문화를 공유하는 사람으로 한 데 묶여서 이해되기도 한다.

가끔 의사소통이 어려운 것을 제외하고는 한국말로 또렷하게 자기 이야기를 할 수 있는 조선족 동포들은 상대적으로 큰 고민 없이 한국으로 국적을 바꾸기도 하는 것 같다. 그에 반해 한족은 어지간하면 중국 국적을 바꾸진 않는 것 같다. 그러나 그들의 아이는 한국 땅에서 태어나서 어린이집을 다니다 초등학교를 입학하는 경우도 적지 않다. 그 아이들에게서는 부모에게 있는 낯선 억양조차 볼 수 없으니 아무런 구분 없이 그저 우리 아이들로만 다가올 뿐이다.

이 아이들을 어찌할 것인가

태곤이도 그런 아이였다. 한족인 어머니는 한국인 남편 사이에서 태곤이를 낳았다. 태곤이는 24시간 돌봐주는 어린이집을 다니다 초등학교에 들어가면서 엄마와 함께 살게 되었다. 그러나 그 사이 태곤이 엄마는 태곤이 아빠와 헤어져 지금의 조선족 남편을 만났다. 공부방에서 일이 생기면 아직은 한국말이 한참 서툰 태곤이 엄마보다는 아빠와 이야기하는 것이 훨씬 편할 만큼 태곤이 엄마의 한국 적응은 아직도 진행 중이다.

태곤이네 가정형편은 그리 어려운 편이 아니다. 두 부부가 모두 열심히 일을 하고 있고, 태곤이의 지금 아버지는 재주가 있어 얼마 전에는 그토록 소망하던 집도 장만했다고 한다. 무슨 사정이 있는지 아직 법적으로 결혼식을 올리지 않았을 뿐이다. 그런데 말이 서툰 태곤이 어머니가 학교 돌봄교실 신청을 놓친 후 공부방으로 전화를 해서는 "아이를 혼자 키우고 있는데 돌봐줄 수 있다 해서 전화를 했다"고 말해 그런 줄 알고 태곤이를 받아들인 것이 지금의 인연이 되었다. 그렇게 우왕좌왕하는 의사소통이 아니었다면, 그래서 지금처럼 상황을 소상히 알 수 있었더라도 태곤이를 과연 파랑새에서 돌봤을까? 알 수 없는 일이다. 물론 구로동에서 작은 집 한 칸을 마련한 것이 뭐 대단한 일이라고 그러냐 할지 모르지만 다른 아이들의 사정을 생각해보면 태곤이네가 사정이 월등히 나은 것은 사실이다.

그런 태곤이를 받아들이는 일은 온통 찜찜함 투성이였다. 다문화가정의 아동이면 일단 받아야 한다는 식으로 되어 있는 현재의 돌봄 정책에 힘입어 태곤이는 일단 지역아동센터의 우선돌봄대상 아동이 되었다. 태곤이가 속한 집의 상황이 어떤가보다는 태곤이의 출신 배경이 더 강력한 영향력을 발휘한 셈이다.

처음 본 날 태곤이의 지금 엄마 아빠가 함께 와서 두 사람이 함께 살고 있는 눈치를 챘지만, 선뜻 물어볼 수도 없었고 더욱이 태곤이네의 이런저런 요구에 교사들이 진땀을 빼느라 그런 사정에 신경 쓸 여유도 없었다. 말인즉 두 부부가 늦게까지 일을 하려고 하니 초등학교에 막 입학한 태곤이를 최대한 밤늦게까지 봐준다면 얼마나 봐줄 수 있으며, 매일 집 앞까지 데려다 줄 수 있는지를 설왕설래하며 묻고 답하기 바빴던 것이다. 중간중간 자기들끼리는 중국말로 대화를 나누기도 하면서 이야기를 하느라 마음이 한껏 어수선했던 날이다.

이제 막 초등학교 1학년이 된 아이를 밤 10시, 11시까지 매일 봐줄 수 없느냐는 요구나 토요일이나 일요일 오후 늦게까지 봐주면 안 되냐고 묻고 있는 얼굴을 보고 있노라니 이게 뭔가 하는 생각이 들었다. 아이들 잘 키우고 가족과 행복하게 살고 싶다는 것은 공연한 말뿐이고 실은 아이는 어찌 되든 할 수 있는 데까지 악착같이 돈을 벌겠다는 것이 주 목적이 아닐까 하는 의구심이 간간이 치밀곤 했다. 아이들과 한참 떨어져 살다 이제 막 데려왔는데 당장 맡길 곳이 마땅치 않으니 하루빨리 공부방을 다니게 해주면 좋겠다는 분들을 보면 복잡한 심정이 된다. 부모가 여기서 돈을 벌고 있으니 어쩔 수 없이 하루아침에 물설고 낯선 곳으로 와서, 부모 품에 안겨 온기를 느낄 새도 없이 낯선 곳에 조금이라도 더 오랫동안 저를 맡기고자 이글거리는 눈빛으로 흥정을 벌이는 모습을 떨떠름한 눈빛으로 또는 잔뜩 긴장한 채 지켜보고 있는 아이들이 안쓰럽기만 하다.

물론 부모라고 좋아서 그러겠는가? 먹고 살려면 그럴 수밖에 없는 현실을 먼저 탓해야 한다는 것도 너무 잘 알고 있다. 그러니 돈벌이에 미쳐 자식도 몰라보고 억척을 떠는 것이 아니라고, 우리가 이 땅을 도대체 어떤 꼴로 만들어 놓았기에 이곳에 터를 잡고 살려는 사람들이 저토록 사람 구실을 할 수 없게 만드는지를 먼저 반성해야 한다는 것을 모르지 않는다.

그러나 어쨌든 구로의 아이들을 보살핀다는 말을 스스럼없이 해온 내가 바라보며 살았던 하늘은 너무도 협소한 것이었다. 그리고 그 작은 하늘에서 길 잃은 별 하나씩을 우연히 보살피며 살아온 나에게 이런 변화는 감당하기가 쉽지 않다. 그저 구로동 아이들이나 보살피며 살던 내 앞에 어느 날부터 갑자기 나타난 이 구로동 아이들은 누군인지 도대체 갈피를 잡을 수 없다. 어디서 유성처럼 날아온 아이들, 또 어디로 흘러갈지 모를 아이들을 바라보며 나는 그저 입을 헤 벌리고 서 있다.

먼 동기의 자식들만 같던 예전 파랑새의 아이들. 그 아이들을 돌보는 일은 그저 동네에서 같이 살고 함께 늙어가는 것 그 이상도 이하도 아닌 그냥 그런 일이었다. 하지만 이 유성과 같은 아이들과 그 아이들을 싣고 온, 마치 나그네나 뜨내기 같은 부모들과 함께하는 일은 쉽사리 그 무엇으로 마음속에 자리 잡지 못하고 있다.

그이가 한족이든 조선족이든 동남아 출신이든 아이들의 엄마는 무능하고 폭력적이고 무책임한 남편을 견디지 못하고 아이들과 함께 집을 빠져 나와 우리들 속에 아픈 옹이로 자리를 잡고, 아이들의 조선족 아버지는 가족과 떨어져 어디서 홀로 외로운 밥벌이에 지쳐가기도 한다. 그런 부모를 둔 구로동의 아이들은 한국과 중국, 동남아 등지로 삶의 터전을 따라 이리지리 흘러들며 살아야 하는 유성 같은 운명을 타고나 어느덧 우리 곁을 스쳐가고 있다.

저 별은 나의 별, 저 별은 너의 별?

지금까지는 까마득한 계단 아래 우리를 밀어넣고는 못 올라가게 만드는, 층층이 복병을 숨겨 놓고는 우리를 계속 저 아래로 밀어내는 이 구조가 분노스러웠다. 맨 밑바닥에 서 있는 우리는 늘 고개를 치켜 들고 이 어린 아이들만큼은 올라가야 한다고, 올라가는 것이 마땅하다고 그 생각에만 골몰했다. 그런데 어느 순간 우리 발 아래로 또 계단이 놓이고 그 밑에 서 있는 누군가를 바라보는 생경함에 경악하고 있다. 밑의 아이는 눈에 띄는 외모를 하고, 아직 서툰 말로 나도 거기로 올라서도 되지 않느냐고, 그러니 손을 잡아 달라고 우리에게 손을 내민다. 그런데 내 입에서 먼저 나오는 말은 "너는 누구니? 너는 우리의 아이니?" 하는 것이다.

우리보다 가난하고 후진 나라로 여기는 곳에서 온 어머니를 둔 아이들, 결혼이란 끈끈한 관계로 맺어진 그 아이들을 우리는 우리의 아이들이라고 정말 생각하고 있는 것일까, 의구심을 떨칠 수가 없다. 자식들을 위해 저 아래에 계단을 놓아 그 아이들을 억지로 거기에 서게 만든 것은 아닌지 혼란스럽다. 그리고 그런 배경의 아이들이라면 당연히 그래야 할 것이라며 마음 놓고 계단 아래로 밀어버리려는 음흉한 속셈이 있는 건 아닐까 스스로가 의심스럽기 그지없다.

그런데 최근에는 그 계단에서도 미묘한 움직임들이 보인다. 부모도 아이들도 영주권을 얻어 계단의 어느 한 구석에서라도 감사하며 살거라는 우리의 속셈을 비웃는 듯한 움직임들이다. 한국이라면 어디든 마다하지 않을 것 같았는데 이제는 가끔 그들은 그럴 생각이 아예 처음부터 없었던 것처럼 보이기도 한다. 온 가족이 영주권까지 얻어 한국에서 살고 있지만 눈치를 보면 중국과 깊숙한 관계가 이어지고 있는 집들이 적지 않다. 그런 집 아이들은 방학이면 중국으로 들어가 한두 달을 보내고 오는 경우도 많다. 한국과 중국을 오가면서 여차 하면 이쪽 계단에서 저쪽 계단으로 훌쩍 건너갈 수도 있을 것 같다. 계단에 붙박혀 그 모습을 바라보고 있는 이들의 마음은 착잡하다. "헐! 나는 우리 아이들인 줄 알고 돌봤는데, 나는 계단 저 아래서 힘들어하는 줄 알고 너희들과 함께하려고 했는데…."

이들이 앞으로 우리랑 죽 함께 살까 하는 의구심도 든다. 설혹 떠날 사람이라 하더라도 아이들에게 도움이 필요하다면 돌보는 것이 당연하니 따질 일은 못 되지만 떨떠름한 느낌을 쉽게 떨치지 못한다. 우리 자식들도 제대로 돌보지 못하는데 여기에서 돈 버느라 자기 아이 돌볼 시간을 낼 수 없다는 사람들의 아이들까지 우리가 돌보는 게 맞는가 하는 생각이 드는 것이다. 우리 돈으로는 우리 아이만 돌보겠다는 심보, 최소한 우리 아이가 될 것이란 확신이 드는 아이만 돌보겠다는 심보다.

저 땅에서 이 땅으로 살러 들어온 사람들은 앞서 온 사람들에게 도움과 조언을 구하는 것이 당연한 일이다. 근데 나는 그렇게 찾아오는 아이를 이리저리 뜯어보고 우리 아이가 맞는지 간을 보느라 정신이 없는 것이다. 그러면서 방학 때면 중국에 들어갔다 오거나 이런저런 낌새를 보이면 아직은 우리 애가 아닌 듯이 실눈을 뜨고 보고, 또 어떤 아이들은 이런저런 이유로 너는 이제 우리 아이란 식으로 혼자 편히 마음을 먹으면서 이상스런 변덕을 부리고 있다. 세상에! 공부방을 하면서 가난한 아이와 그렇지 않은 아이가 아니라, 우리 아이와 그렇지 않은 아이를 고민하게 될 줄은 정말 몰랐다.

우리 아이라니? 무슨 불륜 막장 드라마를 찍는 것도 아니고, 어처구니가 없다. 그런데도 자꾸만 슬며시 나는 우리 아이들을 돌보고 싶은데, 부족한 돈으로 우리 아이들을 먼저 돌보고 싶은 게 그리 잘못된 일인가 하는 질문이 수그러들질 않는다. 그러면서 혹시 누군가가 생계를 위해서가 아니라 한몫을 잡기 위해 아이들을 내맡기고 있는 것은 아닌가 하는 의심병을 앓고 있다. 가난한 사람에게 조국이란 게 무엇이더냐, 맨날 그딴 소리만 하며 살았는데, 이 어린 것들에게 너의 조국이 어디냐는 은근한 눈길을 보내고 있는 것이다.

아니 국가는 오히려 알량한 지역아동센터에 다문화 아동을 우선돌봄아동으로 버젓이 우선순위에 올려놓고는 아무 고민이 없는데, 뭐한다고 하찮은 내가 조국 운운하며 아이들 국적을 차별하려고 하는지 알다가도 모를 일이다. 어쩜 평생을 늘 아이들을 구분하며 살아온 습관이 배어서 그런지도 모르겠다. 가난한 아이와 그렇지 않은 아이, 공부방 돌봄이 필요한 아이와 그렇지 않은 아이…. 내가 보아온 아이들은 평생 그렇게 보이지 않는 뚜렷한 금으로 구분지어져 있었다. 그리고 이제 가난한 아이들 속에 또 하나의 금이 더 필요한 것인가 하는 고민을 하는 중이다.

하지만 가난한 사람에게 조국이란 게 정말 무엇이란 말인가. 나라가 돌보아주지 않아 제 땅에서 벌어먹고 살 수 없어 그 땅을 박차고 나온 이에게 그 억척을 타박하는 것이 무슨 의미가 있겠는가. 더욱이 아이들은 조국을 알지 못한다. 아이들이 아는 것은, 우리 집에는 엄마가 없어요, 우리 아빠는 아파요, 우리 아버진 집에 자주 못 오세요, 우리 엄마는 늦게까지 일을 해야 해서 집에 가면 아무도 없어요, 우리 엄마가 이건 선생님한테 물어보래요… 그런 것들이다. 그런 아이들이 자라서 이 세상 어느 곳에서든 제 밥벌이를 하고 살아갈 수만 있다면 거기가 어딘들 문제가 되겠는가. 아무 땅에나 뿌리를 내리고 씨를 뿌리고 자식을 거두면 그곳이 조국이 아닌가. 가난하고 외로운 아이들에게 조국은 늘 별을 떠받치고 있는 저 하늘일 뿐이다. 그런 것이다.

맺음말

당신의 아이를 돌볼 수 있어
고맙습니다

지역아동센터에서 일을 하다 보면 정작 돌봄이 필요한 건 아이들이 아니라 어른들이 아닌가 고민될 때가 많다. 배우자가 아이들을 남기고 떠나버린 경우 어른일지라도 버려졌다는 아픔에 시달린다. 특히 아이들 양육 문제가 수월하지 않으면 않을수록 아이들만 남기고 떠난 배우자에 대한 분노는 더 커지는 것 같다.

그렇게 부모가 헤어진 아이들은 한쪽 부모를 영영 잃게 되는 경우가 다반사다. 떠난 부모가 아이들이 염려되어 만나려 해도 종종 남겨진 부모가 보복(?) 차원에서 아이를 만나지 못하게 하는 일도 있고, 그보다 더 흔한 경우는 부모가 떠나면서 아예 소식을 끊어버리는 경우다. 아빠가 떠난 경우는 좀 덜하지만 엄마가 그렇게 아이들을 남기고 가버리면 아이들의 상처는 더 큰 것 같다. 아이들을 직접 돌보던 엄마의 부재는 아이들에게 더욱 끔찍한 일이 되기 때문이다.

그러면 아이들은 입맛을 잃고 잘 먹지 못하거나, 반대로 늘 먹는 것으로 자기를 달래려 애를 쓴다. 쉽게 짜증을 내고 늘 심심해하거나 무얼 해야 좋을지 모르겠다며 어슬렁거리거나 무기력하게 늘어져 있다. 괜히 사람을 건드리거나 조금만 닿아도 기다렸다는 듯이 싸움을 걸거나 짜증을 부리며 울음을 터트리기도 한다. 무엇보다 사람들을 잘 믿지 못하게 되어 괜히 남들이 자기를 미워하며 괴롭히려 든다고 믿고, 교사들의 말을 무시하거나 일방적으로 억울하다는 주장만을 되풀이한다. 화가 쌓여 있는데도 때로는 그렇게 화가 나 있다는 것을 잘 모르거나 어떻게 표현해야 할지 몰라서 공격적인 행동과 자질구레한 밉살스러운 말썽을 부리고, 그 연유라도 물을라치면 '몰라요', '그냥요' 같은 답을 듣게 되는 일도 다반사다. 때로는 자기 마음 상태가 엉망이어서 그런 짓을 저질렀다는 것을 정말 모르는 경우도 있어 모른다는 그 대답이 꼭 틀렸다고만 할 수도 없다.

그러니 힘든 상황에서도 열심히 일을 하며 아이들을 키우려 애쓰는 부모들을 만나게 되면 참으로 감사하고 고마운 마음이 든다. 내가 그들 같은 일을 겪고 그런 억울한 마음을 묻어만 둔 채, 오늘이 어제 같고 내일이 오늘 같은 그렇고 그런 세월에 그저 죽자고 일하며 아이들만 까마득히 바라보고 살라 하면 나는 정말 그럴 수 있을까 하는 마음이 절로 들기 때문이다.

때로는 왜 저렇게 한심스럽게 사나 미운 생각이 들기도 하던 부모들도 만나서 이야기를 해보면, 실은 숫기가 없어 자기 어려운 이야기를 어디 가서 하소연도 잘 못하고 그저 고스란히 당하며 살고 있음을 알게 된다. 그렇게 가슴이 시커멓게 되도록 아이들과 살려고 애를 썼구나 하는 걸 알고 나면 안타깝고 미안한 마음에 가슴이 뜨거워진다.

가끔 부모들에게, 아이들에게 마음속으로 이야기를 한다. 가정을 꾸리고 자식을 낳고 일을 하고 살면서 잘 하고 잘 살고 싶지 않은 부모는 없다고 말이다. 누구보다 부모들 자신이 가장 절실하게 실패하고 싶지 않으나, 정말 한 세상 살아가는 일은 때로 치열함만으로도 감당할 수 없는 어려움이 있는 것 같으니 이리 못나게 살아가는 어른들을 용서해 달라고 말이다.

그러면서 함께 느끼게 되는 것이, 낳아준 당신도 고맙고, 조금이라도 키워준 당신도 고맙고, 그래도 아이들 마음속에서 엄마로 아빠로 그리움으로 남아 있을 수 있어 고맙고, 무엇보다 때로는 악다구니를 써가면서도 아이들 곁을 버리지 않고 함께 남아 있어주어 고맙다는 것이다. 아이들이 당신을 너무도 절실히 그리워하지 않을 수 있도록 해주어 고맙다. 당신의 그 갖가지 노동으로 저 작은 아이들을 먹이고 입히고 재우니 참으로 고맙다. 그리고 그 곁에서 당신의 아이들을 그리고 우리의 아이들을 함께 돌볼 수 있도록 해주어 너무 고맙다. 세상천지가 고마운 아침이다.